ZEIT FÜR GESCHICHTE

Gymnasium
Niedersachsen

5

Hans-Wilhelm Eckhardt
Miriam Litten-Likus
Ilse Moshagen-Siegl
Friedemann Neuhaus
Bernd Zaddach

Schroedel
westermann

ZEIT FÜR GESCHICHTE
Geschichtliches Unterrichtswerk für Gymnasien
Band 5

bearbeitet von
Hans-Wilhelm Eckhardt, Miriam Litten-Likus,
Ilse Moshagen-Siegl, Friedemann Neuhaus,
Bernd Zaddach
in Zusammenarbeit mit der Verlagsredaktion

mit Beiträgen von
Michael Holste, Volker Habermaier,
Stephan Schröder

Zu diesem Schülerband gibt es Lehrermaterialien in
gedruckter Form (ISBN 987-3-507-36626-8) sowie
digital (BiBox).

© 2015 Bildungshaus Schulbuchverlage Westermann Schroedel Diesterweg Schöningh Winklers GmbH,
Georg-Westermann-Allee 66, 38104 Braunschweig
service@westermann.de, www.westermann.de

Druck A^8 / Jahr 2025
Alle Drucke der Serie A sind im Unterricht parallel verwendbar.

Redaktion: Kerstin Meyer
Layout: Ganzschönmutig | Esther Sejtka; Druckreif! Sandra Grünberg, Braunschweig
Druck und Bindung: Westermann Druck GmbH, Georg-Westermann-Allee 66, 38104 Braunschweig

ISBN 978-3-507-**36625**-1

INHALT

In diesem Schuljahr beginnt für dich ein neues Fach: Es ist ZEIT FÜR GESCHICHTE! Beim Stöbern in dem Buch mit genau diesem Namen, das nun vor dir liegt, fällt dein Blick wahrscheinlich zuerst auf die Bilder und du bemerkst die vielen Texte. Diese ersten beiden Seiten helfen dir, mit dem Aufbau des Buches vertraut zu werden und dich darin zurechtzufinden.

Die Einheiten

ZEIT FÜR GESCHICHTE ist in fünf Einheiten gegliedert. Die erste Einheit heißt „Alles hat Geschichte" und führt dich in das neue Schulfach ein. Die folgenden vier Einheiten behandeln geschichtliche Themen: Von der Entwicklung des Menschen in der Steinzeit, vom Leben der alten Ägypter, Griechen und Römer.

Auftakt und Einstieg

Alle Einheiten beginnen mit einer Doppelseite, die als **Auftakt** das Thema in Bildern vorstellt. Dir wird sichtbar, worum es auf den folgenden Seiten geht. Vielleicht erinnern dich die Bilder an bekannte Orte oder Dinge …

Bei den geschichtlichen Einheiten folgt nun eine Doppelseite, die dir den **Einstieg** ins Thema leicht macht: Jede erzählt von einer wichtigen Begebenheit oder einem interessanten Problem, das mit dem Kapitel zu tun hat – z. B. davon, wie der Fund von hölzernen „Stangen" unser Bild von der Entwicklung der Menschen beeinflusst hat. Am Ende jedes Einstiegs erfährst du, was du auf den folgenden Seiten **kennenlernen und üben** kannst.

Die Kapitel: Darstellungs- und Materialteile

Die Einheiten sind in **Kapitel** eingeteilt, z. B. „Mensch und Gott zugleich: der Pharao" (Seiten 54/55). Jedes Kapitel enthält einen **Darstellungsteil**, in dem die Autorinnen und Autoren des Buches durch Texte und Abbildungen Informationen über Zusammenhänge geben. Ihre **Texte** sind durch Zwischenüberschriften gegliedert. Für einige Kapitel haben sie **Zeitreisen** geschrieben, die in der Vergangenheit spielen. Die Begebenheiten, die sie dir vor Augen führen, sind ausgedacht. Sie hätten sich aber ähnlich ereignen können. Damit du sofort erkennst, wo du es mit einer Zeitreise zu tun hast, sind diese besonders hervorgehoben. Ihren Beginn zeigt das aufgeklappte Buch an, ihr Ende zeigt eine gepunktete Linie an.

In den meisten Kapiteln folgt auf den Darstellungsteil ein **Materialteil**. Darin findest du z. B. Texte, die aus vergangenen Zeiten überliefert wurden, sogenannte Textquellen. Du erkennst sie an dem Zeichen „M". Es bedeutet: „Material".

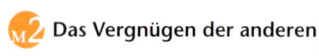

Das Vergnügen der anderen

Der römische Philosoph Seneca klagt in einem Brief:

Stille ist so notwendig für einen, der i[...] seine Studien vertieft ist. Doch dire[...] oberhalb von Thermen wohne ich. Stel[...] dir nun alle Arten von Geräuschen vo[...] Wenn Kraftprotze üben und ihre Hän[...]

Weitere Materialien, mit denen du im Geschichtsunterricht arbeiten wirst, sind Karten, Schaubilder sowie Abbildungen von Fundstücken, Gebäuden oder Kunstwerken. Auch sie sind mit einem „M" gekennzeichnet. Bei der Arbeit mit ihnen helfen dir oft Informationen aus dem Darstellungstext weiter. Besondere **Hinweise zum Umgang** mit diesen Materialien sind mit einer Lupe gekennzeichnet.

Am Ende jeder Themeneinheit kannst du in einer **Zusammenfassung** grobe Zusammenhänge nachlesen. Außerdem findest du dort ein Angebot zur **Selbstüberprüfung**: Hier kannst du herausfinden, ob du die Inhalte und Methoden des Kapitels verstanden hast. Lösungsmöglichkeiten sind im Anhang des Buches (Seiten 166–167) zusammengestellt.

Längsschnitt und Blick in die Welt

Einige Seiten in diesem Buch sind durch besondere Überschriften hervorgehoben: **Längsschnitte** rücken Entwicklungen in den Mittelpunkt, die sich über einen langen Zeitraum erstrecken, z. B. von den ersten Schriftzeichen bis zum Internet. Beim **Blick in die Welt** kannst du selbst weiterlesen und wirst auf weitere bedeutende Kulturen aufmerksam: Du erfährst, was sich zu der Zeit, die in der Einheit behandelt wurde, an einem ganz anderen Ort abgespielt hat, z. B. in China oder bei den Maya in Mittelamerika.

Aufgaben und Anregungen

Aufgaben sind durch eine Punktleiste abgehoben von den anderen Textsorten. Die meisten kannst du allein oder mit einem Partner/einer Partnerin bearbeiten. Manche Aufgaben sind aber für Gruppenarbeiten gedacht: Zusammen übt ihr, ein Thema zu erarbeiten, eure Ergebnisse zu präsentieren und zusammenzuführen. Für einige Aufgaben findest du im Anhang **Tippkarten** vor, die dir Starthilfen für die Bearbeitung geben. Zusätzliche, manchmal etwas zeitaufwendige, manchmal etwas knifflige Aufgaben sind mit einem **+** gekennzeichnet.

Anhang

Auf den Seiten 160–176 haben wir verschiedene Tipps und Hinweise zusammengestellt, auch dazu, wie du Ergebnisse präsentieren kannst oder deinen Mitschülerinnen und Mitschülern am besten Rückmeldungen gibst. Ein kurzes **Lexikon** liefert Erklärungen zu wichtigen Begriffen, die in den Texten mit einem ➤ gekennzeichnet sind. Außerdem hilft dir ein **Register**, Begriffe im Buch zu finden, wenn du dich über eine Sache noch einmal genauer informieren möchtest.

Und nun: Nimm dir ruhig ZEIT FÜR GESCHICHTE!

Eine Geschichtskarte untersuchen

Entwicklungen, die sich in bestimmten Geb[...] haben, können in Geschichtskarten dargest[...] Thema einer Karte erfährst du aus der Unte[...] Informationen enthält darüber hinaus die L[...] findest du sie am linken Rand: Dort sind Sy[...] Erklärungen aufgelistet. In die Karte wurde[...]

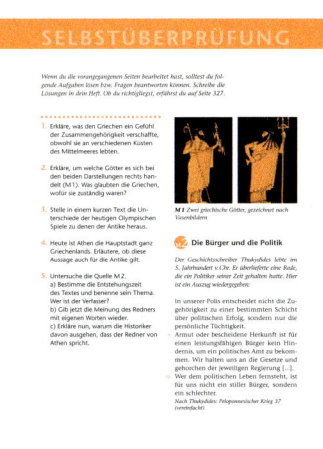

1. Betrachte die Karte M 3 und beschreibe, in welchem Raum sich die altägyptische Kultur herausgebildet hat.

+ Erkläre, warum die Ägypter so viele am Nil gelegene Steinbrüche betrieben haben.

Seite 43, Aufgabe 4
Fertige Themenkarten an, z. B.:
1. Wie entsteht Ackerfläche in der Wüste?
2. Wie bewässerten die Menschen ihre Felder?
3. Wovon ernährten sich die Menschen?
Notiere dann auf jeder Karte Stichpunkte, mit deren Hilfe du das Thema erklärst, z. B.
1. Überflutung: Flutzeit; Nilschlamm: Pflanzzeit; Erntezeit
2. Dämme und Kanäle; Felder, Schaduf
3. Brot und Bier; Fleisch und Gemüse; Speisen für Reiche und Arme

Alles hat Geschichte

Spielfiguren für Mädchen von heute

Ein Landwirt beim Pflügen eines Ackers, aufgenommen 2004 in Deutschland

Im Jahr 1166 ließ Herzog Heinrich, genannt „der Löwe", vor seiner Burg in Braunschweig eine Löwenfigur aus Bronze als Zeichen seiner Macht aufstellen. Heute steht das Original im Museum; diese Figur auf dem Braunschweiger Burgplatz ist eine Kopie.

Dieser „Fernsprechtisch-apparat", besser bekannt als „Telefon", stammt aus den 1970er-Jahren.

Eine Dorfschule. Ausschnitt aus einem Gemälde von 1896

Marmorfigur eines jungen Mädchens, das ein Stein-chenspiel spielt. Die 70 cm hohe Figur ist eine Kopie einer vor etwa 2 300 Jahren entstandenen grie-chischen Plastik.

Zu Beginn des 19. Jahrhunderts entwi-ckelte Karl Drais das Laufrad. Nach sei-nem Erfinder wird es „Draisine" genannt.

1. a) Sieh dir die Bilder genau an. Überlege dann, inwiefern die Behauptung, die über den Seiten steht, zutrifft.
b) Sprich mit deinem Nachbarn oder deiner Nachbarin über deine Beobachtungen und Überlegungen.
c) Tragt abschließend die Ergebnisse eurer Überlegungen in der Klasse zusammen.

2. Gestalte in ähnlicher Weise, wie diese Doppelseite gestaltet wurde, ein Titelbild für deine Geschichtsmappe.

3. Versuche in einem Satz zu sagen, was Geschichte für dich ist.
Tipp: Seite 160

Prägen Orte Menschen?

Endlich waren sie da: Onkel Andreas und die Cousinen Lena und Paula aus Oedt. Alex mochte seine Cousinen sehr und bedauerte, dass sie sich so selten sahen. Aber
5 es waren drei Stunden Autofahrt von Hameln nach Oedt am Niederrhein, da mussten Besuche schon verabredet und lange geplant werden. An diesem Wochenende konnten sich alle auf eine ausgedehnte
10 Zeit miteinander freuen. Als Erstes fragten Lena und Paula, ob nicht alle zusammen ein Eis essen gehen wollten. Eine gute Idee! „Dann können Alex und ich euch beiden ja auch gleich mal Hameln zeigen – meine
15 alte Heimat", schlug Onkel Andreas vor.

„Au ja, die Rattenfängerstadt," rief Paula. Alex konnte es nicht mehr hören, kaum sagte man Hameln, so fiel jemandem „Rattenfängerstadt" ein. „Ja", sagte er, „aber
20 Hameln hat noch mehr zu bieten als nur den Rattenfänger. Ich zeige es euch." Sie gingen los, über die Weser in Richtung Innenstadt. „Die Weser ist viel kleiner als der Rhein bei uns," stellte Lena fest.

Furt: flache Stelle in einem Fluss, die eine Überquerung leicht möglich macht

M2 Am „Hochzeitshaus" gibt es ein Rattenfänger-Glockenspiel. Die Geschichte entstand vermutlich, nachdem 1284 viele junge Menschen Hameln verlassen hatten, um Arbeit in Osteuropa zu suchen.

25 „Dafür liegt Hameln aber direkt dran und hat seine Gründung dem Fluss und einer Furt* zu verdanken", sagte Onkel Andreas. „Stimmt", bemerkte Paula. „Oedt liegt nicht am Rhein, aber es gehört zur Regi-
30 on Niederrhein. Keiner kennt Oedt, aber zum Beispiel Mönchengladbach kennt fast jeder wegen der Fußballmannschaft. Das liegt ganz in unserer Nähe." „Bei uns gibt es viele Fans von Hannover 96. Am deut-
35 lichsten merkt man aber an eurer Sprache, dass ihr von woanders herkommt", bemerkte Alex. „Et küt wie et küt und et hätt noch immer joot jejange", lachte Paula. „Hier gibt es aber auch Worte, die nur hier
40 verwendet werden," sagte Onkel Andreas, „z. B. ‚Hamelunken' für Leute, die mindestens seit drei Generationen in Hameln wohnen."

45 Am Münster vorbei gingen sie in die Innenstadt. „Ist das eine katholische oder eine evangelische Kirche", fragte Paula. „Evangelisch", antwortete Alex. „Hier sind die meisten evangelisch." „Bei uns sind
50 fast alle katholisch", sagte Paula. „Hier gibt es auch eine kleine Moschee für die Mus-

M1 Im 16. Jahrhundert war die Stadt recht reich. Damals entstanden einige prachtvolle Gebäude wie das Hochzeitshaus (links). Es ist in einem Stil gebaut worden, den es nur in dieser Region gab: die sogenannte Weserrenaissance. Früher fanden dort Tanzveranstaltungen statt. Aber auch Waffen wurden im Hochzeitshaus gelagert.

lime, die in unsere Stadt gezogen sind",
bemerkte Alex. „Das würde sich bei uns im
Dorf nicht lohnen, dort gibt es nur wenige
55 Zuwanderer. Aber nach dem Krieg müssen
sehr viele Flüchtlinge nach Oedt gekommen sein. Das merkt man aber nicht mehr,
deren Kinder sind jetzt richtige Niederrhei-
ner", erklärte Onkel Andreas.

60 Mittlerweile waren sie im Zentrum angekommen. Dort sahen sie das Hochzeitshaus, das Anfang des 17. Jahrhunderts
gebaut wurde. Es zeigt auch heutigen
Touristen, dass die Stadt damals recht be-
65 deutend war. An einer Gaststätte in der
Nähe entdecken sie ein Schild: „Regionale
Spezialitäten". Angeboten werden Brat-
kartoffeln mit Sauerfleisch. „Bei uns ist z. B.
Panhas eine Spezialität, eine Mischung
70 aus Leber- und Blutwurst mit Speck und
Mehl," sagte Lena.

Nachdem sie ein Eis gegessen hatten –
und das schmeckt überall ähnlich – gingen
alle wieder nach Hause. Obwohl Alex und
75 seine Cousinen in ganz unterschiedlichen
Gegenden zu Hause waren und einander
selten sahen, fühlten sie sich schon wieder
sehr vertraut miteinander.

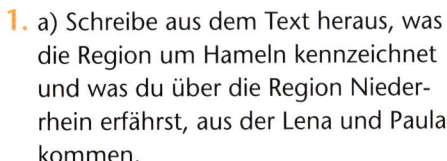

1. a) Schreibe aus dem Text heraus, was
die Region um Hameln kennzeichnet
und was du über die Region Niederrhein erfährst, aus der Lena und Paula
kommen.
b) Welche Bedeutung hat es für die
Kinder, zu einer Familie zu gehören?

2. a) Liste mindestens drei Merkmale auf,
die für deinen Heimatort typisch sind.
b) Tragt eure Ergebnisse in der Klasse
zusammen und überlegt gemeinsam,
was diese Merkmale mit Geschichte zu
tun haben.

M3 Oedt ist ein kleiner Ort in ländlicher Umgebung. Seit dem 17. Jahrhundert gab es hier Webereien. Gebäude von Kleiderfabriken aus dem 19. Jahrhundert sind noch heute erhalten (rechts).

M4 Der Rhein in der Nähe von Oedt. Hier bei Krefeld ist ein großes Chemiewerk, in dem Onkel Andreas arbeitet. Dort wird Material hergestellt, das für die DVD-Produktion benötigt wird.

M5 Wie Hameln für den Rattenfänger berühmt ist, ist das Rheinland für den Karneval berühmt. Lena und Paula haben den Rosenmontagsumzug in Düsseldorf schon oft gesehen.

Was Fundstücke verraten können

Eine Entdeckung

Die Unterschriften sind geleistet, das Geld ist überwiesen. Nun gehört das Haus neuen Besitzern, der Familie Reinhardt. Gespannt betreten die vier das Haus. Überall
5 kahle Räume, die im Kopf schon mal eingerichtet werden. Nach und nach schauen sie sich alles an, bis sie schließlich auf dem Dachboden angelangt sind. Ganz hinten in der Ecke, an einer dunklen Stelle, ent-
10 deckt Hanne eine Kiste. Sie ist offenbar vergessen worden. Neugierig zieht Jakob die Kiste ins Licht und Hanne öffnet sie. Sie enthält ein Sammelsurium verschiedenster Gegenstände, z. B. ein Zeugnisheft
15 für die Klassen 1 bis 4, ein Bild, das eine Gruppe gut angezogener junger Menschen zeigt. Auf der Rückseite steht: „Mein Abitur 1964". Weiter findet sich darin ein Wehrpass von der Bundeswehr, ein Teller
20 mit dem Schriftzug „25-jährige Betriebszugehörigkeit, Eisen- und Hartgusswerk

Concordia", ein Jugendherbergsausweis sowie ein Bild, das offenbar ein Kind gemalt hat. Darauf steht: „Unsere Familie",
25 und unter einer Person steht: „Papa" und „Herzlichen Glückwunsch, deine Marie". Dann sind noch eine Türklinke und ein Brief von einer Frau in der Kiste.

Auf Spurensuche

„Das sind bestimmt Erinnerungsstücke
30 des früheren Besitzers", sagt Hanne. „Wie kommst du denn darauf?", fragt ihr Bruder. „Schau doch", antwortet sie, „auf den Zeugnissen steht sein Name." Alle sind jetzt ganz aufmerksam. Sie haben ein et-
35 was schlechtes Gewissen, weil sie so neugierig sind. Trotzdem versuchen sie nun, aus den Gegenständen etwas über den früheren Hausbesitzer zu erfahren. Dem Zeugnisheft können sie entnehmen, dass
40 er von 1951 bis 1955 zur Grundschule

ging. Als sie sich die Noten ansehen, stellen sie fest, dass er ein recht guter Schüler war. 1964 hat er Abitur gemacht, darauf weist das Foto hin. Danach ist er viel gereist; die Orte, die er besucht hat, sind in dem Jugendherbergsausweis notiert. Bei der Bundeswehr war er von 1964 bis 1966. Weiter sehen sie, dass er lange (mindestens 25 Jahre) bei der Concordia gearbeitet hat, allerdings kann man dem Teller nicht entnehmen, wann er dort angefangen hat. Das Mädchen Marie hat eine Familie mit fünf Personen gezeichnet. Als dieses Bild gemacht wurde, hatte die Familie also vermutlich drei Kinder. Den Brief hat der Mann offenbar von seiner späteren Frau erhalten. Mit Mühe können sie den Poststempel entziffern: 8. September 1965. Zumindest seit dieser Zeit kannten sich die beiden. Um zu wissen, ob sie da schon ein Paar waren, müssten sie den Brief lesen. Das verbieten die Eltern den Kindern aber.

Bleibt die Türklinke. Damit kann keiner etwas anfangen. „Vielleicht", sagt Frau Reinhardt, „stammt sie aus einem früheren Haus der Familie." Das bleibt aber eine Vermutung.

All die verschiedenen Gegenstände sagen also etwas über die Vergangenheit aus. Wenn man diese Aussagen verbindet, entsteht eine Art Geschichte des Mannes, der sie aufbewahrt hat.

• •

1. Finde anhand des Textes und der Fotos Angaben zu den folgenden Lebensstationen des früheren Hausbesitzers:
   • Geburt,
   • Schulzeit,
   • Familie,
   • Arbeitsleben.
   Schreibe die Informationen in einem kurzen Text auf.

M 1 *Eine Urkunde aus dem 14. Jahrhundert. Mehrere Städte haben durch sie ein Bündnis bestätigt. Jede Stadt hat ihr Siegel unter die schriftliche Vereinbarung gesetzt.*

Fundstücke als „Quellen"

„Was man doch aus so ein paar Gegenständen alles erfahren kann", staunte Jakob. „Ja", sagte Frau Reinhardt, „man muss aber die Informationen, die darin stecken,
5 erkennen und sie dann richtig verbinden."

Dieses Verfahren wenden alle ➤ Historiker, wie Geschichtsforscher genannt werden, an. Sie suchen nach Überresten der Vergangenheit, entnehmen ihnen Informatio-
10 nen und verbinden sie zu einer Geschichte. Manche Informationen sind dabei eindeutig, wie das Zeugnisheft aus der Grundschule. Andere Informationen lassen nur Vermutungen zu, wie die Türklinke. Wie-
15 der andere Informationen muss man mit Vorsicht übernehmen, wie bei dem Kinderbild der kleinen Marie. Wir nehmen an, dass die Familie damals drei Kinder hatte, aber es können später noch weitere Kinder
20 dazugekommen sein. Möglich ist auch, dass Marie einen Cousin gezeichnet hat, der gar kein Kind dieser Familie im engeren Sinn war.

Für Historiker sind alle Dinge, die einmal von
25 Menschen benutzt oder angefertigt wor-
den sind, ➤ Quellen. Das können Gegenstände wie Werkzeuge, Kleidungsstücke, Möbel, Waffen, Schmuck oder Bauwerke sein. Diese Quellen werden als „Sachquel-
30 len" bezeichnet. Als Quellen können aber auch Bilder oder Texte dienen. Zu den „Textquellen" zählen Briefe, Tagebücher, Akten oder alte Geschichtsdarstellungen.

Quellen deuten – aber wie?

Historiker gehen sorgfältig mit Quellen um
35 und prüfen kritisch, welche Informationen sie ihnen entnehmen können. Gibt es vielleicht Widersprüche zu anderen Quellen, die sie bereits kennen? Dann müssen sie schauen, wem sie mehr glauben wollen.
40 Manches bleibt trotzdem Vermutung. Manchmal wird dann zufällig eine neue Quelle gefunden, die die Vermutung bestätigt oder aber zeigt, dass sie falsch war. Dieses Verfahren der Untersuchung von
45 Quellen nennen Historiker „Quellenkritik".

Zu den wichtigsten Aufbewahrungsorten von Quellen gehören Museen und Archive, z. B. Gemeinde- oder Stadtarchive. Heute finden wir viele Quellen auch im Internet.

Eine Sachquelle untersuchen

Gegenstände, die früher gebraucht wurden und die wir heute gefunden haben, nennen wir „Sachquellen". M 2 zeigt einen Kaufmannsladen, mit dem Kinder gespielt haben. Er ist eine solche Sachquelle. Durch ihn erfahren wir nicht nur, was früher ein Kinderspielzeug war, sondern auch, wie Läden aussahen. Es gab eben noch nicht die Supermärkte, wie wir sie heute kennen. Wenn du genau hinschaust, kannst du erkennen, dass der Laden aus mehreren Schränken und Regalen bestand, in denen die Waren standen. Eine Verkäuferin nahm die Wünsche der Kunden entgegen und holte die Waren herbei. Sie legte sie auf den Tresen, auf dem auch die Kasse stand. Nach dem Bezahlen gab sie dem Kunden die Ware.

M 2 Ein etwa 70 Jahre altes Spielzeug

Oft ist nur schwer zu erkennen, was Sachquellen uns „erzählen" könnten. Das liegt daran, dass sie meist nicht in den Zusammenhängen auftauchen, in denen sie früher gebraucht wurden. Um eine Sachquelle auszuwerten, musst du:

- den Gegenstand betrachten, vielleicht messen oder wiegen, sagen, worum es sich handelt. Auch Zeichnen kann zu Erkenntnissen führen, denn manchmal macht es die Besonderheit eines Gegenstandes erst klar.

- überlegen, wofür der Gegenstand wohl gebraucht wurde. Wie funktionierte er? So kann auch deutlich werden, in welchen Lebenszusammenhängen er gebraucht wurde, z. B. bei der Jagd, im Haushalt, bei der Feldarbeit, bei Begräbnissen oder zum Spielen.

- zum Schluss fragen: Was lerne ich aus dem untersuchten Gegenstand über die Vergangenheit? Wie kann er mein Wissen über vergangene Zeiten verändern oder bestätigen?

2. Bringe von zu Hause einen alten Gegenstand mit. Setze dich mit ihm mithilfe der Methode „Eine Sachquelle untersuchen" auseinander. Stelle ihn dann als Sachquelle in der Klasse vor.
a) Beschreibe den Gegenstand. Wie sieht er aus? Welche Besonderheit fällt vor allem beim Abzeichnen auf? Wozu könnte er gedient haben?

b) Erkläre, was man durch ihn über das Leben früher erfahren kann.
Tipp: Seite 160

c) Erzähle, warum der Gegenstand aufbewahrt wurde.

Einen Zeitstrahl anlegen

Nehmen wir an, du möchtest jemandem „auf einen Blick" einen Einblick in dein Leben geben. Dafür kannst du die Form des Zeitstrahls nutzen. Dabei wird ein Zeitraum auf einem Strahl dargestellt. Auf diesem werden immer gleiche Abstände abgetragen. Sie stehen für bestimmte Zeitabstände, z. B. jeweils für ein Jahr. Die tatsächlichen Abstände werden mithilfe eines Maßstabs überschaubar gemacht.

Wenn du elf Jahre alt bist und einen Zeitstrahl zu deinem Leben erstellen willst, dann könntest du z. B. für jedes Jahr einen Zentimeter als Abstand wählen. Den Anfang würde deine Geburt bilden. Sie wäre also bei null. Nach einem Zentimeter käme die Eins, nach zwei Zentimetern die Zwei usw.

Klara auf ihrem Einschulungsfoto, 2010

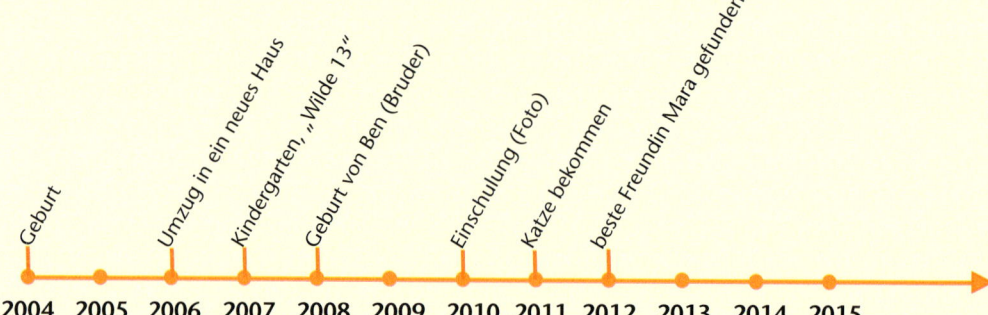

Legst du aber einen Zeitstrahl für das Leben eines Eltern- oder Großelternteils an, wirst du merken, dass der Platz auf deinem Blatt kaum ausreicht. Deshalb musst du den Maßstab ihres Zeitstrahls verändern: Wenn es für dein Leben noch möglich ist, für ein Jahr einen Zentimeter auf dem Strahl abzutragen, dann muss bei deinem Großvater vielleicht ein Zentimeter für fünf Jahre stehen. Nehmen wir an, er ist 69 Jahre alt, dann müsstest du die nächste durch 5 teilbare Zahl – die 70 – teilen. Das Ergebnis ist 14. Du musst also eine Strecke von 14 Zentimetern auf dem Strahl abtragen, um die Lebenszeit deines Großvaters zu erfassen.

Geburt

1945   1950   1955   1960   1965   1970   1975   1980   1985   1990   1995   2000   2005   2010   2015

Wolltest du einen Zeitraum von 1000 Jahren darstellen, könntest du für 100 Jahre einen Zentimeter verwenden, du brauchst also 10 Zentimeter Platz, denn 1000 : 100 = 10. Hast du ein größeres Blatt, dann könnte ein Zentimeter für 50 Jahre stehen, denn 1000 : 50 = 20. Du bräuchtest dann also 20 Zentimeter Platz.

Jetzt ist die Zeit also eingeteilt. Etwas fehlt aber noch! Was ist in dieser Zeit wichtig gewesen? Was wichtig war, hängt davon ab, was du darstellen möchtest. Darüber wirst du dich zuerst informieren müssen.

Wenn du darstellen willst, wie sich die Familie entwickelt hat, dann würdest du in den Zeitstrahl für deinen Großvater sicher eintragen: wann er geboren wurde, wann seine Geschwister geboren wurden, wann er geheiratet hat, wann Kinder und Enkelkinder zur Welt gekommen sind. (Auch du würdest also innerhalb des Zeitstrahls für deinen Großvater auftauchen.) Wenn es um die berufliche Entwicklung deines Großvaters geht, werden die Zeitpunkte für seine Schulabschlüsse, seine Ausbildungszeit, die verschiedenen Beschäftigungsstellen und wann er vielleicht in Rente ging von Bedeutung sein. Diese Ereignisse werden dem Zeitstrahl zugeordnet. Dabei versucht man, möglichst genau den Zeitpunkt zu treffen. Nun kann man auf einen Blick sehen, was für wichtige Ereignisse es gegeben hat und wie weit sie auseinanderliegen.

1935 Opa Paul * kommt in die Schule

• •

1. Zeichne einen Zeitstrahl, mit dem du die wichtigsten Stationen aus deinem Leben darstellst.

2. Erstelle einen Zeitstrahl für das Leben eines Großelternteils.

1963 Die ganze Familie mit ihrem ersten Auto, einem „Käfer"

Lebensdaten von Opa Paul

1928 Geburt
1935 Einschulung in die Volksschule
1939 Oberschule Bad Wildungen
Januar 1943 Konfirmation
30.12.1944 zum Kriegsdienst als Flakhelfer
2.5. bis 7.8.1945 britische Kriegsgefangenschaft
1945–1947 Landwirtschaftsschule
1951 der erste Traktor
1953 Hochzeit mit Oma Helga
1954 1. Kind
1955 2. Kind
1957 3. Kind
1959 4. Kind
1963 das erste Auto: ein Käfer
1967 5. Kind
1970 Teilzeitbeschäftigung neben der Landwirtschaft

2013 Opa Paul an seinem 85. Geburtstag mit Jordi, seinem ersten Urenkel

Menschen in der Vorgeschichte

Menschen, die vor etwa 15 000 Jahren im Gebiet des heutigen
Europa lebten, benutzten auch Mammutknochen, um ihre Winter-
quartiere zu bauen

Dinge des täglichen Lebens eines jung-steinzeitlichen Menschen. Die Fundstücke sind im Oldenburger Landesmuseum für Natur und Mensch ausgestellt. Erkennst du, um was für Dinge es sich handelt?

Nachbau eines steinzeitlichen Bohrwerk-zeugs.

Der Stab (1), an dessen Enden die Schnur befestigt ist, wird vor und zurück bewegt. Dadurch dreht sich der Bohrer in der Mitte (2), um den die Schnur geschlungen ist.

Zwischen Bohrer und Stein (3) gestreuter Sand dient als Schleifmittel. Es höhlt den Stein langsam aus.

Eine sensationelle Entdeckung

M1 *Ein Schaufelbagger im Tagebau Schöningen*

M2 *Freigelegte Funde*

M3 *Besucher vor Wurfhölzern im Museum „Paläon" in Schöningen*

Riesige Baggerschaufeln drangen durch die Erdschichten des Braunkohleabbaus in Schöningen. Plötzlich wurde eine sehr dunkle Schicht sichtbar. Sie rief einige Auf-
5 regung hervor!

In Schöningen wurde schon seit Jahren Braunkohle abgebaut. Weil sie recht nahe unter der Erdschicht liegt, wird sie im sogenannten Tagebau gewonnen. Fast von
10 Anfang an begleiteten ➤ Archäologen die Arbeiten. Sie hofften, dort auf Spuren aus der Frühzeit des Menschen zu treffen. In der dunklen Erdschicht könnten sie zu finden sein!

15 Als die Archäologen begannen, in dieser Schicht zu graben, dauerte es nicht lange, bis sie tatsächlich auf Überreste aus der Vergangenheit stießen, z.B. Knochen von Pferden und anderen Tieren. Sorgfäl-
20 tig wurden sie freigelegt und genau untersucht. Sensationell für die Wissenschaftler waren vor allem lange Hölzer, die von Menschen bearbeitet zu sein schienen: Speere! Der Fund veränderte unser Wis-
25 sen von einer Zeit, die etwa 300000 Jahre zurückliegt. Heute werden die Waffen deshalb mit großem Aufwand erhalten. Dazu müssen sie in einem Wasserbad liegen. An der Luft würden sie bald zerfallen. Bevor
30 die Speere von der früheren Zeit „erzählen" konnten, mussten die Funde aber genau untersucht werden. Wie die Wissenschaftler anhand dieser Fundstücke zu Kenntnissen gelangt sind, das wollen wir
35 sie fragen.

1. Bevor ihr weiterlest, sammelt gemeinsam Fragen, die ihr zu diesem Fund an die Wissenschaftler richten würdet.

M4 Ein Grabungstechniker schreibt auf, wie die freigelegten Reste von Tierskeletten beschaffen sind.

Um mehr über die Funde in Schöningen und über das Leben der Menschen in dieser Zeit zu erfahren, haben wir einen Experten befragt. Auf den folgenden Seiten ist wiedergegeben, was er zu sagen hat

- zur Bedeutung von Überresten und Fundstücken für das Bild, das wir uns von der Vergangenheit machen, und
- zur Lebensweise der Menschen vor mehreren tausend Jahren, in einer Zeit, die wir als Steinzeit, genauer: ➤ Altsteinzeit, bezeichnen.

Vielleicht findet ihr einige eurer Fragen dort wieder.

Auf den folgenden Seiten erfährst du,
- *warum die gemeinsame Jagd vor 300 000 Jahren eine besondere menschliche Leistung war.*
- *welche Auswirkungen es hatte, dass die Menschen sesshaft wurden, Tiere züchteten und Getreide anbauten.*

Außerdem übst du,
- *dich in Geschichtsforscher hineinzuversetzen und Fragen an Fundstücke zu stellen.*
- *eine Kartenlegende zu lesen und Geschichtskarten Informationen über die Ausbreitung des Menschen und über die Ausbreitung einer neuen Lebensweise zu entnehmen.*

Funde aus der Altsteinzeit – ein Interview

M 1 Zwei Funde aus Schöningen

Klemmschaft. In die Einkerbung rechts wurden Klingen gesteckt.

Schädelknochen eines Wildpferdes

Was genau hat man in Schöningen gefunden?

Erst einmal haben wir viele Skelett-Reste gefunden. Zum einen Knochen von Tie-
5 ren, die es heute zum Teil gar nicht mehr gibt – von Auerochsen, Waldelefanten und Waldnashörnern. Etwas ganz Besonderes ist der Zahn eines Säbelzahntigers, der erst vor Kurzem entdeckt wurde! Aber es gab
10 auch Reste von Tieren, die wir heute noch kennen, z. B. von Bären, Hirschen, Rehen, Wildschweinen, Löwen, Wildrindern, Wild-eseln und Wildpferden. Dann waren dort Reste von Feuerstellen zu erkennen, Stein-
15 werkzeuge und eben die Speere. Weil die meisten Knochen von Wildpferden stamm-ten, haben wir daraus geschlossen, dass dort ein Lager von Wildpferdjägern war.

Woher weiß man, dass es Speere
20 **waren?**

Im Grunde sehen diese Speere so ähnlich aus wie die, die heute in der Leichtathletik benutzt werden. Sie sind aus zähem Holz und haben eine Spitze. Tests mit Nachbauten haben gezeigt, dass sie hervorragend in der Hand liegen und gute Flugeigenschaf-ten haben. Außerdem konnte man natürlich aus der Umgebung schlie-
30 ßen, dass es Jäger waren, die hier gelebt hatten, und die brauchen eben Waffen.

Woher weiß ein Historiker denn, ob ein Fundstück etwas Besonderes ist?

Meistens weiß man schon etwas über die
35 Zeit, aus der es stammt. Man kennt viel-leicht Ereignisse oder Zusammenhänge. Den gefundenen Überrest aus der Vergan-genheit untersucht man gründlich, ordnet ihn zeitlich genau ein und guckt dann, ob
40 unser Wissen bestätigt wird oder nicht. Im Fall der Schöninger Speere wurde unser Wissen über die ➤ Altsteinzeit verändert. Denn lange dachte man, dass die Men-schen vor 300 000 Jahren von Pflanzen
45 oder Aas gelebt haben. Das wären Nah-rungsmittel, die man findet und sammeln kann.

Wenn sich aber Jäger zusammentun, Waf-fen anfertigen und gemeinsam auf Groß-
50 wildjagd gehen, dann haben sie einen Plan. Es müssen Menschen gewesen sein, die intelligent genug waren, ihre Jagd er-folgreich durchzuführen. Das war neu für unser Bild von der Frühgeschichte. Wir
55 hielten bis dahin die Menschen, die vor 300 000 Jahren gelebt haben, für „düm-mer", auch wenn der Begriff nicht genau stimmt.

Wie erkennt man, dass die Speere
60 **alt sind?**

Stell dir vor, du hättest zu Hause eine glä-serne Mülltonne, in die jeden Tag Abfall gefüllt wird. Wenn du sie dir nach eini-gen Tagen ansehen würdest, dann könntest du dich wahrscheinlich anhand des sichtbaren Abfalls daran erinnern, was du gemacht hast. Aber auch die Reihenfolge wird deutlich. Du kannst sehen, dass du z. B. bestimmte Ausschneidearbeiten angefertigt hast, nachdem du ein Spiel bekommen hast, weil die Ausschneide-Schnipsel über der Verpackung des Spiels liegen.

Ein Braunkohlenbergwerk ist damit zu vergleichen: Der Schaufelbagger frisst sich immer tiefer in das Gestein. Und wie in der gläsernen Mülltonne liegen da verschiedene Schichten übereinander. In der Regel ist das, was oben liegt, jünger als das, was unten liegt. Wenn bei euch in der Nähe ein Steinbruch ist, dann kannst du vielleicht dort eine ähnliche Beobachtung machen.

Woher weiß man denn, wie alt genau die Schichten sind?

Dazu braucht man noch viele andere Wissenschaftler. Biologen können anhand der gefundenen Pollen* von Pflanzen sagen, was dort gerade wuchs, Geologen können das Alter des Gesteins bestimmen, andere Spezialisten können durch komplizierte Untersuchungen Werkzeuge in ihrem Alter bestimmen. Aus all dem können wir insgesamt eine recht genaue Vorstellung davon gewinnen, wie es dort früher ausgesehen hat und wann das war. Die Fundstücke aus Schöningen sind um 300 000 Jahre alt!

Wie sah es denn damals dort aus?

Dort, wo heute Braunkohle abgebaut wird, war früher ein See, der langsam verlandete. Das erkennt man am Torf. Dort wuchsen Kiefern, Lärchen, Fichten und Birken. Der See lag in einer Steppe, die vor allem mit Gras bewachsen war. Zu den Großtieren, die ich schon genannt habe, kommen deshalb noch Fische, Biber, Reptilien und Vögel hinzu.

Ablagerungen der letzten und der mitleren Eiszeit (bis ca. 300 000 Jahre alt)

Ablagerungen der ältesten Eiszeit (bis ca. 400 000 Jahre alt)

Sande und Braunkohle (bis ca. 50 Millionen Jahre alt)

Die dunkle Schicht mit den Überresten von Tieren und Werkzeugen enthält Faulschlamm, der sich nur in Warmzeiten bilden konnte. Sie ist bis zu 320 000 Jahre alt.

M 2 Vereinfachte Darstellung der verschiedenen Bodenschichten, die bei Schöningen vorgefunden wurden

* Pollen: Blütenstaub, winzige Körner, die in der Pflanze gebildet werden. Sie dienen der Befruchtung.

1. Zeichne eine Landschaft, die so aussieht, wie die beim heutigen Schöningen vor 300 000 Jahren. Nutze dazu die Informationen aus dem Text.

2. Erkläre den Aufbau der Grafik M 2 indem du den Vergleich mit der gläsernen Mülltonne (Text) darauf überträgst.

3. Überlegt gemeinsam, was ein Historiker tun muss, wenn ihm ein Landwirt aus seiner Gegend ein altes Werkzeug bringt, das er beim Pflügen gefunden hat. Wie könnte er mit dem Fund umgehen? Welche Möglichkeiten könnte ihm der Fund aus wissenschaftlicher Sicht bieten?
Tipp: Seite 160

+ Informiere dich bei deinen Lehrerinnen oder Lehrern in den Fächern Physik oder Sport, welche Eigenschaften ein Speer besitzen muss, den man in der Leichtathletik verwendet.

M3 So könnte eine Wildpferdjagd ausgesehen haben. Heutige Rekonstruktionszeichnung

Wie jagten denn die Menschen in der Frühzeit und welche Werkzeuge besaßen sie?

Zunächst haben sie die Natur genau beob-
5 achtet. Das wissen wir von anderen Funden: Sie zeigen, dass ➤ Jäger sich zur Rentierjagd genau zu den Jahreszeiten eingefunden haben, wenn die Herden auf ihrem Weg nach Norden dort vorbeizogen.

10 Ihre größte Waffe war aber vielleicht, dass sie gemeinsam jagten. So konnten sie sich

wie bei heutigen Jagden in Treiber und Jäger aufteilen oder zu Hilfe eilen, wenn einer aus der Gruppe von dem gejagten
15 Tier angegriffen wurde. Die Jäger hoben auch Fallen aus, mit denen sie versuchten, Großwild zu fangen.

Durch Funde wissen wir zudem, dass die Jäger Speerspitzen und Harpunenspitzen
20 aus Knochen verwendet haben. Und deutlich verbessert wurde die Jagd noch einmal durch die Erfindung der Speerschleuder. Damit konnte man die Speere viel weiter schleudern als vorher.

Wenn eine Speerschleuder eingesetzt werden konnte, erhöhte sich die Reichweite von ca. 40 auf 100 m.

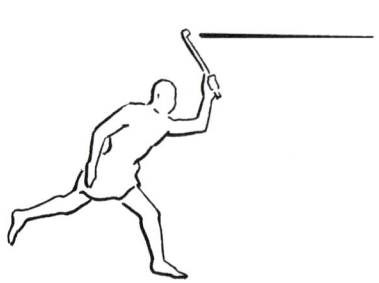

Die Materialien, die genutzt wurden, waren also Stein, Knochen und Holz. Die Menschen hatten damals auch schon verschiedene Schneidewerkzeuge. Sie konnten z. B. Beile mit einem Holzschaft herstellen! Am berühmtesten sind aber wohl die Faustkeile. Die wurden massenhaft gefunden.

In Schöningen wurde auch Feuerstellen gefunden. Wie machte man damals eigentlich Feuer? Streichhölzer und Feuerzeuge gab es ja noch nicht.

Die Fähigkeit, Feuer zu machen und zu bewahren, bedeutet einen großen Fortschritt in der Menschengeschichte. In den Gebieten Afrikas, wo die frühesten Menschen lebten, schien das nicht nötig gewesen zu sein, doch dann breiteten sich die Menschen unter anderem nach Norden aus. Hier war es kälter, es gab Eiszeiten, in denen selbst der gesamte Norden des heutigen Deutschlands von Eis bedeckt war. Menschen brauchten das Feuer, um überleben zu können, und sie brauchten Kleidung, um nicht zu erfrieren.

Kleidung konnten sie sich aus den Fellen erlegter Tiere anfertigen. Das Feuer zu beherrschen war aber schwierig. Man kannte es natürlich in Form von Bränden nach Blitzschlag. Aber es selbst herzustellen, war etwas anderes. Die Menschen nutzten dafür die Funken, die beim Aufeinanderschlagen von Feuersteinen entstehen. Später konnte man auch die Hitze, die sich beim Reiben entwickelt, nutzen: Man hat Bohrer geschaffen, mit denen Feuer gemacht wurde. Wie die Menschen das Feuer bewahrten, wissen wir aber nicht genau.

Harpunenspitze und Nadel aus Knochen

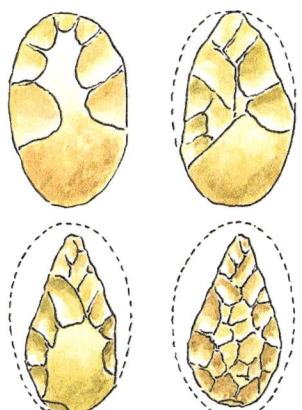

M 4 *Herstellen eines Faustkeils:*

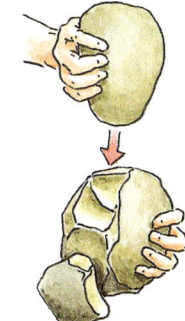

① *Der Stein wird mit einem Schlagstein geformt.*

② *Der Stein wird mit einer Klinge geformt.*

4. a) Fasse schriftlich zusammen, was die Menschen können und wissen mussten, um erfolgreich Pferde jagen zu können. Beziehe dich auf den Text.
   b) Erkläre, welche Kenntnisse über die Altsteinzeit in M 3 umgesetzt wurden.

5. a) Stell dir vor, Steinzeitmenschen wollen einen Hirsch jagen und das Fleisch als Lebensmittel nutzen. Liste die Waffen und Werkzeuge auf, die sie dafür brauchte. Schreibe jeweils daneben, für welchen Teilschritt sie dienten.
   b) Erkläre, warum man die hier behandelte Zeit als „Steinzeit" bezeichnet.

6. Erläutere, warum man die Menschen der Altsteinzeit „Jäger und Sammler" nennt.

M 5 *Rekonstruierte Schutzhütte nach Funden in Südfrankreich (Terra Amata)*

Wie lebten die Menschen damals zusammen?

Sie lebten damals, soweit wir wissen, in Gruppen zusammen. Jede dieser Gruppen
5 hatte ein Feuer, um das sie sich versammelte und das sie nicht ausgehen ließ. Manchmal nutzten die Menschen Felsvorsprünge als Schutz oder sie lebten in Höhlen oder Zelten. Natürlich haben sich
10 keine Zelte erhalten, sie sind verrottet. ➤ Archäologen erkennen die Standorte und Größe aber immer noch an dem sogenannten Zeltwall und an Steinkreisen, die zur Beschwerung der Zeltwände dienten.
15 Wenn eine Gegend nicht mehr genug an Nahrungsmitteln hergab, dann zogen die Menschen weiter: Sie waren ➤ Nomaden. Ihre Lebensweise nennt man deshalb „Nomadentum".

20 Männer und Frauen mussten zusammenarbeiten, damit die Gruppe überleben

konnte. Dabei war zum Teil eine enorme Orientierungsfähigkeit nötig, es gab schließlich keine Straßen oder Landkarten.
25 So mussten sie sich an Zeichen in der Natur orientieren, z. B. wenn sie weit gezogen waren, um bestimmte Früchte zu sammeln oder um zu jagen.

M 6 *Harpunenspitze*

Auf den Harpunenspitzen kann man
30 Verzierungen erkennen. Hatten die Menschen damals schon einen Sinn dafür, Dinge zu verzieren, und auch Zeit?

Ja, Kunst gehört zu den Kulturleistungen*, die in der Steinzeit entwickelt wurden!

* Kulturleistungen: Fähigkeiten, über die der Mensch nicht von Natur aus verfügt, sondern die er sich nach und nach angeeignet hat

35 In Höhlen auf der ganzen Welt hat man steinzeitliche Malereien entdeckt (Seite 28), aber auch viele kleine Steinfiguren aus der Steinzeit sind erhalten. Sogar Musikinstrumente aus der ➤ Altsteinzeit hat man
40 gefunden! Kunst diente aber wohl auch zur Beschwörung für eine gute Jagd, wie es die Höhlenmalerei zeigt. Höhlenbilder und kleine Schnitzereien (M 7) sind für uns wichtige ➤ Quellen, auch wenn wir sie
45 nicht ganz entschlüsselt haben. Manche Gegenstände zeigen also, dass es so etwas wie eine Religion gegeben haben muss.

Was hatten die Menschen damals denn für eine Religion?

50 Das ist eine schwierige Frage. Zurzeit forschen etliche Wissenschaftler darüber. Sicher war es keine Religion, wie wir sie heute bei uns in Europa kennen. Wir vermuten, dass die Menschen sich als Teil
55 der Natur verstanden und ihr Leben eingebunden sahen in die Abläufe der Natur, wie den Aufgang und den Untergang von Sonne und Mond und den Wechsel der Jahreszeiten. Ihre Religion, so nehmen wir
60 an, war eine Naturreligion.

Zugleich meinten sie wohl, durch bestimmte Handlungen, die wir Kulte nennen, Entwicklungen beeinflussen zu können. Du kennst es vielleicht von dir selbst.
65 Es gibt Situationen, die man beeinflussen möchte, obwohl man das eigentlich nicht kann. Etwa wenn ein Haustier sehr krank ist und man sich Sorgen macht. Es ist denkbar, dass jemand dann für sich sagt:
70 Wenn es gesund wird, dann werde ich drei Wochen nicht Computer spielen. Man gibt also etwas, was einem wichtig ist oder was man gern macht, um etwas anderes zu erreichen, nämlich, dass das Tier wie
75 der gesund wird. Es ist ein Opfer, das man bringt. In ähnlicher Weise, so denken viele Wissenschaftler, haben sich wohl auch die frühen Menschen verhalten.

M 7 *Wildpferd und Mammut. Etwa 40 000 Jahre alte Schnitzereien aus Elfenbein. Sie wurden in der Vogelherdhöhle bei Heidenheim gefunden. Heute werden sie in Tübingen im Museum aufbewahrt.*

7. a) Erkläre, was Nomaden sind.
   b) Finde heraus, ob es auch heute noch Nomaden gibt. Gib dazu in eine Suchmaschine im Internet „Nomaden heute" ein oder nutze ein Lexikon.

8. Erkläre in eigenen Worten, was man heute über die Religion der Steinzeit vermutet.

9. Trage in eine Tabelle in deinem Heft ein, welche Kenntnisse du über die Altsteinzeit gewonnen hast:

	Altsteinzeit
Unterkunft	
Ernährung	
Technik	
Werkzeug	
Lebensweise	
Religion	

+ Wenn du dir Fragen überlegt hattest, die in unserem Interview nicht beantwortet werden, informiere dich im Internet. Gib in eine Suchmaschine z. B. den Begriff „Steinzeit" ein.

• Besuche ein Museum für Weltkulturen (häufig „Völkerkundemuseum" genannt) in deiner Nähe und schau nach, ob dort Funde aus der Altsteinzeit ausgestellt werden. Berichte in der Klasse darüber.

PROJEKT: HÖHLENMALEREI

M 1 *Etwa 20 000 bis 17 000 Jahre alt ist diese Wandmalerei aus der Höhle von Lascaux in Frankreich. Die Tiere wurden mit verschiedenen Farben mehrfach übermalt.*

1940 machten einige Jugendliche eine sensationelle Entdeckung. Durch ein Erdloch waren sie in eine Höhle eingestiegen, um den Gerüchten über geheime Gänge
5 am Ufer der Vézère im Südwesten Frankreichs nachzugehen. Sie hatten zunächst Brocken durch das Loch geworfen, die einige Zeit brauchten, bis sie aufschlugen. Dennoch wagten sie es, sich in die
10 Höhle hinabzulassen. Taschenlampen hatten sie mitgebracht. Was sie dann sahen, hat nicht nur die jugendlichen Forscher begeistert, sondern vor allem auch die ➤ Archäologen.

15 Ja, es war so unglaublich, dass lange geprüft wurde, ob das, was man dort fand, nicht eine Fälschung war: Im Licht ihrer Taschenlampen entdeckten die Jugendlichen ein riesiges Gemälde an der Höhlen-
20 wand. Stiere, Hirsche, Pferde waren dort zu erkennen. Geschickt hatten die Maler Wölbungen in der Felswand genutzt, um damit z. B. den Bäuchen der Tiere die angemessene Form zu geben. Doch das war
25 erst der Anfang. Als Wissenschaftler die Höhle erforschten, fanden sie noch viele weitere Bilder.

Auch in anderen Teilen der Welt wurden Höhlen mit Bildern entdeckt, die uns ei-
30 nen lebendigen Einblick in die Welt der Steinzeitmenschen geben. Die Bilder sind vor 40 000 bis 15 000 Jahren entstanden – über einen sehr langen Zeitraum also. Höhlen wurden viele Tausend Jahre benutzt
35 und immer wieder entstanden dabei neue Bilder. Wie wirkt das Bild oben auf dich? Stell dir vor, es im Schein einer Fackel in einer dunklen Höhle zu sehen …

Material für Höhlenmaler

– FARBMATERIALIEN
Farbmaterialien wurden in der Altsteinzeit aus verschiedenen Erden und Ruß
hergestellt. Ihr könnt aber mit verdünn-
ter Tonerde und Plakafarben malen und
mit Kohlestiften und Kreiden zeichnen.

– PINSEL
Als Pinsel dienten wahrscheinlich zer-
kaute weiche Zweige. Auch ihr könnt
solche Pinsel herstellen, indem ihr
Zweige wässert und dann mit einem
Hammer weichklopft. Oder wollt ihr
einfach eure Finger zum Malen benutzen?

– MALGRUND
Als Malgrund eignet sich am besten
Karton oder Pappe. Wenn ihr sie dünn
mit Kleister bestreicht und dann Sand
daraufstreut, erhaltet ihr eine raue,
etwas unregelmäßige Fläche, die dem
Gestein der Höhlen ähnlich ist. Nachdem
euer Malgrund getrocknet ist (das dauert mehrere Stunden), kann es losgehen.

1. Arbeite selbst einmal als „Höhlenma-
ler". Auf dem Zettel rechts findest du
Hinweise zum Vorgehen.

2. Überlege dir beim Malen, wofür diese
Bilder vielleicht gebraucht wurden,
und merke dir, woran du gedacht hast,
als du dein Bild gemalt hast.

3. Hängt eure „Höhlenbilder" in einer
Reihe auf oder stellt sie auf Tischen
aus. Betrachtet sie anschließend gemeinsam und sprecht über die dargestellten Szenen.
Macht euch auch klar, was beim Malen
in einer Höhle ganz anders war als in
eurer Situation.
Tipp: Seite 160

*Ocker, ein Farb-
material aus Erde*

Überreste aus der Jungsteinzeit

Sonntagmorgen. Beim Frühstück erzählt Tilmann, was er über die ➤ Altsteinzeit gelernt hat. „Können wir nicht nach Schöningen fahren und uns das ansehen?",
5 fragt er. „Das ist sehr weit", sagt die Mutter, „aber hier in der Gegend von Oldenburg kann man auch eine ganze Menge Reste aus der Steinzeit finden. Wir könnten uns ja mal die Großsteingrabanlagen an-
10 sehen." Eigentlich ist Tilmann kein großer Freund von Sonntagsausflügen, aber darauf hat er Lust. Eine Stunde später sitzt die Familie im Auto und fährt in das südliche Oldenburger Land. Als sie anhalten, sieht
15 Tilmann ein Schild: „Kleinenknetener Steine". Über einen Sandweg gelangen sie zu einem Wäldchen. Dort sehen sie es: Auf einer Lichtung befindet sich ein Ring riesiger Felsbrocken. Der sonnige Tag gibt dem
20 Ort ein geheimnisvolles Aussehen.

Die riesigen Felsen sind so angeordnet, dass sie wie ein Hausgrundriss wirken. Tilmann geht die Länge der Anlage ab. Dabei merkt er, wie groß sie ist. Er über-
25 legt: „Was wir über die Steinzeit gelernt haben, passt nicht zu diesem Steingrab. Die Menschen sind doch als ➤ Nomaden herumgezogen. Wie konnten sie so riesige Gräber bauen?"

Modelle und Fundstücke

30 „Bei uns im Museum könnten wir uns weiter informieren", schlägt die Mutter vor. Tilmann ist nicht sehr begeistert. Museum, das klingt nach Staub und Langeweile. Aber mehr wissen möchte er schon, und
35 so ist es bald abgemacht, dass heute auch noch das Museum besucht wird. Es geht zurück nach Oldenburg und dort ins Landesmuseum „Natur und Mensch".

In dem großen, hellen Ausstellungsraum
40 zur Steinzeit fällt sofort eine Gruppe von riesigen Steinen auf, die sehr an die „Kleinenknetener Steine" erinnert. An den Wänden befinden sich Vitrinen, in denen Gefäße ausgestellt sind, außerdem Bilder,
45 Schrifttafeln und ein Reh, von Speeren durchbohrt. Alle gehen zunächst zu der „Steingruppe". Tatsächlich: Hier wurden die „Kleinenknetener Steine" in einem anderen Material als Modell nachgebaut.

50 Tilmann geht durch einen Gang aus Findlingen, wie die großen Felsbrocken genannt werden, in eine Kammer. Dort ist eine Messlatte und im Boden eine Vertiefung, die mit einer Glasplatte abgedeckt
55 ist.

Kultur (Seite 31): Zur Kultur gehört alles, was Menschen schaffen. Je nach Gruppe, Gegend oder Zeitalter unterscheiden sich verschiedene Kulturen bzw. Lebensformen.

M1 Die „Kleinenknetener Steine"

M2 Die „Kleinenknetener Steine" als Modell, nachgebaut im Oldenburger Museum

Darin liegen Scherben. Aha, man hat die Toten also nicht einfach in Gräber gelegt, sondern ihnen noch etwas dazugegeben. Das kann man dem Text entnehmen, der auf der Glasplatte angebracht wurde.

Eine Museumsmitarbeiterin macht Tilmann auf eine Kiste im Boden aufmerksam, in der sich Gegenstände aus der Steinzeit befinden. Zum Teil wurden sie nachgebaut. Bei manchen hat man auch nur Teile hinzugefügt, z.B. einen Holzgriff. Tilmann kann ein Beil, eine Sichel, ein Gefäß, einen Holzstamm und ein Schlitten-Modell erkennen. Die Frau erklärt, dass solche Schlitten beim Bau der Großsteingräber hilfreich waren: Im Winter wurden sie mit den Felsbrocken beladen, dann von Tieren gezogen und von Menschen geschoben. So also wurden die Anlagen gebaut!

„Die Großsteingräber sind übrigens so bedeutend", sagt die Museumsmitarbeiterin, „dass Wissenschaftler den gesamten Abschnitt der Geschichte nach ihnen benannt haben: ‚Megalithkultur'.* Das heißt übersetzt Großsteinkultur." Die Megalithkultur gab es in der Altsteinzeit aber nicht. Die Zeit, die unsere Ausstellung betrifft, ist die ➤ Jungsteinzeit", erklärt die Frau.

Die Findlinge transportierte man auf Schlitten.

Dort, wo das Grab entstehen sollte, wurden Vertiefungen ausgehoben. Um die Findlinge zu stabilisieren, wurden kleine Steine aufgeschichtet.

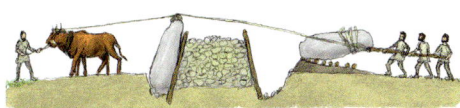

Zwei Trägersteine wurden einander gegenüber aufgestellt.

Darauf legte man einen Deckstein. Diese drei Steine bildeten ein sogenanntes Joch. Eine Grabkammer bestand aus mehreren Jochen.

Die Kammer wurde mit Erdboden überhügelt.

M4 *Bau einer Großsteingrabanlage*

M3 *Eine Museumsmitarbeiterin zeigt einem Kind die „Steinzeitkiste" mit Schlittenmodell.*

1. a) Vergleicht in Partnerarbeit das Bild der „Kleinenknetener Steine" (M1) mit dem des Modells (M2). Beachtet z.B. den Raum, das Material und die Gestaltung der Oberfläche.
b) Erklärt, worin Übereinstimmungen und Unterschiede zwischen Original und Modell bestehen.

2. Erkläre anhand von M2 und M3, was Modelle sind und wozu man sie braucht.
Tipp: Seite 160

3. Erkläre mit eigenen Worten, wie eine Großsteingrabanlage gebaut wurde (M4). Welche modernen Maschinen würden die Arbeit sehr erleichtern?

• Informiere dich im Internet über das Museum „Natur und Mensch" oder über weitere Steinzeit-Museen. (In Hitzacker und Oerlinghausen gibt es z.B. Freilichtmuseen.)

Entwicklungen und neue Techniken

„Wenn du mehr darüber wissen willst, wie die Menschen in der ➤ Jungsteinzeit gelebt und womit sie gearbeitet und sich versorgt haben, dann guck dir die Informationen an, die dort hinten am Computer abrufbar sind.", sagt die Museumsmitarbeiterin zu Tilmann.

Er geht hinüber und schaut sich verschiedene Seiten an. Er erfährt, dass die Menschen in der Jungsteinzeit nicht nur Gefäße aus Tonerde herstellen konnten, die sie im Feuer härteten, sondern auch Steinwerkzeuge zum Bohren, Schleifen und Schneiden hatten. Im Vergleich mit der ➤ Altsteinzeit standen den jungsteinzeitlichen Menschen auch viele neue Techniken zur Verfügung.

Das hing mit einer neuen Lebensweise zusammen: der ➤ Sesshaftigkeit. Sesshafte Menschen lebten in kleinen bäuerlichen Siedlungen, meist in der Nähe von Gewässern. Jede Familie baute ihre Nahrung an und fertigte fast alle Geräte, Werkzeuge und Kleidung selbst. Dabei begleiteten die Kinder ihre Eltern bei allen Arbeiten, sodass die Fertigkeiten immer an die nächste Generation weitergegeben wurden.

Dadurch, dass Arbeitstechniken nun über einen längeren Zeitraum an festen Orten angewendet wurden, entwickelten die Menschen sie weiter. So nehmen Wissenschaftler an, dass z. B. das Rad im 4. Jahrtausend v. Chr. an verschiedenen Orten zugleich entdeckt wurde, weil das Prinzip, nach dem es funktioniert, den Menschen schon durch die Töpferscheibe bekannt war.

M5 Ackerbau und Viehzucht

Der Ackerbau spielte gegenüber der Viehhaltung zunächst eine untergeordnete Rolle. Das änderte sich aber: Als die Getreidesorten widerstandsfähiger wurden, sicherte vor allem Getreide das Überleben der Menschen. Folgende Früchte wurden angebaut:

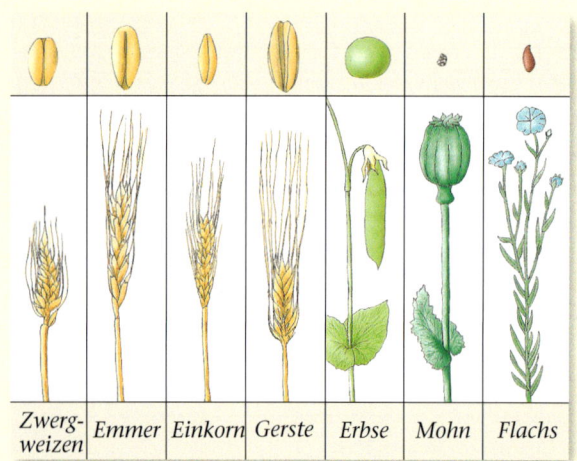

Zwerg-weizen	Emmer	Einkorn	Gerste	Erbse	Mohn	Flachs

Der Fleischbedarf wurde in der Jungsteinzeit durch Schwein, Rind und Schaf gedeckt.
Aber auch die Jagd spielte weiterhin eine große Rolle, ebenso wie der Fischfang. Die frühen „Haustiere" sahen allerdings noch etwas anders aus als unsere. Sie waren den Wildtieren noch sehr ähnlich.

Mit der Sesshaftigkeit begannen die Menschen zudem, Getreide anzubauen und Tiere zu zähmen und zu züchten, vor allem Schweine, Rinder und Schafe. Auch da-
40 durch wurde vieles anders: Wer Getreide anbaut und Tiere züchtet, ist nicht mehr so sehr vom Zufall abhängig, essbare Pflanzen zu finden oder auf Wild zu stoßen, das gejagt werden könnte. Er kann Vorrä-
45 te anlegen und nach Bedarf nutzen. Die Gemeinschaften, in denen die Menschen jetzt lebten, waren deshalb dauerhafter als zuvor. Im Harz z. B. konnte man durch Untersuchungen von Genen sogar nachweisen, dass Menschen, die heute dort leben,
50 mit Menschen, die in der Steinzeit dort gelebt haben, verwandt sind.

· ·

4. Finde heraus, wozu die abgebildeten Werkzeuge (M 6) dienten und wie man sie benutzte.

5. Erläutere, wie sich das Leben der Menschen ändert, wenn es ihnen möglich ist, Vorräte anzulegen. Überlege, welche neuen Probleme damit entstehen können.
Tipp: Seite 160

6. Ergänze die Tabelle, die du beim Thema Altsteinzeit angefangen hast, indem du die Veränderungen in der Jungsteinzeit in eine weitere Spalte setzt.

	Altsteinzeit	Jungsteinzeit
Unterkunft		
Ernährung		
Techniken		
Werkzeuge		
Lebensweise		

M 6 Werkzeuge

Die sesshaft werdenden Menschen entwickelten viele Werkzeuge, z. B. den Mahlstein, die Sichel, die Steinaxt, die Spindel und den Webstuhl.

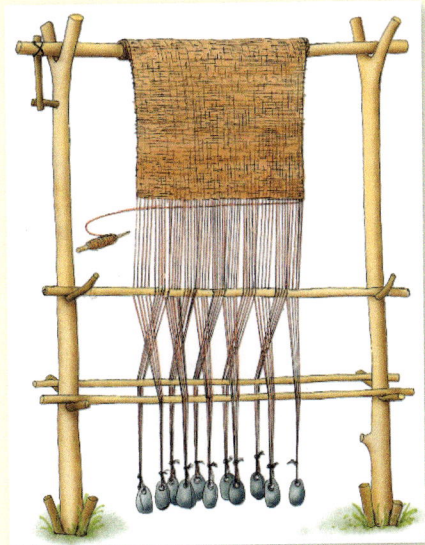

Revolution in der Steinzeit

„Seit wann gab es denn die ➤ Jungsteinzeit?", fragt Tilmann. „Das kann man nicht
mit einer Zahl beantworten", sagt seine
Mutter, „in unserer Gegend ungefähr seit
5　5000 vor Christus."

Eine Geschichtskarte untersuchen

Entwicklungen, die sich in bestimmten Gebieten abgespielt
haben, können in Geschichtskarten dargestellt werden. Das
Thema einer Karte erfährst du aus der Unterschrift. Wichtige
Informationen enthält darüber hinaus die Legende. Bei M 7
findest du sie am linken Rand: Dort sind Symbole und ihre
Erklärungen aufgelistet. In die Karte wurden nur die Symbole
eingezeichnet, sodass du der Legende entnehmen musst, was
sie bedeuten.

● Lege in deinem Heft eine Tabelle an. Links nennst du das
Symbol, rechts daneben schreibst du auf, wo es in der Karte
vorkommt. Dazu musst du wissen, wie die Kontinente hei-
ßen, und die Himmelsrichtungen kennen.

● Fasse anschließend in einem kurzen Text zusammen, was die
Karte zeigt.

Im Museumskatalog lesen sie später, dass
im Vorderen Orient, wo es viel wärmer und
das Land fruchtbarer war, die Menschen
schon um etwa 10000 v. Chr. begannen,
10　➤ sesshaft zu werden. Das Gebiet, aus dem
die jungsteinzeitliche ➤ Kultur sich verbreitete, hat man „Fruchtbarer Halbmond"
genannt. Erst allmählich drang diese Lebensform nach Norden vor (M 7).

15　Die Veränderung der Lebensverhältnisse,
die die Sesshaftigkeit mit sich brachte, bezeichnen Wissenschaftler als „Neolithische
Revolution": neolithisch bedeutet jung-
steinzeitlich und Revolution meint Um-
20　bruch. Der Begriff sagt aus, dass sich die
Lebensverhältnisse in der Jungsteinzeit
vollkommen verändert haben.

Uns erscheint es fast selbstverständlich,
dass die Lebensweise der Jungsteinzeit be-
25　quemer war als die der ➤ Altsteinzeit. Doch
können Wissenschaftler zeigen, dass sich
die neue Kultur erst langsam durchsetzte.
Lange Zeit lebten die Menschen in beiden
Lebensformen – der altsteinzeitlichen und
30　der jungsteinzeitlichen – nebeneinander.
Deshalb ist der Begriff „Revolution" für
diesen Umbruch irreführend, weil wir uns
darunter einen schnellen Wandel vorstellen.

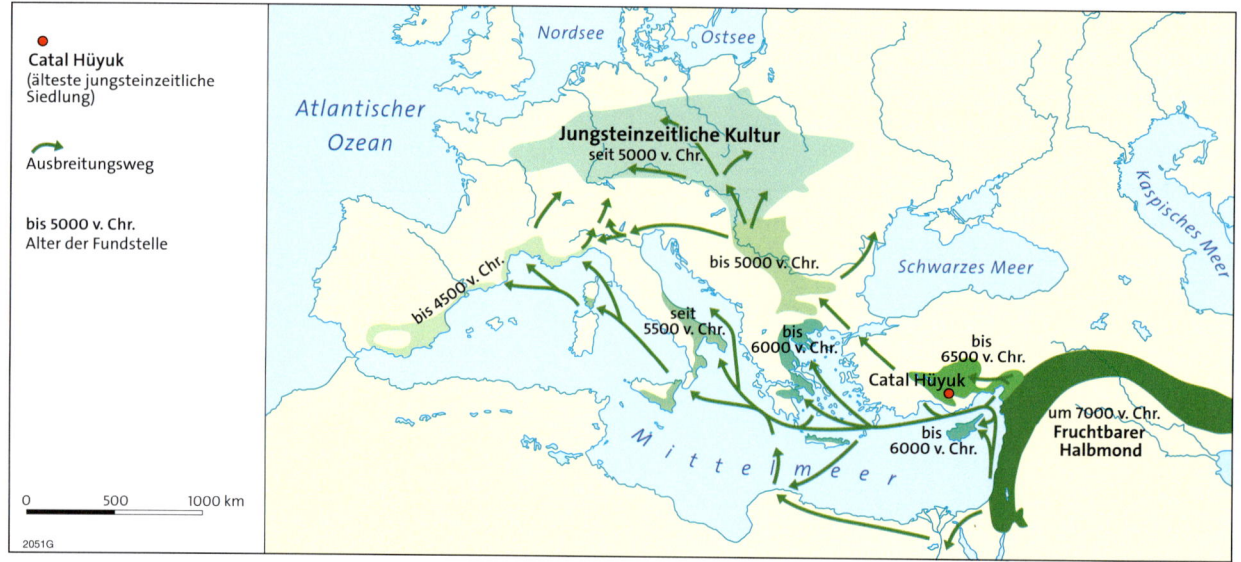

M 7 *Die Ausbreitung von Ackerbau und Viehzucht*

M 8 *Modell einer Siedlung der Jung- steinzeit. Die kleinen Fotos zeigen Details aus verschiedenen Perspektiven. Nicht alle sind auf dem großen Foto zu er- kennen.*

7. Ein nomadischer Steinzeitmensch begegnet einem sesshaften: Entwerft in Partnerarbeit ein Gespräch, in dem jeder dem anderen die Vorteile seiner Lebensweise erläutert.
Tipp: Seite 160

8. a) Untersuche die Karte M 7, indem du die Schritte aus dem Methodentrai- ning ausführst.
b) Arbeite heraus, welche Entwicklung die Karte zeigt. Wo liegt ihr Ausgangs- punkt? Wie waren die Verbreitungs- wege?

9. Revolutionen werden in der Regel grundlegende Veränderungen ge- nannt, die recht schnell eingeführt werden. Die Neolithische Revolution zog sich aber über einen Zeitraum von etwa 2000 Jahren hin. Erläutere, warum man trotzdem von einer Revolution spricht.
Tipp: Seite 160

10. Erzähle anhand des Modells M 8 vom Leben in der Jungsteinzeit. Beziehe deine Kenntnisse über die Zeit ein.

Wenn du die vorangegangenen Seiten bearbeitet hast, solltest du folgende Aufgaben lösen bzw. Fragen beantworten können. Schreibe die Lösungen in dein Heft. Ob du richtigliegst, kannst du mithilfe der Lösungen und Hinweise auf Seite 166 überprüfen.

M1 *Steinzeitliche Höhlenmalerei*

1. Nenne zwei Geräte, die die Menschen schon in der Altsteinzeit als Werkzeuge einsetzten.

2. Erkläre die Begriffe „Nomaden" sowie „Jäger und Sammler".

3. Schau dir M1 an.
   a) Erkläre, wo Bilder dieser Art gefunden wurden.
   b) Beschreibe das Bild. Erkläre auch, wie es dazu kommen konnte, dass verschiedene Tiere übereinander gemalt wurden.

4. Gib an, über welchen Zeitraum sich die Jungsteinzeit erstreckte.

5. Ordne die folgenden Begriffe der Altsteinzeit und der Jungsteinzeit zu: Töpferscheibe, Feuerbeherrschung, Getreideanbau, Hausbau, Höhlenmalerei, Tierhaltung.

6. Verfasse einen Lexikonartikel für die Internetseite „www.kinderzeitmaschine.de", in dem du die Lebensweise der Jungsteinzeit darstellst.

Menschen in der Vorgeschichte

Mehrere hundert Millionen Jahre lebten nur Pflanzen und Tiere auf der Erde. Erst vor etwa 2,5 Millionen Jahren begann die Geschichte des Menschen. Um uns darüber zu informieren, wie die Menschen der Frühzeit gelebt haben könnten, müssen wir archäo-
5 logische Überreste dieser Zeit befragen – z. B. Knochen-, Waffen- oder Werkzeugfunde. Schriftliche Zeugnisse gibt es nicht, da die frühen Menschen keine Schrift kannten.

Die Zeitabschnitte der Frühgeschichte nennen wir nach den Materialien, aus denen die Menschen ihre Werkzeuge herstellten, Stein-
10 zeit oder Metallzeit. Bei der Steinzeit unterscheiden wir ➤**Altsteinzeit** und ➤**Jungsteinzeit**.

Die steinzeitlichen Menschen waren viel stärker von der Natur abhängig als wir es heute sind. In der Altsteinzeit waren sie **Nomaden**; sie folgten Tierherden. Schutz suchten sie unter Felsüberhän-
15 gen, in Höhleneingängen, in sehr einfachen Zelten oder Hütten aus Ästen und anderen natürlichen Fundstücken. Schon vor etwa 300 000 Jahren waren die Menschen in der Lage, einfache Waffen herzustellen und **gemeinsam zu jagen**. Später entstandene Höhlenmalereien sowie einfache Figuren aus Kalkstein, die auf der
20 ganzen Welt entdeckt wurden, weisen darauf hin, dass die altsteinzeitlichen Menschen **religiöse Vorstellungen** hatten.

Um 10 000 v. Chr. entstanden im Vorderen Orient die ersten Siedlungen: Die Menschen begannen, **sesshaft** zu werden. In Mitteleuropa wurden aus den ➤**Jägern und Sammlern** ab etwa 5 000 v. Chr.
25 **Bauern**. Sie entwickelten neue Techniken wie Ackerbau, Töpfern, Weben, Werkzeugbau, Hausbau und begannen, Vorräte anzulegen. Diese Veränderungen der Lebensweise bezeichnen wir mit dem Begriff **Neolithische Revolution**, den Zeitraum als **Jungsteinzeit** (lateinisch: Neolithikum).

- **Vor etwa 2,5 Millionen Jahren** Erste Vormenschen leben in Ostafrika.

- **Vor etwa 300 000 Jahren** Frühe Menschen sind in der Lage, Waffen zu bauen und gemeinsam zu jagen.

- **Vor etwa 100 000 Jahren** Der Jetztmensch entsteht.

- **Vor etwa 10 000 Jahren** Im südöstlichen Mittelmeerraum beginnen die Menschen, Getreide anzubauen und Wildtiere zu zähmen. Sie werden sesshaft.

- **Vor etwa 7000 Jahren** Die jungsteinzeitliche Lebensweise verbreitet sich in Europa.

Verzierte Tonschale aus einem jungsteinzeitlichen Grab. Fundstück aus Kleinenkneten

Die ägyptische Hochkultur

Dieses Holzmodell mit Bauern und einer Viehherde stammt aus der Zeit um 2000 v. Chr. und wurde im Grab eines ägyptischen Beamten entdeckt.

Die Pyramiden von Gizeh mit der Sphinx,
einem riesigen Löwenkörper aus Stein mit
einem Königskopf

In Behältern wie
diesem wurden
im alten Ägypten
die Organe von
Mumifizierten
bestattet. Man
nennt einen
solchen Behälter
„Kanope".

Diese etwa 4 500 Jahre alte
Skulptur aus bemaltem Kalkstein stellt einen Schreiber
dar – im alten Ägypten
ein sehr angesehener
Beruf!

Die römische Antike

Die griechische Antike

Ägypten – das Land am Nil

M 1 *Blick auf ein heutiges Dorf im Niltal*

Zeitreise ▸ Seite 6

ZEITREISE Warten auf die Nilflut

„Wo nur das Wasser bleibt!" Sorgenvoll blickten die Bauern auf den Nil, der so gemächlich durch sein Flussbett strömte. „Warum schenkt uns der Nil in diesem
5 Jahr kein Hochwasser?", klagte die Bäuerin Nefermerit, „wo sollen wir jetzt unser Getreide anbauen?" „Vielleicht haben sich die Priester geirrt und es ist noch gar nicht Zeit für die Nilflut?", schlug Samut vor,
10 ein junger Bauer. „Unsinn", herrschte der Dorfschreiber Marduk ihn an, „die Priester irren nie. Außerdem habe ich selbst gesehen, wie die Göttin Sothis* kurz vor Sonnenaufgang hell am Himmel geleuch-
15 tet hat. Sie hat das Zeichen gegeben! Bald wird der Nil über die Ufer treten."

Nefermerit und Samut wagten keinen Widerspruch, doch sie fürchteten ein mageres Jahr. In dem trockenen Sandboden
20 zu beiden Seiten des Nils wuchs ja nichts! Aber wenn der Nil die Ufergebiete überschwemmte und danach das Hochwasser wieder verdunstete, blieb eine dicke Schlammschicht voller Nährstoffe zurück.
25 Sie machte den Boden fruchtbar. Für Nefermerit, Samut und die anderen Bauern würde dann eine arbeitsreiche Zeit beginnen: Sie würden die Schlammwüste aufteilen, Felder anlegen und bestellen müssen.

* *Gemeint ist der Stern Sirius, der von den Ägyptern als Göttin Sothis verehrt wurde.*

Der Nil ist mit etwa 6 800 km der längste
Fluss der Erde – das ist mehr als die Ent-
fernung von Berlin und New York! Er ent-
springt in Ostafrika, fließt über eine Länge
35 von 3 000 km durch die Wüste Sahara und
mündet schließlich ins Mittelmeer. Einen
so großen Fluss bezeichnet man als Strom.

Auf dem Weg des Nils durch die Wüste verdunstet sehr viel Wasser. Doch der
40 Strom hat viele Quellflüsse und wird ausreichend mit Wasser versorgt. Im Sommer,
wenn am Äquator heftiger Regen fällt,
kommt es sogar zu Hochwasser, der „Nilflut". Durch sie entstand bereits vor meh-
45 reren Tausend Jahren eine bis zu 20 km
breite fruchtbare Ebene mit einer reichen
Natur. Hier wurden viele Menschen sesshaft, bauten Getreide, Obst und Gemüse
an, züchteten Vieh und schufen allmählich
50 eine besondere Kultur: das alte Ägypten.

1. Setzt euch in Partnerarbeit mit dem
   Text auseinander. Ermittelt zuerst
   getrennt: Was erhofften sich die
   Menschen vom Nil? Was befürchteten
   sie von ihm? Formuliert anschließend
   gemeinsam in einem Satz, welche Bedeutung der Nil für die Ägypter hatte.

*das Nildelta
(der Mündungs-
bereich)*

*Fayum, eine große
Oase*

*die fruchtbare
Uferzone*

*der im vorigen Jahr-
hundert errichtete
Assuan-Staudamm.
Durch ihn wird die
Wasserversorgung
Ägyptens mittlerweile
geregelt.*

M2 *Satellitenaufnahme des Nils*

Auf den folgenden Seiten erfährst du,
- wie am Nil ein mächtiges und prächtiges Reich
  entstehen konnte,
- welche Bedeutung die Erfindung der Schrift für
  das Zusammenleben der Menschen hatte,
- warum der Pharao allein über alle Menschen
  herrschen konnte,
- aus welchem Grund die Menschen Pyramiden
  bauten und ihre Toten in Mumien verwandelten.

Außerdem übst du,
- ägyptischen Grabmalereien Informationen über
  das Zusammenleben der Menschen zu entnehmen,
- ein Schaubild zu verstehen, das dir den Aufbau
  der ägyptischen Gesellschaft verdeutlicht,
- aus ägyptischen Schriftstücken herauszufinden,
  wie man im alten Ägypten über verschiedene Berufe
  dachte und wie die Menschen regiert wurden.

Der Nil – die Lebensgrundlage der Ägypter

Die Ägypter glaubten, dass der Nil mit seiner Schlamm bringenden Flut ein Geschenk der Götter sei, denn er sorgte für Leben in der Wüste Ägyptens. An dem
5 Wohlstand, den der Fluss brachte, hatten aber auch die Menschen großen Anteil.

Flutzeit, Pflanzzeit, Erntezeit

Die Ägypter hatten festgestellt, dass das Hochwasser regelmäßig einsetzte. Um gut darauf vorbereitet zu sein und die Nilflut
10 so intensiv wie möglich nutzen zu können, entwickelten sie einen ➤ Kalender. Er umfasste 12 Monate zu je 30 Tagen. Demnach begann das Jahr, wenn der Stern Sirius am Himmel zu erkennen war – im
15 Juni. Nun setzte die Nilflut ein und damit die erste Jahreszeit: die Flutzeit. Wenn sich der Nil Ende September in sein Flussbett zurückzog, begann die zweite Jahreszeit, die Pflanzzeit. Die Bauern pflügten den Nil-
20 schlamm als Ackerboden und brachten die Saat aus. Im Februar schließlich kam die Erntezeit. Sie war die dritte Jahreszeit.

Wie reich die Ernte ausfiel, hing davon ab, wie weit der Nil über die Ufer getreten
25 war und wie viel fruchtbaren Schlamm er

Juni–September

Oktober–Januar

Februar–Mai

M2 *Der Wasserstand des Nils im Jahreslauf*

hinterlassen hatte. Nicht nur zu wenig, sondern auch zu viel Schlamm bedrohte die Aussaat der Bauern. Um die Schlamm- und Wassermassen des Nils zu bewälti-
30 gen, bauten die Menschen Dämme und Bewässerungskanäle (M1). In den Kanälen blieb nach der Nilflut das Wasser zurück, sodass auch in der Trockenzeit die Felder bewässert werden konnten –
35 mit Schöpfgeräten, den Schadufs.

Der Nil als Nahrungsquelle

Die Menschen im alten Ägypten ernährten sich hauptsächlich von Getreide, das sie

M1 *Das Bewässerungssystem am Nil*

M3 *Ein Bauer bedient ein Schaduf.*

auf ihren Feldern anbauten. Aus dem Korn
machten sie jedoch nicht nur Mehl, das sie
40 zu Brot verarbeiteten. Wenn Brotgetreide
und Gerste vermischt und vergoren wurden, entstand daraus ein nahrhafter Bier-
brei. Er wurde in großen Mengen verzehrt.
Selbst den Toten wurde Bier mit ins Grab
45 gegeben. Das haben Grabfunde gezeigt.

Als besondere Leckerbissen galten Wildvö-
gel. Sie wurden mit Schlingen, Netzen und
Wurfhölzern gefangen, dann gemästet
oder sofort gekocht und verzehrt. Aus den
50 Eingeweiden konnten manche Ägypter
Medikamente herstellen. Auf Vogeljagd
durften jedoch nur reiche Menschen gehen. Die einfachen Bauern aßen Getreide,
Gemüse und Fisch. Fleisch gab es für sie
55 nur an Festtagen.

M4 *Ausschnitt aus einer Wandmalerei aus einem altägyptischen Grab. Sie stammt aus der Zeit um 1390 v. Chr.*

1. Betrachte M1 und M3. Beschreibe,
   mit welchen Mitteln Bauern in dem
   trockenen Klima Landwirtschaft betrieben.

2. Zähle die Nahrungsmittel der Ägypter
   auf. Stelle Vermutungen darüber an,
   warum nicht alle Menschen die gleichen Speisen essen durften.

3. Mache das Bild M4 lebendig.
   a) Untersuche es mithilfe des Methodentrainings. Stelle fest, wo die Szene
   spielt. Achte auf die Personen, auf
   ihren Platz im Bild und darauf, was
   sie tun. Finde heraus, welche Tiere zu
   sehen sind und wie sie sich verhalten.
   b) Verfasse ausgehend von deinen
   Notizen eine kurze Geschichte, in der
   die Bildszene vorkommt. Die Szene
   kann der Ausgangspunkt oder auch
   der Höhepunkt deiner Erzählung sein.

4. Zeige als Reiseführer Touristen das
   Niltal und berichte über die Lebens-
   grundlagen im alten Ägypten.
   Tipp: Seite 161

 ## Ein ägyptisches Bild untersuchen

Bis heute sind viele Wandbilder aus dem alten Ägypten erhalten und dienen Historikern als ➤ Quellen. Die meisten sind in
Gräbern gefunden worden. Man ließ sie nach festen Regeln
gestalten, denn Bilder – ebenso wie andere Grabbeigaben –
sollten zeigen, welchen Platz die verstorbene Person in der
Welt hatte. Die Ägypter glaubten daran, dass das, was auf den
Bildern dargestellt war, auch im Jenseits existieren würde. Sie
hofften, so dazu beizutragen, dass es den Verstorbenen auch
nach dem Tod gut gehen würde. Beachte ...

• die Größe einer Figur: Sie weist auf die Bedeutung der Person hin. Je angesehener jemand war, desto größer ist er
  dargestellt.

• die Bekleidung einer Figur: Erwachsene werden bekleidet
  gezeigt, Kinder nackt.

• die Anordnung der Figuren: Durch ihre Körperhaltung und
  ihre Gesten wird gezeigt, wie das Verhältnis der Personen zueinander sein sollte. Achte darauf, welche Personen in einer
  Handlung dargestellt sind, welche als Zuschauer. Wer befindet sich im Mittelpunkt des Bildes?

• die Tätigkeiten: Manche zeigen den Beruf einer Person, andere weisen auf ein besonderes Recht oder auf eine Aufgabe
  hin. Diese kann auch durch einen Gegenstand verdeutlicht
  werden, den die Figur hält.

Vom Dorf zum Staat

M 1 *Dieses Holzmodell aus einem ägyptischen Grab zeigt eine Korn-kammer. Von oben schütten die Bauern Getreide in den Speicher. Links sind Schreiber dargestellt, die die Mengen notieren.*

Gemeinsam handeln

Die Angst vor mageren Jahren brachte die Bauern dazu, gemeinsam Vorräte an-zulegen. Jeder musste einen Teil seiner Ernte an die Gemeinschaft ab-geben. Aber auch schon vor der Ernte war gemeinsames Vorgehen nötig: Dämme und Bewässerungskanäle zu bauen war nur möglich, wenn vie-le Menschen sich beteiligten und zusammenarbeiteten. Auch wenn

M 2 *Statue des Pharaos Tutancha-mun mit den Zeichen des ägypti-schen Herrschers: Krummstab und Geißel. Ursprünglich wurden die Geräte in der Viehhaltung benutzt. (Mit der Geißel wurden Tiere ange-trieben und mit dem Krummstab konnte der Hirte sie am Hinter-lauf oder am Hals festhalten.)*

der Nilschlamm auf den Feldern lag und diese neu bebaut werden sollten, mussten die Menschen gemeinsam handeln. Denn
15 der Schlamm hatte alle Feldergrenzen ver-deckt. Das fruchtbare Gebiet musste nun neu und gerecht aufgeteilt werden.

Anfangs organisierten die Bauern diese Arbeiten innerhalb ihrer Dorfgemeinschaf-
20 ten, die von Dorfobersten wie Marduk (Seite 40) angeführt wurden. Doch der wachsende Reichtum am Nil führte zu Streit und Krieg. Es entstanden mächtige Städte, die sehr ausgedehnt und dicht
25 bevölkert waren. Auch immer mehr Dorf-gemeinschaften schlossen sich unter der Herrschaft von Stammesführern zusam-men, um sich gegen Übergriffe von außen zu schützen. Schließlich gab es zwei gro-
30 ße Herrschaftsgebiete: Unterägypten und Oberägypten.

Ein Herrscher setzt sich durch

Um 3000 v. Chr. gelang es einem Herr-scher, die beiden Reiche zu vereinigen. Von da an beherrschte er ein einheitliches
35 ägyptisches Reich mit etwa einer Million Untertanen – als Pharao. Er erließ Gesetze, nach denen sich alle seine Untertanen rich-ten mussten. Um diese Gesetze überall in seinem Reich durchzusetzen, verteilte der
40 Pharao Regierungsaufgaben an besondere Bedienstete, die ➤ Beamten. Sie organisier-ten nach den Anweisungen des Pharaos die Bewirtschaftung des Nillandes und die Versorgung der Menschen. So wurde eine
45 ➤ Verwaltung geschaffen.

Eine Verwaltung in einem so großen Ge-biet wie dem Land am Nil aufzubauen, wurde vor allem dadurch möglich, dass die Menschen eine bahnbrechende Er-
50 findung gemacht haben: die Schrift! Sie ermöglichte es, Gesetze oder Vorschriften

festzuhalten und zu verbreiten. Auch Ernteerträge konnten aufgezeichnet werden, sodass man mit gemeinsamen Vorräten besser planen konnte. Die Entwicklung der Schrift, die Regierung und Verwaltung des Landes durch einen Herrscher und seine Beamten bezeichnen wir als Merkmale einer frühen ➤Hochkultur.

1. Betrachte die Karte M 3 und beschreibe, in welchem Raum sich die altägyptische Kultur herausgebildet hat.

+ Erkläre, warum die Ägypter so viele am Nil gelegene Steinbrüche betrieben haben.

2. Arbeitet mit Partnern:
   a) Erstellt Kärtchen, die ihr mit den Begriffen „Landwirtschaft am Nil", „Bedeutung der Schrift" und „Regierung und Verwaltung" beschriftet. Ordnet sie im Hinblick auf ihre Bedeutung für die ägyptische Hochkultur.
   b) Stellt eure Ordnung in der Klasse vor und begründet eure Anordnung.

3. Ergänze die Tabelle über die Lebensbedingungen der Menschen in Alt- und Jungsteinzeit, indem du eine Spalte für Ägypten anlegst. Besprich gegebenenfalls mit einem Partner/einer Partnerin, welche neuen Oberbegriffe für weitere Zeilen der Tabelle passen.
   Tipp: Seite 161

4. Vergleiche die Lebensbedingungen der Menschen in Alt- und Jungsteinzeit mit denen der Menschen, die in der ägyptischen Hochkultur lebten. Führten die Ägypter ein angenehmeres Leben als die Jäger, Sammler und Bauern der Steinzeit? Begründe deine Meinung.

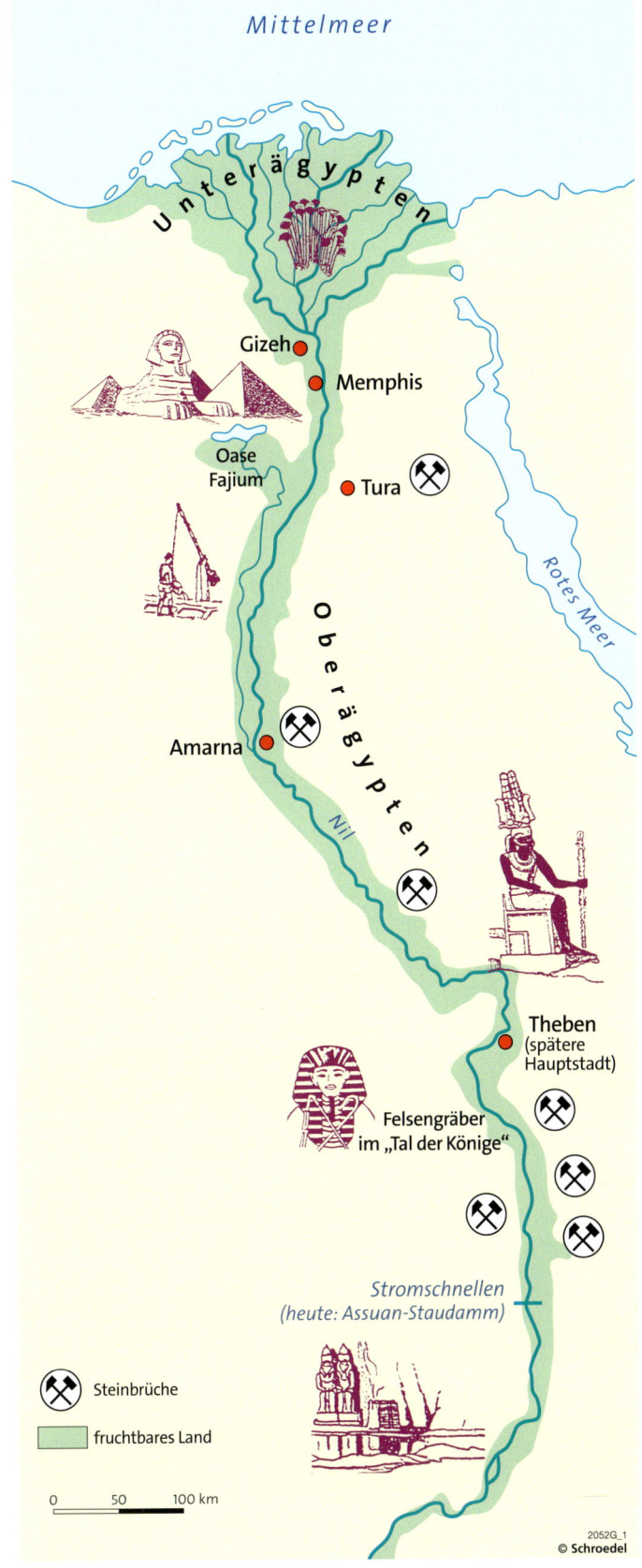

M3 *Das ägyptische Reich, das entlang des Nils entstand*

Die ägyptische Gesellschaft

Die meisten Ägypter lebten als Bauern unter sehr einfachen Bedingungen. Sie wohnten zusammen mit ihrem Vieh in schlichten Hütten aus getrockneten Lehm-
5 ziegeln mit Schilfdächern. Möbel hatten sie kaum. Ihr Arbeitstag begann bei Sonnenaufgang und endete erst mit dem Sonnenuntergang. Wenn sie nicht die Felder bestellten, ihr Vieh versorgten oder die Ernte
10 einbrachten und verarbeiteten, bauten sie Dämme und Kanäle am Nil. Nur an den Tagen der großen Gemeinschaftsfeste ruhten die Ägypter aus. Dann „machten sie sich einen schönen Tag" – wie man das in
15 ihrer Sprache ausdrückte –, mit besonderen Speisen, alkoholischen Getränken und vielen Spielen für Kinder und Erwachsene.

Die Menschen arbeiteten jedoch nicht nur in der Landwirtschaft. Es gab Händler, die
20 über die große Wasserstraße Nil ihre Waren vertrieben. Daneben gab es verschiedene Handwerksberufe. Handwerker arbeiteten unter anderem für den Pharao und seine
➤ Beamten beim Bau der Pyramiden sowie
25 in den Tempelwerkstätten.

➤ Arbeitsteilung. Auch sie ist ein Merkmal von ➤ Hochkulturen. Wählen konnten die
30 Ägypter ihren Beruf allerdings nicht: Es war selbstverständlich, dass der Sohn den Beruf des Vaters fortführte und Töchter Männer heirateten, die denselben Beruf hatten. So lebten die Menschen in Gesell-
35 schaftsschichten, in die sie hineingeboren wurden.

Das galt auch für die Beamten, deren Söhne im Alter von sechs Jahren in die Schreiberschule kamen. Hier lernten sie schreiben
40 und rechnen. Die Beamten genossen wegen ihrer Bildung und ihrer verantwortungsvollen Aufgaben hohes Ansehen, sie waren reich und mächtig. Mit eigenen Schreibern und Landvermessern verwalteten sie das
45 Land, indem sie die Bewässerung und Bebauung der Felder überwachten, die Erträge der Ernte auflisteten und vor allem die Steuern eintrieben. An ihrer Spitze stand der Wesir, der die Oberaufsicht über alle
50 Beamten hatte.

Bauer, Handwerker, Beamter – mehr als Berufe

Die Auffächerung der Arbeiten der Menschen in verschiedene Berufe nennt man

1. a) Betrachtet das Holzmodell M 1 in Partnerarbeit und benennt, was die Personen tun.
   b) Erkläre, wozu das Modell diente.
   Tipp: Seite 161

2. a) Ergänze die vergleichende Tabelle zu den Lebensumständen in Hinblick auf die Arbeitsteilung.
   b) Schreibe auf, welche Vor- und Nachteile sich für die Menschen aus der Arbeitsteilung ergaben.
   Tipp: Seite 161

3. Erläutere das Schaubild zum Aufbau der ägyptischen Gesellschaft (M2) schriftlich mithilfe des Methodentrainings.

M 1 Holzmodell aus einem ägyptischen Grab

M 2 Schaubild zum Aufbau der ägyptischen Gesellschaft

Ein Schaubild deuten

Wie haben die Menschen im alten Ägypten zusammengelebt? Welche Ordnung haben sie sich gegeben? Wer konnte Befehle erteilen, wer musste Anweisungen gehorchen? Wie groß war die Gruppe der Herrschenden? Wie viele Menschen mussten sich Befehlen unterwerfen?

Ein Schaubild versucht, einen Sachverhalt auf einfache und klare Art darzustellen. In dem Schaubild M 2 wird gezeigt, wie Historiker sich die Gesellschaftsordnung der Menschen im alten Ägypten vorstellen. Es soll darstellen, wie groß und bedeutend die einzelnen Gruppen waren und welche Rollen sie für die anderen spielten. Mit den folgenden Arbeitsschritten kannst du das Schaubild entschlüsseln:

- Schreibe auf, welche Gruppen du erkennen kannst, und notiere dir dazu, wie diese Gruppen lebten und arbeiteten. Der Verfassertext hilft dir dabei.

- Untersuche die Beziehungen der Gruppen zueinander: Wer befiehlt, wer gehorcht? Welche Gegenleistungen bekommen die Unterworfenen für ihre Arbeit wohl von den Befehlsgebenden?

- Finde eine Erklärung dafür, dass die gesellschaftlichen Gruppen in fünf Ebenen übereinander gezeichnet sind.

- Erkläre: Weshalb hat der Zeichner wohl ein Dreieck als Grundfläche für sein Schaubild gewählt?

M3 *Feldarbeit in Ägypten, Wandmalerei aus dem Grab des Beamten Menena, um 1400 v. Chr.*

1) Das geerntete Getreide wird gedroschen: Ochsen quetschen mit ihren Hufen das Korn aus seiner Hülle. Feldarbeiter, die zum Schutz Kopftücher tragen, werfen Hülsen und Körner in die Luft. Der Wind trennt dann die leichtere Spreu vom schwereren Korn und es fällt zu Boden, wo es eingesammelt werden kann.

A

 Berufe im alten Ägypten

Der folgende Text ist ein Ausschnitt aus einer altägyptischen Schullektüre, der „Lehre des Dua-Cheti". Darin ermahnt ein Vater seinen Sohn, den er zur Schreiber-Ausbildung schickt.

Wenn du dich mit dem Schreiberberuf beschäftigst, wirst du dich vor körperlicher Arbeit gerettet sehen! [...]
Der Gärtner trägt Wasser mit der Trage-
5 stange und jede seiner Schultern hat Schwielen. Eine große Geschwulst ist auf seinem Nacken, und die eitert. [...]
Der Weber in der Webstube, der ist ärmer dran als eine Frau in den Wehen. Seine
10 Knie drücken gegen seinen Magen, und er kann keine Luft atmen. Wenn er einen Tag vertut, ohne zu weben, dann wird er mit 50 Hieben geschlagen. [...]
Ich will dir auch noch den Fischer nen-
15 nen, der ist schlechter dran als jeder andere, der arbeitet. Im Fluss findet seine Arbeit statt, der nur so wimmelt von Krokodilen. So hat ihn die Furcht blind gemacht. Wenn er wohlbehalten aus dem
20 Wasser kommt, so ist es wie ein Machterweis Gottes. [...]
Siehe, es gibt keinen Beruf, der frei wäre von einem Vorgesetzten, außer dem Schreiber(beruf), der ist der Vorgesetzte. [...]
Zitiert nach: W. Helck: Die Lehre des Dua-Cheti. Klassische Ägyptische Texte, 1970 (bearbeitet)

 **Eine Textquelle verstehen**

In Texten aus der Vergangenheit werden manchmal Ausdrücke verwendet, die uns ungewöhnlich erscheinen. Deshalb müssen wir uns zuerst bemühen, sie zu verstehen.

- Achte zuerst auf die Überschrift und die Einführung in die Quelle. Sie erklären das Thema.

- Lies den Text Satz für Satz durch und mache dir jeweils den Inhalt klar. Falls dir Begriffe unklar sind, frage deinen Lehrer oder suche in einem Lexikon oder im Internet nach Erklärungen.

- Finde nun für jeden Absatz Stichworte, die den Inhalt wiedergeben. *Z. 1–3: Schreiberberuf rettet vor körperlicher Arbeit*

- Füge die Stichwörter zu einem Text zusammen. So hast du den Inhalt mit eigenen Worten wiedergegeben.

B

C

2) *Das reife Getreide wird geschnitten und in Körben abtransportiert. Aber anscheinend wurde nicht immer nur gearbeitet: Ein Bauer scheint ein kleines Nickerchen zu halten und zwei Mädchen streiten sich.*

3) *Landvermesser mit Schnüren sind auf die Felder gekommen, um festzusetzen, wie hoch die Abgaben sein müssen. Um sie freundlich zu stimmen, bringen ihnen die Bauern Erfrischungen und Geschenke.*

 M5 Über den Wesir

Der folgende Text ist Teil der Grabinschrift eines Wesirs. Als oberster Beamter war der Wesir dem Pharao direkt unterstellt.

Er schickt Boten der Verwaltung zu Bürgermeistern und Ortsvorstehern aus [...]
Er zieht die Truppen zusammen, die zur Begleitung des Herrschers stromauf und
5 stromab mitgehen. Er bestimmt den Rest der Truppen, der in der südlichen Hauptstadt und Residenz stationiert bleibt [...]
Er schickt zum Bäumefällen aus. Er sendet Männer aus, um im ganzen Land Kanäle
10 zu graben.
Er sendet die Soldaten und Schreiber aus, damit sie die Anweisungen des Herrschers ausführen. In seiner Halle sollten die Akten des Stadtbezirkes sein, damit man
15 über jedes Feld Verhör abhalten kann.
Er setzt die Grenzen jedes Stadtbezirkes, jedes Weidelandes, jedes Tempelgutes und überhaupt die Grenze jedes durch eine gesiegelte Urkunde festgelegten
20 Grundstücks fest.
Er legt die Liste aller Rinder an.
Die Bürgermeister und jeder Bürger melden ihm alle ihre Abgaben.
Man meldet ihm [...] das Steigen des Nils.
Man meldet ihm jeden Regen.
Zitiert nach: Geschichte in Quellen, Bd. 1, S. 34–36 (bearbeitet)

1. Betrachte M3 und lies die Erklärungen auf den Zetteln. Ordne die Erklärungen den Personen und ihren Tätigkeiten zu.

2. a) Bearbeite M4 mithilfe des Methodentrainings.
b) Fasse zusammen, welche Berufe der Verfasser für empfehlenswert hält, welche nicht.
c) Besprecht anschließend in der Klasse, was ägyptischen Schülern durch den Text vermittelt werden sollte.

3. a) Erarbeite M5 mithilfe des Methodentrainings. Lege für die Auswertung der Quelle eine Tabelle mit zwei Spalten an. Liste in der linken Spalte die Aufgaben eines Wesirs auf.
b) Erarbeite mit einer Partnerin/einem Partner, welche Berufsgruppen den Anweisungen des Wesirs gehorchen müssen. Notiert die Berufe in der rechten Spalte.

Aufgaben eines Wesirs	betroffene Bevölkerungsgruppe
Entsendung von Verwaltungsboten	Beamte, Bürgermeister

c) Klärt gemeinsam, wer in unserer Gesellschaft die Aufgaben des Wesirs übernimmt.

Die Schrift der Ägypter

Schriftzeichen hatten für die Entwicklung der ▸Hochkultur am Nil eine überragende Bedeutung: Sie gaben den Ägyptern die Möglichkeit, Regeln, Pläne oder Naturbe-
5 obachtungen festzuhalten. So konnten sie z. B. die Landverteilung und die Vorratshaltung besser planen und Naturereignisse wie die Nilflut erforschen.

Neben der Schrift des alltäglichen Ge-
10 brauchs entwickelten die Ägypter eine weitere Schrift, die für besondere Texte verwendet wurde und bis heute an Tempeln oder in Gräbern erhalten ist. Die Griechen haben dafür den Begriff ▸Hieroglyphen
15 geprägt, von „hieros": heilig und „glyphein": eingravieren. Denn die Hieroglyphen galten den Ägyptern als heilig und wurden als ein Geschenk von Thot, dem Gott der Gelehrsamkeit und Schreibkunst
20 (Seite 57), betrachtet.

Das Geheimnis der Hieroglyphen

Allerdings waren die Hieroglyphen für die Nachwelt lange Zeit ein Rätsel. Denn nachdem sie nicht mehr benutzt wurden, geriet ihre Bedeutung allmählich in Ver-
25 gessenheit. Erst im 19. Jahrhundert gelang es Forschern, die geheimnisvollen Zeichen zu entschlüsseln: Im Nildelta hatte man einen Steinblock, den „Stein von Rosetta", mit einer griechischen Inschrift und Hiero-
30 glyphen gefunden. Die Forscher ordneten den griechischen Worten Hieroglyphen zu, sodass sie nach und nach die Bedeutung vieler Zeichen erkennen konnten.

Die Grundlage der Hieroglyphen-Schrift
35 sind Bildzeichen. Ursprünglich stellte beispielsweise das Bild eines Esels auch den Begriff „Esel" dar. Dieses System wurde weiterentwickelt, indem Bildzeichen kombiniert wurden, um schwierigere Begriffe
40 darstellen zu können. Darüber hinaus gab es Hieroglyphen, die Laute bedeuteten. Die Schrift verlief von rechts nach links.

M 1 Altägyptische Schreibbinsen mit einem Behälter

M 2 Die Herstellung des Schreibgrundes Papyrus. Links: Ernte der Sumpfpflanze, Motiv eines bemalten Grabreliefs, um 2400 v. Chr. Unten: Die Weiterverarbeitung der Papyruspflanze.

Die Rinde wird abgeschält.

Das Papyrusmark wird in Streifen geschnitten.

Tuch

Werkzeug

Hieroglyphe	Bildbedeutung	Aussprache	Hieroglyphe	Bildbedeutung	Aussprache	Hieroglyphe	Bildbedeutung	Aussprache
	Geier	a		Türriegel	weiches s		Sandböschung	k
	zwei Schilfblätter	i		gefalteter Stoff	scharfes s		Löwe	l
	Haarlocke	u und o		Teich (Grundriss)	sch		Eule	m
	Bein	b		Brotlaib	t			
	Strick	ch		Wachtelküken	w			
	Hand	d		Viper	f			
	Wasser	n		Krugständer	g			
	Hocker	p		Hof	h			
	Mund	r		Kobra	dj (wie in englisch „journal")			

Am Ende eines Frauennamens steht ein [Symbol], am Ende eines Männernamens ein [Symbol].

Kartusche = Umrandung von Herrschernamen

Wenn wir von rechts nach links und von oben nach unten lesen, lautet der Name:
KL (E) *OP (A) *DRA. *Das E und A müssen wir ergänzen.

M 3 Einige Hieroglyphen und ihre Bedeutungen

Die Arbeit der Schreiber

Um als Schreiber arbeiten zu dürfen, brauchte man eine längere Ausbildung.
45 Man musste lernen, mit Schreibbinse (den „Stiften" des alten Ägypten), Palette, Tinte, Wassernapf und einem Polierstein umzugehen – und man musste etwa 700 Zeichen auswendig schreiben können!

50 Geschrieben wurde auf Papyrus. Dieser Schreibgrund war leicht und haltbar – also ideal, um Geschriebenes aufzubewahren. Papyrus wurde aus Sumpfgras hergestellt. Die Farbpigmente für das Schreiben ge-
55 wann man aus rotem Ocker und dem Ruß vom Boden der Kochtöpfe. Sie wurden zu Puder vermahlen, mit Harz und Wasser angerührt, anschließend in Tablettenform getrocknet und auf die Palette gesetzt. Der
60 Schreiber tauchte dann die Binse ins Wasser, strich über die Farbe und konnte damit ungefähr zehn Zeichen bis zum nächsten Eintauchen schreiben.

1. Erstelle ein Cluster* zum Thema Schrift. Gehe dabei z. B. darauf ein,
   • welche Vorteile es hat, Dinge aufschreiben zu können,
   • welche Schreibmaterialien und
   • welche Textsorten du kennst.

2. Versuche, deinen eigenen Namen mit Hieroglyphen zu schreiben. Abbildung M 3 hilft dir dabei.

3. Betrachte M 2 und verfasse eine Anleitung zur Herstellung von Papyrus. Du kannst dich an folgenden Fragen orientieren:
   • Welche Werkzeuge und Materialien werden benötigt?
   • In welchen Schritten geht man vor?
   • Was ist während der Arbeit zu beachten?

* Cluster: Stichwortsammlung, in der zueinander passende Begriffe „angehäuft" werden (Seite 164)

Vorteile

SCHRIFT und SCHREIBEN

Textsorten

Schreibmaterial

Medien im Lauf der Zeit

Nach dem Aufstehen schon die erste SMS und Hausaufgaben am Computer. Für viele ist das ganz normal. Hast du schon mal darüber nachgedacht, wie
5 du dich verständigen würdest, wenn es keine Smartphones oder Computer, ja nicht einmal Schrift gäbe? Uns heutigen Menschen fällt es schwer, sich das vorzu- stellen. Denn für unsere Verständigung
10 spielen die **Medien** eine große Rolle. Drei Erfindungen der Menschheit haben die Kommunikation so entscheidend verän- dert, dass man sogar von Revolutionen, grundlegenden Umwälzungen, spricht:
15 die Schrift, der Buchdruck und der Com- puter ...

Die erste Revolution: die Schrift

Die ersten Schriften, die vor Jahrtausen- den entwickelt wurden, waren Bilder- schriften. Aus einer solchen entwickelte sich auch unser Buchstabensystem.
5 Die Phönizier, die an der Mittelmeerküs- te lebten, kamen um 1000 v. Chr. auf die Idee, Bildzeichen nicht mehr ganzen Begriffen zuzuordnen, sondern Lauten. Das Zeichen des Tierkopfes etwa – es be-
10 deutete in ihrer Sprache „Alep", Stier – ordneten sie dem Laut „A" zu. Am Ende gelang es ihnen, mit insgesamt nur 22 Zeichen der Sprache eine leicht zu erlernende Schriftform zu geben.
15 Die Phönizier trieben Handel mit an- deren Völkern und machten dabei ihr Schriftsystem im ganzen Mittelmeer- raum bekannt. Überall wurde es ein wenig verändert und weiterentwickelt.
20 Unabhängig davon haben sich auch andere Schriftsysteme entwickelt, etwa das arabische.
Für lange Zeit konnten aber nur weni- ge Menschen schreiben. Im Mittelalter
25 lernten es Geistliche in den Klöstern.

∂ λ $\triangleleft$ K A

A – Vom Bildzeichen zum Buchstaben

Die zweite Revolution: der Buchdruck

Heute druckt man Bücher so oft wie gewünscht. Bis vor etwa 600 Jahren musste jedes einzelne Buch Wort für Wort handgeschrieben werden. Es dau-
5 erte Monate, bis ein ganzes Buch fertig war. Das änderte sich erst, als um1450 ein Mann namens Johannes Gensfleisch aus Mainz, der sich selbst Gutenberg nannte, auf eine geniale Idee kam: Er
10 entwickelte kleine, aus Metall gegossene Buchstaben, die zu Wörtern und Sätzen, ja ganzen Buchseiten zusammengesetzt werden konnten – und zwar immer wieder neu. Mit diesem System wurde
15 es möglich, Druckvorlagen zu erstellen und so oft zu drucken, wie man wollte. Was Gutenberg damit bewirkte, konnte er selbst nicht ahnen: Es konnten nun sehr viele unterschiedliche Texte und
20 Bücher hergestellt und verbreitet wer- den. Was in Büchern stehen sollte, be- stimmten bald schon nicht mehr nur die Mächtigen!

Guss- Buchstaben

... werden zusammengesetzt.

1. Erklärt anhand der Begriffe am Rand den Nutzen der drei „Revolutionen". Findet weitere Beispiele.

2. Informiert euch in Gruppen über die Entwicklung des Mediums Telefon und dessen Nutzung: Gruppe 1 befragt Eltern und Großeltern, Gruppe 2 nutzt ein gedrucktes Lexikon, Gruppe 3 recherchiert im Internet.

Vergleicht eure Ergebnisse: Welche Informationsquelle ist am einfachsten, welche am schwierigsten zu nutzen? Wer findet die besten und zuverlässigsten Informationen?

3. Befragt eure Großeltern oder andere ältere Bekannte zum Wandel der Medien. Macht euch dazu Stichpunkte und tragt die Ergebnisse zusammen.

Sagen überliefern

die Zehn Gebote weitergeben

Gesetze und Regeln festhalten

persönliche Erfolge und Schicksalsschläge mitteilen

Wissen zugänglich machen

Naturbeobachtungen dokumentieren

mit Menschen in Verbindung treten

Texte, Bilder, Filme und Musik austauschen

Termine abstimmen

Geldgeschäfte abwickeln

Waren einkaufen

Die dritte Revolution: Computer …

Bücher entstehen schon lange nicht mehr am Setzkasten, sondern am Bildschirm. Ein Erfinder, der die Voraussetzungen dafür schuf, war der Deutsche
5 Konrad Zuse. Im Wohnzimmer seiner Eltern hat er 1936 seine erste Rechenmaschine gebaut. Das Grundprinzip dieses Rechners ist bis heute geblieben: ein System, das auf den Zahlen 0 und
10 1 beruht. Jeder Text, jedes Bild, jede Audiodatei und jeder Film wird am Computer durch eine bestimmte Zahlenfolge und Zusammensetzung dieser beiden Zahlen dargestellt.
15 Bis in die 1970er-Jahre konnten aber nur Spezialisten mit Computern umgehen. Es waren große Maschinen, die ganze Räume füllten. Trotzdem reichten sie an die Leistungsfähigkeit eines
20 heute gängigen Modells nicht annähernd heran.

Erster Computer
mit Diskettenlaufwerk: der „Apple III", 1980

… und Internet

Erst seit den 1990er-Jahren wurde der Computer ein Gebrauchsgegenstand für alle, der mehr kann als nur rechnen und schreiben. Was aber die mensch-
5 liche Kommunikation wirklich verändert hat, ist die zeitlich etwas versetzt erfolgte Erfindung des Internets, also eine weltweite Vernetzung der Computer. Sie begann in den 1960er-Jahren,
10 wurde aber erst ab den 1990er-Jahren für die Masse der Bevölkerung nach und nach zugänglich. Heute kann man gleichzeitig mit verschiedenen Menschen aus aller Welt in Verbindung
15 treten, Texte, Bilder, Filme und Musik abrufen und austauschen, Termine absprechen, Geldgeschäfte abwickeln, Eintrittskarten kaufen und ganze Bibliotheken aufs Smartphone laden.

Freizeitbeschäftigung

Mensch und Gott zugleich: der Pharao

M 1 Doppelbildnis des Pharaos Horemheb mit dem Gott Horus. Horemheb regierte von 1333 bis 1306 v. Chr.

Herrscher auf Erden

Die mächtigste Person im alten Ägypten war der Pharao*. Die Ägypter hielten ihn aber nicht für einen einfachen Menschen, sondern für die Verkörperung des Gottes
5 Horus, Sohn des Sonnengottes Re. Deshalb galt der Pharao als unfehlbar. Er war der oberste Priester des Landes, entschied über alle Gesetze und Verwaltungsvorschriften und bestimmte über Krieg und
10 Frieden. Um seinen Untertanen zu beweisen, dass er kräftig genug für die wichtigen Herrschaftsaufgaben war, feierte er in regelmäßigen Abständen das Sedfest. Da zeigte er durch einen Wettlauf und andere
15 sportliche Übungen, dass er seine jugendliche Kraft erneuert hatte. Dieser Lauf wurde für die Pharaonen zu einem religiösen Brauch.

* Die Mehrzahl von „Pharao" ist „Pharaonen".

Mittler zwischen Göttern und Menschen

In den Augen seiner Untertanen hatte der
20 Pharao vor allem die Aufgabe, das Wohlwollen der Götter für die Menschen zu erbitten. Die Ägypter fürchteten, dass die göttliche Ordnung zusammenbrechen und die Welt ins Chaos stürzen würde, wenn
25 der Pharao nicht zwischen Menschen und Göttern vermitteln würde. Daher brachte der Pharao den Hauptgöttern täglich Opfer dar oder ließ es seine Priester tun. Regelmäßig reiste er zu den großen Tempeln
30 überall im Reich und feierte große Feste für die Götter. Für die teure Instandhaltung der Tempel unterhielt er eigene Werkstätten, in denen viele Künstler, Handwerker und Arbeiter beschäftigt waren.

35 Wegen seiner engen Verbindung zu den Göttern wurde der Pharao selbst wie ein Gott verehrt und angebetet. Seine ➤Beamten und Diener durften sich ihm nur tief gebeugt nähern, um seine Anweisungen
40 zu empfangen. Vor politischen Entscheidungen beriet sich der Pharao mit ausgewählten hohen Beamten. Sie durften ihm Vorschläge unterbreiten, doch der Pharao traf seine Entscheidungen allein, weil er
45 die Götter auf seiner Seite hatte. Auf seine Ansprachen antworteten die Beamten mit Lobliedern auf seine Weisheit.

Die ägyptische Königin begleitete ihren Gatten bei religiösen Zeremonien und be-
50 suchte mit ihm überall im Land Städte und Heiligtümer. Es kam jedoch nur selten vor, dass Ehefrauen oder Töchter von Pharaonen das Land allein regierten. Ein berühmtes Beispiel ist die Pharaonin Hatschepsut,
55 die nach dem Tod des Pharaos stellvertretend für dessen minderjährigen Sohn die Herrschaft übernahm. In der Regel wurde die königliche Macht an einen männlichen Nachfolger aus der Familie vererbt.

M 2 *Der Pharao Ramses II. empfängt Gesandte eines eroberten Gebietes. Bemaltes Wandrelief aus einem Tempel, um 1220 v. Chr. Ausländische Gesandte mussten sich vor dem Pharao siebenmal auf den Bauch und siebenmal auf den Rücken werfen; er behandelte sie stets mit Verachtung.*

 ## Ein Lobgesang auf Ramses II.

Ramses II. herrschte von 1279 bis zu seinem Tod 1213 v. Chr. als Pharao über Ägypten. Alle Beratungen, die er mit seinen höchsten Beamten abhielt – z.B. über den Bau von Brunnen oder Straßen –, folgten einem festgelegten Ablauf. Dazu gehörte auch, dass die Beamten den Pharao mit einem feierlichen Gesang ehrten, bevor er seine Entscheidungen verkündete. Hier ist ein Auszug aus einem solchen Lobgesang wiedergegeben:

Du bist wie der höchste Gott in allem, was du tust.
Was dein Herz wünscht, das geschieht.
Wenn du in der Nacht einen Wunsch
5 planst – am Morgen ist er bereits verwirklicht.
Wir betrachten die Fülle deiner Wundertaten, seit du erschienen bist als Herrscher Ägyptens. [...]
10 Gibt es ein fernes Land, das du nicht kennst? Wer ist so kundig wie du?
Wo ist der Ort, den du nicht gesehen hast? Kein Fremdland, das du nicht betreten hast.
15 Alle Angelegenheiten kommen dir zu Ohren, seit du dieses Land verwaltest.

Zitiert nach: M. Clauss: Der Pharao, 2012, S. 152 (bearbeitet)

• •

1. a) Gib in eigenen Worten wieder, welche Eigenschaften die Beamten dem Pharao zusprechen. (M 3)
Beachte die Hinweise zum Umgang mit Textquellen auf Seite 48.

b) Erkläre, warum die Beamten den Pharao mit solchen Lobgesängen ehrten.

2. a) Stellt den Empfang beim Pharao nach. (M 2)
b) Entwerft zu zweit ein Streitgespräch zwischen zwei Gesandten, die von Ramses II. empfangen werden: Einer ist beeindruckt von der Pracht seiner Herrschaft, der andere lehnt die Vergötterung des Pharaos durch seine Untertanen ab.

Die Götter der Ägypter

M 1 Re, der Sonnengott, wird mit dem Kopf eines Falken und mit einer Sonnenscheibe dargestellt. Er gilt als Weltenlenker und höchster Gott.

Die Ägypter glaubten an eine sehr große Zahl von Göttern. Mit ihnen erklärten sie sich den Ursprung der Welt. Ihre Vorstellungen von den Göttern veränderten sich im Lauf der langen Geschichte des alten Ägyptens allerdings immer wieder, sodass sie für uns heute nicht einfach zu verstehen sind. Im folgenden Abschnitt beantwortet eine Expertin Fragen zur altägyptischen Religion:

Wie stellten sich die Ägypter Götter vor?

Die Ägypter brachten ihre Götter in Verbindung mit Tieren. Sie stellten sie sich in Tiergestalt vor – oder in Menschengestalt mit Tierkopf. Darin zeigt sich einfach ein besonderes Verhältnis der Ägypter zur Tierwelt. Im Niltal lebten Menschen und Tiere schließlich auf engstem Raum zusammen. Sicher bewunderten die Ägypter manche Eigenschaften dieser Tiere oder sie fürchteten sich vor ihnen. Falken z. B. gelten als die schnellsten Greifvögel. Zudem fliegen sie sehr hoch, sodass sie dem Himmel sehr nah erscheinen. Bei den Ägyptern hieß es, dass sein Anblick andere Vögel lähmt wie das Angesicht des Pharao dessen Feinde.

Aber glaubten die Ägypter wirklich, dass z. B. Horus wie ein Falke aussah?

Nein, die Ägypter hielten die Götter für unsichtbar. Gottheiten lebten für sie in allem, was sie sehen, fühlen und riechen konnten, nur nicht in den Menschen selbst – also z. B. eben in Falken, Schakalen oder Ibissen. Die Gestalt ist als Zeichen für die Eigenschaften zu sehen. Wenn wir sagen, jemand sei ein Angsthase, dann meinen wir ja auch nicht, dass er wie ein Hase aussieht.

Das Symbol „Ankh" ist das Zeichen für Leben.

Waren denn alle Götter gleich wichtig?

Nein, das sieht man an der Verbreitung mancher Gottheiten. Es gab Hauptgötter, die überall im Reich anerkannt waren. Andere Götter dagegen wurden nur in bestimmten Regionen verehrt. Re beispielsweise kannte man in ganz Ägypten. Ihn sah man in der Sonne selbst. Als Sonnengott spendete er Licht und Wärme und war für die Schöpfung der Menschen und der Tiere sowie für die Fruchtbarkeit des Bodens verantwortlich. Eine weitere sehr wichtige Gottheit war Maat, die Tochter des Re. Von ihr glaubte man, dass sie die Welt aus dem Chaos gerissen und ihr eine vollkommene und gerechte Ordnung gegeben hatte, in der jedes Wesen seinen Platz und seine Bestimmung hat. Allerdings glaubten die Menschen auch, dass die Ordnung, die sie nach der Göttin als „Maat" bezeichneten, bedroht sei, z. B. durch Lügen. Deswegen sollte der Pharao als göttlicher König dafür sorgen, sie zu erhalten.

Wie konnte der Pharao die Maat schützen?

Zu seinen wichtigsten Aufgaben gehörte es, durch Opferfeste und Gebete das Wohlwollen der Götter zu erbitten. Aber nicht nur das: Im Namen des Pharaos wurden im ganzen Land große Tempelanlagen erbaut, in denen Priester und Tempeldiener Gottesdienste abhielten. Nur sie durften die Tempel betreten.

Bedeutet das, dass die einfachen Menschen mit Religion nichts zu tun hatten?

Im Gegenteil: Auch sie übten ihren Glauben täglich aus. Die Götter waren fester Bestandteil ihres Alltagslebens. Jede Familie verehrte in ihrem Wohnhaus die Haus- und Ortsgottheiten. Die Menschen beteten und trugen Amulette, die sie beschützen sollten.

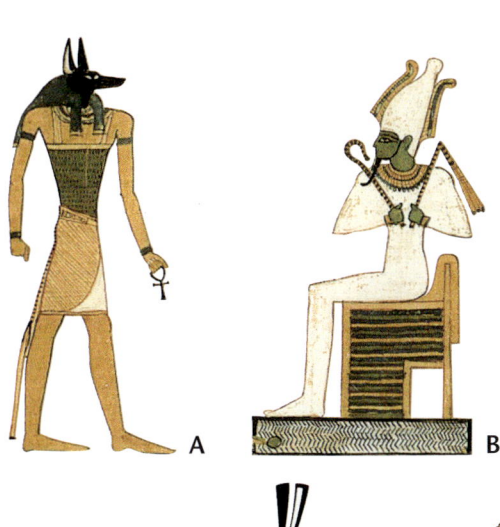

A

B

C

D

E

F

G

*Ibisse sind Schreit-
vögel, die an Ge-
wässern leben. Sie
kamen mit der
jährlichen Nilflut
nach Ägypten.*

1. Erkläre mithilfe des Textes, warum und wie die Ägypter ihre Götter mit Tieren in Verbindung brachten.

2. Wer ist wer? Findet in Partnerarbeit die passenden Erklärungen zu den Götterdarstellungen oben.

3. Stelle die Bereiche zusammen, für die die abgebildeten Götter zuständig waren. Welche Verbindungen zum Alltagsleben der Ägypter stellst du fest?
Tipp: Seite 161

+ Wähle eine Gottheit aus. Recherchiere im Internet oder in Büchern über sie. Findest du Göttergeschichten, in denen sie auftauchen? Stelle „deine" Gottheit in der Klasse vor.

Anubis hat den Kopf eines Schakals. Er ist der Wächter der Grabstätten.

Horus trägt wie Re einen Falkenkopf. Er galt als Himmels- und als Kriegsgott. Zeitweise wurde er mit dem Pharao gleichgesetzt.

Isis mit einem Thron und/oder Kuhhörnern als Erkennungszeichen ist die Ehefrau des Osiris. Sie wurde als Göttin der Geburt und der Mutterschaft verehrt.

Maat, Göttin der Wahrheit und Gerechtigkeit, ist die Tochter des Re. Man erkennt sie an ihrem Kopfschmuck, einer Feder.

Osiris ist der Gott der Unterwelt und wird umwickelt wie eine Mumie dargestellt. Er richtet darüber, ob die Toten ins Jenseits kommen. Seine Zeichen sind Peitsche und Krummstab.

Seth, Gott der Wüste, ist an der langen, gebogenen Schnauze zu erkennen. Er bringt Chaos, beschützt aber auch die Oasen.

Thot hat einen Ibiskopf*. Er gilt als Gott der Zeitrechnung, der Schreiber und der Gelehrten.

Die Pyramiden und der Totenkult

M 1 Die Pyramiden von Gizeh

Das Gewaltigste und Rätselhafteste, was uns die alten Ägypter hinterlassen haben, sind sicherlich die Pyramiden. Die bekannteste unter ihnen, die Cheopspyramide von
5 Gizeh, gehört zu den größten Steinbauten der Menschheit. Schon die Menschen in der ➤ Antike waren so fasziniert von ihr, dass sie sie zu einem der sieben Weltwunder zählten. Jede Pyramide ist eine Grabstätte,
10 die ein Pharao für sich errichten ließ. Die gewaltigen Steinberge sollten seine Mumie schützen und seinen Übergang ins Totenreich erleichtern.

Die Stufenpyramide von Sakkara

Die erste Steinpyramide ließ der Pharao
15 Djoser um 2680 v.Chr. in Sakkara für sich errichten. Religiöse Texte sprechen davon, dass der tote Pharao auf einer Leiter zum

Die Stufenpyramide des Djoser in Sakkara

Himmel aufsteigt. Möglicherweise sollte die Stufenform der Pyramide diese Leiter
20 darstellen. Zu Füßen der Pyramide des Djoser standen verschiedene Tempel und Festgebäude. Zusammen bildeten sie eine Grabanlage, die von einer Mauer umfasst wurde. In der Mitte befand sich ein großer
25 mit Säulen umgebener Hof. Hier unternahm der Pharao seinen religiösen Wettlauf beim Sedfest (Seite 54). Dieser Lauf machte den Hof der Stufenpyramide zur ersten Sport-Arena der Welt.

Die Pyramide des Cheops

30 Etwa 100 Jahre später wurde bei Gizeh die Pyramide für den Pharao Cheops errichtet. Mit einer Höhe von 146 m ist die Pyramide so hoch wie ein 50-stöckiger Wolkenkratzer. Daneben wurden zwei Pyramiden für

Cheops' Nachfolger gebaut sowie kleinere Pyramiden für die Ehefrauen und Kinder der Pharaonen und Gräber für die ➤Beamten, sogenannte Mastabas. Außerdem wurden für jede Pyramide Tempel angelegt, in denen der Totenkult begangen wurde.

Im Inneren der Pyramiden befinden sich verschiedene Grabkammern mit den Sarkophagen der Pharaonen. Die Grabkammern waren prächtig ausgestaltet. In weiteren Kammern vermuten ➤Historiker wertvolle Grabbeigaben, die dem verstorbenen Pharao ein luxuriöses Leben auch im Jenseits ermöglichen sollten. Doch heute sind die Kammern leer. Trotz der Bemühungen der Baumeister, die heiligen Stätten durch Irrgänge, Labyrinthe und falsche Schächte vor Grabräubern zu schützen, war schon um 1000 v. Chr. jede bekannte Pyramide geplündert. In den letzten Jahrhunderten konnten Forscher nur noch das finden, was die Diebe übersehen hatten.

Der Pyramidenbau – Belastung und Hoffnung für alle

Der Bau einer einzigen Pyramide konnte bis zu 20 Jahre in Anspruch nehmen und an die 25 000 Menschen beschäftigen: Planungsspezialisten, Bauhandwerker und einfache Arbeiter. Man schätzt, dass etwa 20 000 Menschen ständig auf der Baustelle der Cheopspyramide tätig waren, weitere Tausende von Arbeitern kamen während des Nilhochwassers dazu. Diese vielen Menschen mussten von den übrigen miternährt werden. Ein Teil der Steuern wurde daher zu Entlohnung der Arbeiter eingesetzt. Vor allem galt die Arbeit an den Pyramiden als eine Art „Gottesdienst", für den sie im Jenseits entlohnt würden. Die Sterblichkeit im alten Ägypten war sehr hoch. Um die Angst vor dem Tod zu überwinden, bereiteten sich die Menschen – jeder nach seinen Möglichkeiten – auf das Leben nach dem Tod vor.

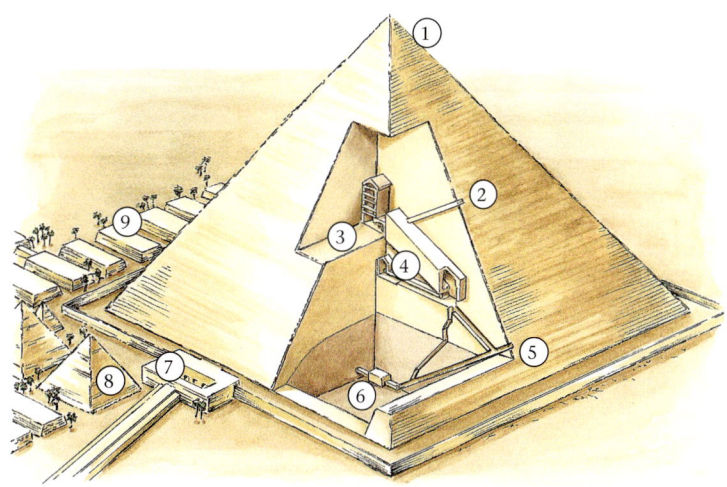

M2 Schnitt durch die Cheops-Pyramide, errichtet um 2540 v. Chr. ① *vergoldete Spitze,* ② *Luftschacht,* ③ *Grabkammer des Pharao,* ④ *„Große Galerie", die zur Grabkammer des Pharaos führt,* ⑤ *Eingang,* ⑥ *ursprüngliche Grabkammer (unterirdisch),* ⑦ *Tempel,* ⑧ *Nebenpyramiden für Familienangehörige des Pharaos,* ⑨ *Mastabas, in denen hohe Beamte bestattet wurden*

Gruppenarbeit: Experten werden

Auf den folgenden Seiten erfahrt ihr mehr über den Bau und die Nutzung der Pyramiden im Rahmen des Totenkults. Werdet Experten für eines der folgenden Themen. Teilt euch dafür zuerst in vier etwa gleich große Gruppen auf.

1. Erarbeitet in der Gruppe euer Thema mithilfe der Aufgaben. Bittet eure Lehrerin oder euren Lehrer um Erklärungen, wenn ihr Begriffe oder Inhalte nicht versteht.

2. Notiert dafür außerdem:
• Welchen Bereich des ägyptischen Totenkults berührt euer Thema (z. B.: Begräbnis, Grabstätte, Bestattung, Religion)?
• Welche Bevölkerungsgruppen sind betroffen?
• Welche Vorstellungen der Ägypter vom Leben im Jenseits werden deutlich?

3. Übertragt eure Ergebnisse auf ein Präsentationsplakat (Seite 165). Benutzt dabei kurze Sätze oder Stichworte.

4. Übt die Präsentation des Plakates ein: Jeder von euch muss das Thema vorstellen können!

5. Bildet für die Präsentation Gruppen, in denen für jedes Thema mindestens ein Experte ist, der das Plakat der Gruppe vorstellt.

6. Fasst alle Ergebnisse zusammen, indem ihr einen kurzen Aufsatz über das Thema „Der ägyptische Totenkult" schreibt.

Thema 1 **Planung und Bau einer Pyramide**

M 1 Werkzeuge der Ägypter: Kupfermeißel und Holzschlegel

Weil die Ägypter glaubten, dass das Totenreich im Westen liegt, dort, wo die Sonne untergeht, wurden die Pyramiden am Westufer des Nils gebaut. Die Flussnähe war
5 aus einem baupraktischen Grund wichtig: Blöcke aus Kalkstein, Sandstein und Granit mussten aus zum Teil weit entfernten Steinbrüchen angeliefert werden (M3, S. 45). Die Bauplätze mussten allerdings erhöht
10 liegen, damit sie nicht überschwemmt wurden, wenn der Nil über seine Ufer trat.

Das Brechen der Steine, die durchschnittlich 2,5 Tonnen wogen, und ihr Transport zu den Bauplätzen war eine Schinderei. Die

15 Steinblöcke wurden bewegt, indem man sie auf eine Art Schlitten verfrachtete, und diese dann über runde Holzstämme zog. Am Fuß der Pyramide wurden die Steine so behauen, dass sie fugenlos aneinan-
20 derpassten. Dafür benutzten die Arbeiter ganz einfache Werkzeuge wie den Holzhammer, den Steinbohrer und Meißel aus Kupfer und Bronze. Bis heute staunen wir darüber, wie exakt die Riesengräber gelan-
25 gen. Selbst mit modernen, lasergestützten Messgeräten ist es schwierig, so genau zu bauen, wie die alten Ägypter es taten.

Noch heute rätseln ►Historiker darüber,
30 wie es die Menschen vor fast 4500 Jahren schafften, die massigen Steinquader ohne moderne Kräne aufeinanderzutürmen. Unterlagen über den Bau gibt es nicht. Historiker vermuten, dass die
35 Ägypter Rampen anlegten, um die Steinblöcke auf die wachsende Pyramide zu wuchten. Diese wuchsen vermutlich direkt an der Außenwand der Pyramiden mit – entweder innerhalb oder außerhalb des
40 Bauwerks.

• •

1. Stellt in einer Liste die Tätigkeiten zusammen, die für die Planung und den Bau einer Pyramide erforderlich waren.

2. Der Pyramidenbau war sehr gefährlich, häufig kam es zu Unfällen.
   a) Schreibt auf, welche Arbeiten besonders gefährlich waren. Begründet.
   b) Erklärt, warum die Arbeiter trotz der hohen Gefahr die Arbeit an den Pyramiden auf sich nahmen.
   Tipp: Seite 161

+ Was für Rampen könnten für den Transport benutzt worden sein? Erstellt Skizzen zu euren Überlegungen.

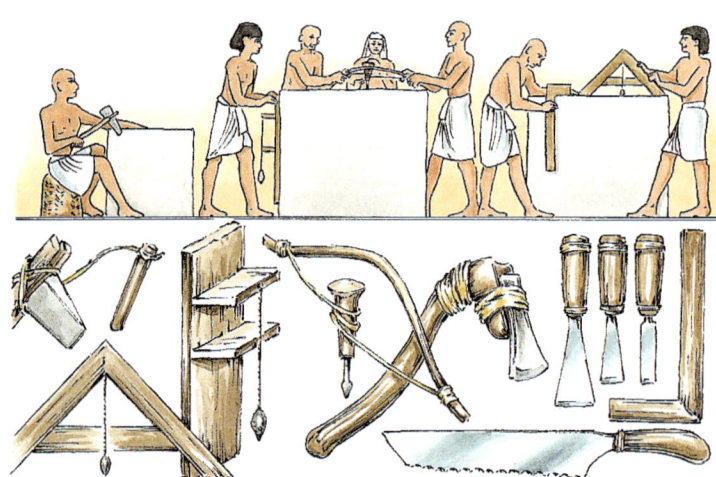

M2 Die Benutzung von Werkzeugen beim Pyramidenbau, Rekonstruktionszeichnung

Thema 2 Der Pharao und das Jenseits

In den Grabkammern der Pyramiden finden sich Inschriften. Sie wurden angebracht, um die verstorbenen Pharaonen auf ihren Wegen ins Jenseits zu schützen
5 und vor Bösem zu bewahren. Häufig beziehen sich die Texte auf Göttergeschichten, an die die Menschen glaubten, sogenannte **Mythen** (Einzahl: Mythos). Ein Beispiel dafür ist der Mythos von Osiris, dem Gott
10 des Totenreichs.

 Erhebe dich!

Der Pharao Unas regierte etwa von 2380 bis 2350 v. Chr. Seine Pyramide steht nahe bei der Pyramide des Djoser. Hier ein Auszug:

Erhebe dich, du König! [...]
Sammle deine Knochen zusammen.
Raffe dir deine Gliedmaßen zusammen.
Schüttle die Erde ab von deinem Fleisch.
5 Nimm dir dein Brot, das nicht schimmeln,
dein Bier, das nicht sauer werden kann!
[...] Erhebe dich, du König!
Du kannst doch nicht tot sein! [...]
König, du kletterst die Wolkenwand hinauf,
10 du rast durch blitzenden Lichtschimmer.
Du bist der leuchtende Blitz, der über
dem ganzen Himmel ist. [...]
Du steigst doch empor zu deiner Mutter,
der Himmelsgöttin.
15 Sie packt deine Hand.
Sie gibt dir den Weg frei zum Horizont,
zu dem Ort, wo sich Sonnengott Re aufhält.
Geöffnet sind für dich die Tore des Himmels.
[...]
20 Du findest Sonnengott Re.
Er steht da, erwartungsvoll winkt er dir
entgegen.
Er packt für sich deine Hand.
Er geleitet dich in die beiden Paläste des
25 Himmels.
Er setzt dich auf den Thron des Osiris.
Zitiert nach: W. Kosack: Die altägyptischen Pyramidentexte, Sprüche 373, 421, 422 (bearbeitet)

 Der Mythos von Isis und Osiris

Osiris herrschte als weiser König über Ägypten. Doch sein Bruder Seth war eifersüchtig und neidete ihm seine Königswürde. Eines Tages überlistete er Osiris und tötete ihn.

Osiris hatte aber eine Ehefrau, Isis, die über magische Kräfte verfügte. Als sie von dem Tod ihres geliebten Gatten erfuhr, ruhte sie nicht, bis sie seine Leiche gefunden hatte. Da zerfetzte Seth den toten Körper wutentbrannt in 14 Teile und warf sie in den Nil, damit Osiris im Totenreich nicht wieder auferweckt werden könne.

Doch Isis zog durch das Land und sammelte alle Teile des verstorbenen Osiris wieder ein. Mithilfe von Zaubersprüchen fügte sie die Leichenteile wieder zusammen. Nun konnte Osiris im Totenreich wieder auferstehen. Seitdem herrscht er über das Reich der Toten. Sein Bruder Seth wurde zur Strafe für seine Untaten in die Wüste verbannt.

1. a) Lest den Osiris-Mythos (M2) und gebt ihn in eigenen Worten wieder.
b) Erarbeitet den Inhalt von M1 mithilfe des Methodentrainings zum Umgang mit Textquellen (Seite 48).
Tipp: Seite 161

c) Vergleicht die Pyramidensprüche des Unas (M1) mit dem Mythos von Isis und Osiris (M2). Erklärt, welche Elemente des Mythos ihr in den Sprüchen erkennen könnt.
Tipp: Seite 161

2. Schreibt auf, wie die Ägypter sich die Auferstehung eines Pharaos nach dessen Tod vorstellten.

Thema 3 Mumien – Körper für die Ewigkeit

Nicht nur in den Grabkammern der Pyramiden, sondern auch in anderen Grabstätten wurden kunstfertig haltbar gemachte Leichname bestattet: Wer es sich im alten
5 Ägypten leisten konnte, ließ seine Verstorbenen mumifizieren.

Die Ägypter glaubten daran, dass die Seele den Körper beim Tode verlässt und sich erst nach dem Begräbnis wieder mit ihm
10 vereint. Damit dies geschehen konnte, so glaubten sie, musste der Leichnam haltbar gemacht werden. Wenn die Mumie fertig war, wurden religiöse Zeremonien durchgeführt. So sollte der Verstorbene
15 seine Lebenskraft zurückerlangen. Besonders wichtig war die Mundöffnung, damit der Tote im Jenseits sprechen, essen und trinken konnte. Deshalb wurden ihm auch Lebensmittel mit ins Grab gegeben.

20 Die Mumie wurde in ihrem Sarkophag in einer Barke über die Kanäle bis zu ihrer Grabstätte transportiert. Begleitet wurde sie von den Wehklagen und Abschiedsworten der Frauen des Hauses und von –
25 bezahlten – Klageweibern, die laut jammerten und sich die Haare rauften. In die Pyramiden wurden sie von Priestern gebracht.

M 1 Eine ägyptische Mumie im Sarg. Die Maske trägt die Gesichtszüge des Toten

M 2 Ein Modell der Totenbarke des Cheops. Sie wurde als Bausatz in einer Kammer der Cheopspyramide gefunden.

 Mumifizieren

Der griechische Geschichtsschreiber Herodot berichtete etwa 2 000 Jahre nach der Zeit der Pyramiden von der Mumifizierung. Auf einer Reise durch Ägypten war ihm das Verfahren erklärt worden. Herodot schrieb:

Es gibt Leute, die dies berufsmäßig ausüben. [...] Zunächst wird mittels eines eisernen Hakens das Gehirn durch die Nasenlöcher herausgeleitet [...]. Dann macht man mit einem scharfen Stein einen
5 Schnitt in die Leiche und nimmt die ganzen Eingeweide heraus. Sie werden gereinigt, mit Palmwein und dann mit geriebenen Gewürze durchspült. Dann wird der Magen mit reiner geriebener Myrrhe,
10 Zimt und anderem Räucherwerk [...] gefüllt und zugenäht. Nun legen sie die Leiche ganz in Natronlauge, siebzig Tage lang. [...] Sind sie vorüber, so wird die Leiche gewaschen, der ganze Körper mit Lei-
15 nenbinden umwickelt und mit Gummi bestrichen [...]. Nun holen die Angehörigen die Leiche ab, machen einen hölzernen Sarg in Menschengestalt und legen die Leiche hinein. So eingeschlossen wird
20 sie in der Familiengrabkammer geborgen und aufrecht gegen die Wand gestellt.
Herodot, Historien 2, 85 (bearbeitet)

• •

1. Schreibt nach den Angaben in M 3 eine Anleitung für eine Mumifizierung.

2. Besprecht, warum die Mumien Masken trugen, die wie die Gesichter der Verstorbenen aussahen. (M 1)

3. Erklärt, warum dem Toten eine Barke mitgegeben wurde. Welche Vorstellungen über das Jenseits verbergen sich dahinter?

Thema 4 Das Totengericht

M1 Die Prüfung des Wiedererweckten im Totengericht. Abbildung aus dem „Papyrus des Hunefer", um 1290 v. Chr.

Wenn der Körper des Toten mumifiziert und religiöse Zeremonien abgehalten waren, konnte er im Jenseits weiterleben, glaubten die Ägypter. Doch hier musste
5 er sich zunächst dem Totengericht stellen und für sein Leben im Diesseits Rechenschaft ablegen. Die Abbildung zeigt das Totengericht aus dem Papyrus des Schreibers Hunefer, das dem Verstorbenen als
10 Totenbuch beigelegt wurde. In einem solchen Buch wurde nicht nur gezeigt, was den Toten im Jenseits erwartete. Hier standen auch die Antworten, die er dem Totengericht geben musste, um das ewige
15 Leben zu erlangen.

Der wiedererweckte Hunefer ist auf dem Bild in drei verschiedenen Szenen zu sehen. In der ersten muss er vor dem Gericht seine Unschuld beteuern. Dann wird
20 er von dem Gott Anubis zur Waage geführt. Dort liegt links das Herz oder die Seele des Verstorbenen. Nur wenn er keine Sünden begangen hat, ist es so leicht wie die Feder der Göttin Maat, die auf der
25 rechten Waagschale liegt. Hätte der Verstorbene ein zu schweres Herz, würde das krokodilköpfige Monster unter der Waage zuschnappen und den Toten für immer verschlingen. Der Gott Thot notiert das
30 Ergebnis. Danach wird Hunefer von Horus zu Osiris geführt, dem Gott der Unterwelt.

1. a) Beschreibt M1 in Partnerarbeit.
   Findet die folgenden Motive:
   Osiris – die Feder – Hunefer (der Verstorbene) – Horus – das Herz –
   Anubis – Thot – die Seelenfresserin.
   b) Ordnet dem Bild M1 die im Text beschriebenen Szenen zu.

2. Der alte Schreiber Seneb stellt sich vor, wie es sein wird, wenn er vor das Totengericht treten muss. Was würde man ihn fragen? Welche Auskünfte könnte er über sein Leben geben? Schreibt mögliche Fragen und Antworten auf.
   Tipp: Seite 161

3. Gibt es Ähnlichkeiten zwischen der Vorstellung vom Totengericht im alten Ägypten und einem Leben nach dem Tod in euren Religionen? Sprecht darüber in der Gruppe und schreibt das Ergebnis eures Gesprächs auf.

Wenn du die vorangegangenen Seiten bearbeitet hast, solltest du folgende Aufgaben lösen können. Bearbeite sie in deinem Heft. Ob du richtig liegst, kannst du mithilfe der Lösungen und Hinweise auf Seite 166 überprüfen.

M 1 *Szene aus einer Wandmalerei im Grab eines hohen Beamten, der Pharao Thutmosis IV. diente. Dieser regierte Ägypten um 1390 v.Chr.*

1. Erkläre die Bedeutung des Nils für das Leben der Ägypter.

2. Betrachte M1.
a) Beschreibe die Abbildung. Entnimm der Legende, um was für eine Art Bild es sich handelt.
b) Benenne die Tätigkeiten der Menschen und folgere daraus, welchem Beruf sie nachgehen.
c) Erläutere die Bedeutung ihres Berufes für die ägyptische Gesellschaft.
d) Stelle abschließend dar, zu welchem Zweck das Bild angefertigt wurde.

3. Begründe, warum Ägypten eine frühe Hochkultur ist.

4. Bringe die folgenden Begriffe in einen erklärenden Zusammenhang:
Totengericht, Pyramiden, Mumien, Leben im Jenseits, Totenkult, Pharaonen, Isis und Osiris

Die ägyptische Hochkultur

Während die Menschen in Mitteleuropa noch als jungsteinzeitliche Bauern ohne Schrift, Städte oder ➤ Verwaltungen lebten, entstanden in einigen Regionen der Erde bereits neue Formen des Zusammenlebens.

Um 3000 v. Chr. entwickelte sich in Nordafrika – an den Ufern des Flusses Nil – die ägyptische ➤ **Hochkultur**. Eine andere Hochkultur entstand z. B. in Mesopotamien, dem sogenannten Zweistromland zwischen den Flüssen Euphrat und Tigris im heutigen Irak. Die meisten Hochkulturen haben gemeinsame **Kennzeichen**: Es gab Städte und einen Staat mit ➤ Verwaltung und Gesetzgebung. Die Menschen benutzten die Schrift und setzten einen ➤ Kalender ein, um das Jahr zu gliedern. Das Handwerk war aufgrund von ➤ Arbeitsteilung hoch entwickelt.

In Ägypten regierte der **Pharao**. Er wurde als Gottkönig verehrt. ➤ **Beamte** setzten die Befehle des Pharaos im ganzen Reich durch.

Die Bevölkerung des alten Ägypten war streng in **Schichten** geteilt. Die Zugehörigkeit einer Familie zu einer Schicht ergab sich durch den Beruf, den der Familienvater ausübte. Die Menschen lebten in der Vorstellung, dass jeder seinen Platz in der von den Göttern gegebenen Weltordnung hatte, die sie **Maat** nannten.

Damit angesehene Ägypter nach dem Tod weiterleben können, wurden sie mumifiziert und mit Grabbeigaben bestattet, die ein Alltagsleben im Jenseits ermöglichen sollten. Den frühen Pharaonen dienten die weithin sichtbaren **Pyramiden** als Grabstätten.

- **um 3000 v. Chr.** Der ägyptische Staat hat sich entwickelt; die Hieroglyphen sind erfunden.

- **um 2540 v. Chr.** Die Cheopspyramide bei Gizeh ist erbaut worden. Sie diente als Grabstätte des Pharaos Cheops.

- **ab Mitte des 2. Jahrtausends** Hochphase des ägyptischen Reiches. Regierungszeit des Pharaos Ramses II.

Bäuerliche Arbeit auf einer altägyptischen Grabmalerei

M 1 *Der im heutigen Indien gefundene Wagen aus Bronze wurde um 2000 v. Chr. hergestellt.*

Eine Hochkultur am Indus

Vor etwa 4500 Jahren entstand die sogenannte Indus-Kultur. Sie breitete sich über ein Gebiet aus, das mehr als dreimal so groß war wie Deutschland. Lebten die
5 Menschen dort wohl ähnlich wie die Menschen in Ägypten? In vielem vermutlich schon. Forscher fanden aber heraus, dass es wohl auch große Unterschiede gab!

Das Gebiet, in dem der Indus fließt, war
10 in der Zeit um 2500 v. Chr. nicht trocken wie heute, sondern feucht und sumpfig. Die Menschen nutzten den lehmigen Boden, um daraus Ziegel zu formen, die sie an der Luft trockneten. Sie verwendeten
15 sie für den Hausbau. Zudem stellten sie Gebrauchsgegenstände aus gebranntem Ton her. Diese waren anscheinend bekannt und berühmt, denn sie wurden weit über das Gebiet der Indus-Kultur hinaus
20 verkauft.

Als Markenzeichen hängte man Siegel aus Ton an die Waren. Diese Siegel wurden auch im Gebiet des heutigen Irak, dem früheren Mesopotamien, gefunden. Mehr als
25 2500 km legten Händler mit den Waren also zurück! Auf dem Rückweg transportierten sie Metalle für die Herstellung von Bronze, denn am Indus gab es sie nicht.

Das sehr harte Material Bronze entsteht,
30 wenn man das Metall Kupfer mit einem kleinen Anteil des Metalls Zinn in geschmolzenem Zustand verbindet. Das hatten die Menschen um 3000 v. Chr. entdeckt. In weiten Teilen der Welt, auch in
35 Ägypten und Europa, wurde Bronze vor allem für die Herstellung von Werkzeugen und Waffen verwendet. Sie waren dadurch viel haltbarer geworden. Die Zeit bis etwa 800 v. Chr. wird entsprechend „Bronze-
40 zeit" genannt.

M 2 *Dieses Tonsiegel und die dazugehörende Gussform wurden in Harappa am Indus gefunden. Heute werden die Funde im British Museum (London) aufbewahrt.*

Städtisches Leben am Indus

Schon um 2500 v. Chr. waren die Menschen im Indus-Tal fähig, zweistöckige Häuser zu bauen. Bei Ausgrabungen fanden ➤ Archäologen Überreste vieler Ge-
45 bäude, die in einer Schachbrett-Struktur angeordnet waren. Daran erkannten sie, dass die Menschen ihre Städte genau geplant haben müssen.

Die Städte der Indus-Kultur, so schätzt man, hatten bis zu 40 000 Bewohner. Viele von ihnen arbeiteten als Handwerker. Die Menschen im Indus-Tal kannten das Rad und die Töpferscheibe – wie in Europa. Anders als in Europa hatten sie sogar eine Schrift. Allerdings ist sie ist noch nicht entziffert worden.

Wenn so viele Menschen an einem Ort leben, müssen sie ihr Zusammenleben organisieren. In den Städten am Indus entdeckte man Kornspeicher, in denen die Menschen Getreidevorräte anlegten. Außerdem mauerten sie Abwasserkanäle, um Schmutzwasser und Unrat entsorgen zu können. Auch öffentliche Bäder gab es. Hygiene spielte für die Menschen am Indus eine große Rolle, eine viel größere als bei zeitgleichen Kulturen wie der ägyptischen.

Keine Herrscher, keine Kriege?

Bemerkenswert ist für uns in Europa, dass es keine Hinweise auf mächtige Herrscher oder Könige im Indus-Tal gibt. In anderen Kulturen kann man an den reichen und aufwendigen Gräbern – wie an den Pyramiden in Ägypten – erkennen, dass es Menschen gab, die mächtiger waren als andere. In der Indus-Kultur fehlen solche Bauwerke vollkommen. Auch Paläste hat man nicht gefunden, wohl aber große öffentliche Bauten (z. B. Bäder) und Tempel.

Erstaunlich ist für uns Europäer auch, dass alle Anzeichen für Militär und Kriege fehlen. Weder sind Schwerter, Rüstungen, Helme oder Schilde gefunden worden, noch gibt es Bilder, die den Krieg oder Krieger zeigen. Die Forscher gehen davon aus, dass es sich um eine ausgesprochen friedliche Gesellschaft gehandelt hat.

Ihre Blütezeit hatte diese Kultur etwa von 2500 – 1750 v. Chr. Dann kam es zu einem Niedergang. Die Menschen zogen aus den großen Städten weg. Wahrscheinlich waren die Umweltbedingungen schlechter geworden: das Holz knapp, die Böden ausgelaugt, die Ernte geringer. Ohne es zu wissen, hatten sich die Menschen im Indus-Tal durch die Nutzung ihrer Umwelt vermutlich selbst die Lebensgrundlagen genommen.

Zum Nachdenken

• Hältst du es für möglich, dass Menschen zusammenleben können, ohne Militär zu brauchen? Oder denkst du, dass Archäologen irgendwann Hinweise auf Militär auch in der Indus-Kultur finden werden? Begründe deine Meinung.

M3 Das Foto unten zeigt die ausgegrabene Stadt Mohenjo-Daro, die im heutigen Pakistan liegt. Vorn ist das große öffentliche Bad zu sehen.

Die Welt der Griechen

Der Rundtempel der griechischen Göttin Athene, dessen Ruine
das Foto zeigt, lag in der Nähe des Heiligtums des Gottes Apollon
in Delphi.

Die ägyptische Hochkultur

3000　2800　2600　2400　2200　2000　1800　1600　1400　1200

Die kleine Tonplastik einer Tänzerin wurde in der Umgebung der griechischen Stadt Athen gefunden. Bei Festen zu Ehren der Götter führten Frauen und Mädchen eingeübte Tänze auf.

Mit dieser Schulszene wurde eine Schale bemalt. Aus den Gegenständen, die die Personen in den Händen halten, kannst du die Unterrichtsfächer erschließen.

Als Tonrelief auf einem Gefäß wurde dieses Pferd gestaltet. Der Körper scheint Fenster zu haben, aus denen Menschen herausschauen. Weißt du, um welches Pferd es sich hier handelt?

Die römische Antike

Die griechische Antike

1000   800   600   400   200   0   200   400   600   800

Eine folgenreiche List

Zehn Jahre lang hatten die Griechen nun schon vor Troja gelegen und um seine Stadttore gekämpft, aber die Stadt schien unbesiegbar. Die Griechen wurden miss-
5 mutig, so viele von ihnen waren schon gefallen. Da hatte der schlaue Odysseus aus Ithaka eine Idee: „Lasst uns ein Pferd zimmern, rief er, ein riesengroßes Pferd aus Holz. In seinem Bauch müssen sich
10 unsere besten Helden verbergen. Die Übrigen aber, das ganze Heer, sollen sich zum Schiff zurückziehen. Dann werden die Trojaner aus ihrer Stadt hervorkommen, weil sie glauben, die Griechen wä-
15 ren in ihre Heimat abgezogen."

„Schon gut", rief einer, „aber was nützt uns das? Wozu das Pferd?" Odysseus war um die Antwort nicht verlegen. „Nun, wir lassen einen unbekannten, aber mutigen
20 Mann zurück. Er wird den Trojanern erzählen, das hölzerne Pferd sei eine Opfergabe für die Göttin Athene, die Feindin der Trojaner. Sie solle mit dieser Gabe versöhnt werden, damit sie den Griechen wegen ihres Rückzugs nicht zürne und
25 ihnen eine gute Heimfahrt bereite.

Unser Mann muss das Vertrauen der Trojaner gewinnen, nur so kann er sie dazu bringen, das hölzerne Pferd in ihre Stadt zu holen. Schafft er das, so haben wir ge-
30 wonnen. In der Nacht, wenn alles schläft, kommen die Helden aus dem Bauch des Pferdes hervor, legen Feuer in der Stadt und geben uns mit der Fackel ein Zeichen, dass wir herbeisegeln und die Stadt erstürmen!"

35 Da bekam der listenreiche Odysseus viel Beifall. Nach drei Tagen stand das mächtige hölzerne Pferd fertig da. Und so natürlich war es, wenn auch riesengroß, dass ein Witzbold ausrief: „Gleich fängt es an zu wiehern!"

40 Tatsächlich ging die List des Odysseus auf. Die Trojaner holten das Pferd trotz aller Warnungen in ihre Stadt. Mit Gesang und Tanz feierten sie die halbe Nacht den Abzug ihrer Feinde als einen großen Sieg. Alles kam, wie Odysseus es geplant
45 hatte. Troja ging im Flammenmeer unter.

Zitiert nach: G. Sachse: Die schönsten Sagen der Griechen, 1999 (bearbeitet)

M1 *Szenenbild aus dem Hollywoodfilm „Troja", USA 2004*

M2 *Ein „Trojaner"?*

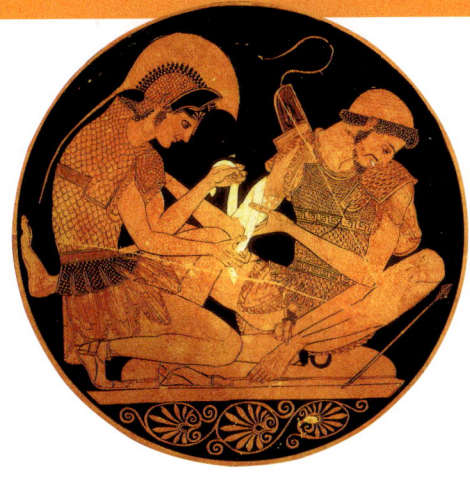

Eine Szene aus der Ilias: Der griechische Held Achill verbindet einen Verwundeten. Malerei auf dem Boden einer Trinkschale, die um 500 v. Chr. angefertigt wurde

Eine alte Überlieferung

Noch heute steht die Geschichte von Troja und von der List des Odysseus für einen heimtückischen Überfall. Sie hat sich bis in die Welten des Hollywoodfilms und des Internets erhalten. Überliefert wurde sie ursprünglich von Homer (sprich: „Homehr"), dem ältesten bekannten Dichter Griechenlands und zugleich Europas. Er hat Sagen, die über Generationen mündlich weitergegeben worden waren, aufgeschrieben. Die Geschichte vom trojanischen Pferd entstammt seinem Buch „Ilias", in dem er von griechischen Helden berichtet, die gegen die Truppen von Priamos, den Herrscher von Troja, Krieg führten. Dabei werden sie sogar von Göttern unterstützt: Immer wieder greifen Götter in die Handlungen der Menschen ein – und geraten dabei untereinander in Streit. Im Krieg um Troja stehen das Oberhaupt der Götter, Zeus, und sein Sohn Apollon z. B. auf der Seite der Trojaner. Athene, die Tochter des Zeus, unterstützt dagegen die Griechen!

Die Helden, die Homer beschreibt, nennt er im Griechischen „aristoi"*: die Besten. Gemeint sind damit die ▸Adligen. Als die Mutigsten und Aufrichtigsten verkörpern sie die damalige Vorstellung von Vollkommenheit. Ihnen sollten die Zuhörer der Sagen nacheifern.

· ·

1. Suche Troja auf der Karte M 2, Seite 79.

2. Findet euch zu zweit zusammen. Jeder übernimmt eine Rolle: heimkehrender Grieche oder überlebender Trojaner. Berichtet euch gegenseitig vom Ende des Trojanischen Krieges.

3. Beschreibe die Karikatur M 2. Erkläre, was sie aussagen soll, und überlege, was an dem Begriff „Trojaner" nicht stimmt.
Tipp: Seite 162

* *Von „aristoi" leitet sich das Wort „Aristokratie" ab. Es bedeutet „Adelsherrschaft".*

Auf den folgenden Seiten erfährst du, ...
* *welche Götter die Griechen verehrten.*
* *warum die Menschen die Olympischen Spiele veranstaltet haben.*
* *was die Griechen dazu brachte, ihre Heimat zu verlassen und woanders ihr Glück zu suchen.*
* *warum man von Griechenland als „Wiege der europäischen Demokratie" spricht.*
* *wie die Menschen im antiken Athen gelebt haben.*
* *wie sich die griechische Kultur in der damals bekannten Welt ausbreiten konnte und was „Hellenismus" bedeutet.*

Außerdem übst du, ...
* *Quellentexte zu bearbeiten und ihre Aussage zu durchschauen.*
* *dich in ein Thema einzuarbeiten und als Experte der Klasse davon zu berichten.*
* *Ergebnisse aus einer Gruppenarbeit deinen Mitschülerinnen und Mitschülern anhand eines Plakates vorzustellen.*
* *eine Geschichtskarte auszuwerten.*

Die Götterfamilie auf dem Olymp

A

Im Norden Griechenlands erhebt sich der mit 2900 m höchste Berg des Landes, der Olymp. Seine Kuppe ist fast ständig von Wolken umgeben. Dort im Wolkendunst vermuteten die Griechen die Wohnstätte der Götter, verborgen vor den Blicken der Menschen.

Spannende Geschichten sind von den Göttern überliefert. In vielen von ihnen spielen Liebe und Streit eine Rolle. Denn die olympischen Götter sind zwar unsterblich und altern nicht, aber sie besitzen auch sehr mensch-
15 liche Eigenschaften. So sind sie den Menschen, deren Lebensentscheidungen sie beeinflussen, nahe. Manchmal, glaubten die Griechen, kommen sie vom Olymp herab und mischen sich unter die Sterbli-
20 chen. In welchen Gestalten sich die Menschen ihre Götter vorstellten, zeigen Statuen und Vasenbilder.

Seit dem 2. Jahrtausend v. Chr. hatten sich Menschen aus verschiedenen Gegenden in
25 Griechenland angesiedelt. Wissenschaftler vermuten, dass verschiedene Gruppen zusammenkamen, die nicht dieselben Götter anbeteten. Langsam aber entwickelte sich die Vorstellung, dass die vielen Götter, an
30 die die Menschen glaubten, zusammengehörten – wie eine Familie.

Die Götterfamilie

Als höchster Gott herrscht **Zeus** über das Wetter und die Natur und ist Richter über Leben und Tod. Seine Herrschaftszeichen
35 sind ein Blitzbündel sowie ein Adler. **Hera**, seine Ehefrau, verehrten die Menschen als Beschützerin von Ehe und Familie. Neben ihr hat Zeus aber auch andere Frauen.

Hades und **Poseidon** sind Brüder des Zeus
40 und leben nicht mit den anderen Göttern auf dem Olymp. Doch auch sie haben wichtige Aufgaben: Hades ist der strenge Herrscher über die Unterwelt, die auch nach ihm benannt ist. Mit seinem dreiköp-
45 figen Hund Zerberus wacht er über die Toten und lässt keine Rückkehr in die Welt der Lebenden zu. Poseidon, der Gott der Meere, lebt in einem Palast auf dem Meeresgrund und bewegt mit seinem Dreizack die
50 Wogen, entfacht Stürme und lässt die Erde beben. Die Schwestern von Zeus, **Hestia** und **Demeter**, sind für das Wachstum der Pflanzen, die die Menschen ernähren, sowie für Haus und Herd zuständig.

55 Auch Kinder des Zeus wurden als wichtige Göttinnen und Götter verehrt: **Apollon**, auch „Phoibos" (der Strahlende) genannt, spielt die Leier so schön, dass er zum Gott der Musik und der Dichtung wurde. Gera-
60 de junge Männer verehrten ihn. Zudem ist er Gott des Orakels in Delphi (Seite 81). Mit seinen Pfeilen kann er Krankheiten bringen, aber auch heilen. Seine Zwillingsschwester **Artemis** ist die Göttin der Jagd, der Tiere
65 und der Natur.

B

C

E

Athene ist die Göttin der Weisheit, des Handwerks und des gerechten Kampfes. Mit ihrer Klugheit steht sie den Helden in der Not bei. Angeblich entsprang sie – be-
70 waffnet mit Helm, Schild und Lanze – dem Kopf des Zeus. Auch ihr Bruder **Ares** trägt diese Waffen, denn er ist der Gott des Krieges und des Schlachtengetümmels.

Aphrodite, die schönste Tochter des Zeus,
75 ist die Göttin der Liebe und der Fruchtbarkeit. Ihr Ehemann **Hephaistos**, der hässlich ist und hinkt, hat mit seiner untreuen Ehefrau viel Ärger! Als Gott des Feuers und der Schmiede ist Hephaistos beispielsweise
80 für die Herstellung von Waffen zuständig. Seine Werkstatt liegt unter einem Vulkan.

Ein weiterer Sohn des Zeus ist **Hermes**, der als Bote seines Vaters Nachrichten überbrachte. Reisende baten ihn um Glück.
85 Darüber hinaus galt er als Beschützer der Diebe und Kaufleute. Auf Bildern trägt er oft einen Helm oder Schuhe mit Flügeln.

Der jüngste Gott des Olymp, **Dionysos**, wird häufig in Weinranken gekleidet dar-
90 gestellt. Er ist der Gott des Weins, des Vergnügens und der Lebensfreude.

1. a) Finde heraus, welche der genannten Göttinnen und Götter abgebildet sind, indem du die Beschreibungen mit den Abbildungen vergleichst. Begründe deine Entscheidungen.
Tipp: Seite 162

b) Stelle in einer Übersicht zusammen, für welche Bereiche des menschlichen Lebens welche Götter zuständig waren.

2. a) Vergleiche die vorgestellten Götter mit Menschen. Was unterscheidet und was verbindet sie?
b) Formuliere ein zusammenfassendes Ergebnis.

3. Recherchiert Geschichten zu den abgebildeten Göttern und erzählt sie euch in der Klasse.

+ Stelle Gemeinsamkeiten und Unterschiede zu ägyptischen Gottheiten heraus (Seite 57). Gehe dabei auf ihre Gestalten und Zuständigkeiten ein.

F

D

G

Die Olympischen Spiele –
Wettkämpfe und religiöses Fest

Um 1880 fanden ➤ Archäologen bei Ausgrabungen auf der griechischen Halbinsel Peloponnes (M 2, Seite 79) Überreste von Sportstätten, Gebäuden und Statuen. Aus schriftlichen ➤ Quellen wusste man bereits, dass es auf griechischem Gebiet seit 776 v. Chr. große Veranstaltungen von Wettkämpfen gegeben hatte, an denen Menschen aus dem gesamten griechischen Siedlungsbereich beteiligt waren: die Olympischen Spiele. Sie fanden alle vier Jahre statt, ein Zeitraum, den die Griechen als „Olympiade" bezeichneten. Auch wenn dort Teilnehmer und Zuschauer aus verfeindeten Orten zusammentrafen, waren sie während der Spiele in friedlichem Wettbewerb vereint; es galt der „olympische Friede".

Die Entdeckungen faszinierten den Franzosen Pierre de Coubertin: Er hatte die Idee, neue Olympische Spiele zu veranstalten, bei denen Menschen aus aller Welt zusammenkommen, sich in fairen sportlichen Wettkämpfen messen und Rekorde erringen. Würden sie in Zukunft nicht auch friedlicher miteinander leben, wenn sie einander besser kennenlernen, fragte er. Zielstrebig setzte er sich für seine Idee ein, bis 1896 in Athen die ersten Olympischen Spiele der Neuzeit veranstaltet wurden.

Worum ging es in Olympia?

Die Funde der Forscher zeigten Erstaunliches: Nicht ein Stadion war der Mittelpunkt der olympischen Anlagen, sondern ein riesiger Tempel mit einer über zwölf Meter hohen Zeus-Statue: Sie war ganz mit Gold, Elfenbein und Ebenholz verkleidet.

Zu Zeus als Vater der Götter beten die Menschen, die in Olympia zusammen-

M 1 *Der olympische*
Bezirk:
1. *Zeustempel*
2. *Aschenaltar*
3. *Stadion*
4. *Schatzhäuser*
   für Opfergaben
   an Zeus
5. *Brunnenanlage*
6. *Tempel für Hera*
7. *Sitz der Spielleitung*
8. *Übungsplatz*
   (Gymnasion)
9. *Palästra, wo die*
   Ringkämpfe statt-
   fanden
10. *Bäder*
11. *Gästehaus*
12. *Rathaus*

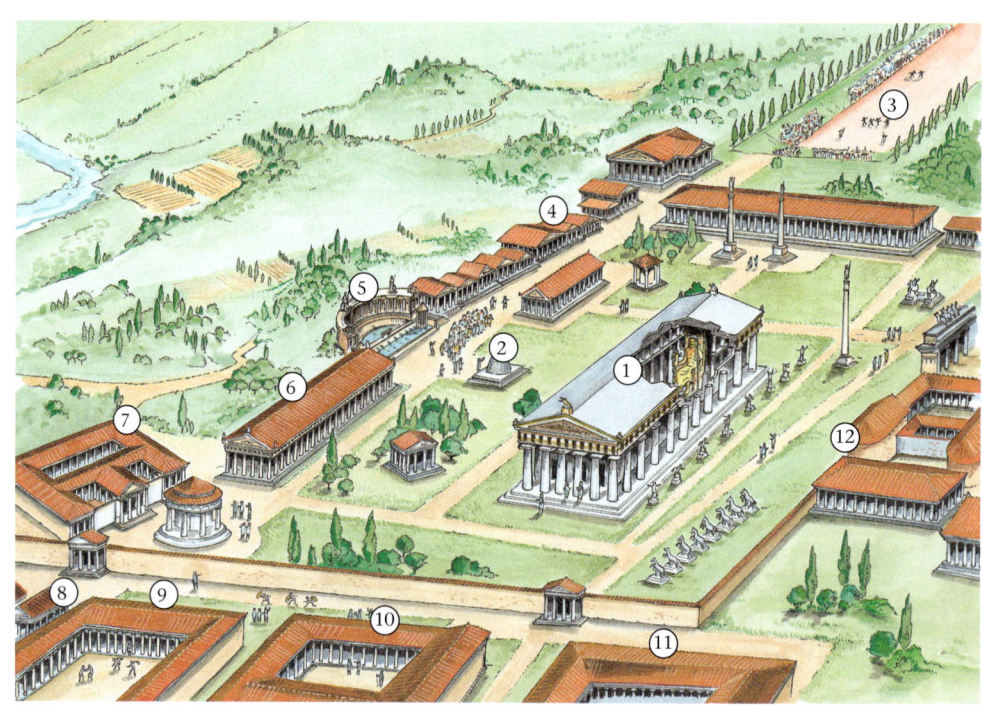

kamen. Ihm zu Ehren brachten sie Opfer,
40 sangen, tanzten und trieben Sport. Daraus gingen nach und nach Wettbewerbe zu Ehren des Zeus hervor – nicht nur auf sportlichem Gebiet, sondern auch im Chorgesang und Instrumentenspiel, in
45 Tanz, Dichtung und Theater.

Das Ziel: Siegen

Die Teilnehmer der Olympischen Spiele waren griechische Männer. Frauen waren bei den Spielen nicht zugelassen. Für sie gab es eigene Kultspiele, die „Heraien".
50 Sie fanden alle fünf Jahre zu Ehren der Göttin Hera, der Ehefrau des Zeus, statt.

Für den olympischen Wettkampf trainierten die Athleten hart, denn es zählte nur der Sieg: Wer in seiner Disziplin gewann,
55 erhielt einen Zweig vom heiligen Ölbaum, der in der Nähe des Zeustempels wuchs. Darüber hinaus überhäufte man die Sieger in ihrer Heimatgemeinde aber geradezu mit Geschenken und Ehrungen: Lebens-
60 lang wurden sie versorgt.

Forscher fanden heraus, dass bis zu 40 000 Besucher die Beschwernisse einer tagelangen Anreise auf sich nahmen, um die Spiele zu sehen. Ein mehrtägiges Festpro-
65 gramm erwartete sie in Olympia.

M2

Herzlich willkommen in Olympia!

Hier erfahren Sie das Wichtigste zum Ablauf der Spiele:

1.Tag: Vor dem Altar des Zeus versprechen die Teilnehmer, fair zu kämpfen. Die Kampfrichter geloben, gerecht zu urteilen. Kämpferlisten werden aufgestellt, Gegner ausgelost. Dann beginnen die Wettkämpfe.

2. Tag: Nach dem Wettbewerb der Fanfarenbläser folgt das Wagenrennen. Ein weiterer Höhepunkt ist der Fünfkampf: Die Athleten messen sich im Weitsprung, im Speer- und Diskuswerfen, im Stadionlauf über 192 m und schließlich im Ringkampf. Der Tag wird mit einer Feier zu Ehren des Königs Pelops beendet, des sagenhaften Gründers der Spiele.

3. Tag: Dieser Tag ist für kultische Handlungen vorgesehen. Wettkämpfer, Abgesandte der teilnehmenden Städte, Kampfrichter und Priester ziehen zum Altar des Zeus und opfern dort Ochsen. Zu Ehren des Gottes werden Theaterstücke aufgeführt und ein Festmahl veranstaltet.

4. Tag: Vormittags finden die Laufwettbewerbe statt, nachmittags stehen viele Kampfsportarten auf dem Programm wie Ringen, Boxen oder Waffenlauf.

5. Tag: Alle Sieger kommen zur Ehrung in den Zeustempel. Dabei werden ihre Namen, die Namen ihrer Väter und ihres Heimatortes laut verkündet. Sie opfern und werden in einem Festzug zum Rathaus geleitet, wo sie ein feierliches Mahl einnehmen. Dazu treten Musiker und Dichter auf.

Junger Sieger mit Bändern, um 500 v. Chr.

1. Untersuche die Rekonstruktionszeichnung des olympischen Geländes (M1). Schreibe in eine Tabelle, welche Gebäude für den Sport und welche für religiöse Handlungen gedacht waren.

2. a) Arbeite aus dem Text und M2 heraus, worin sich der Ablauf der antiken und der Ablauf der neuzeitlichen Spiele ähneln und worin sie sich unterscheiden.
Tipp: Seite 162

b) Sucht Gründe, warum Frauen von der Teilnahme an den Olympischen Spielen ausgeschlossen wurden.

Eine Rede auf die Spiele

Isokrates leitete eine Rednerschule in Athen. Im Jahr 380 v. Chr. hielt er eine Rede auf die Olympischen Spiele. In ihr richtet er sich an alle Griechen und fordert sie nach einem langen Krieg zwischen den Städten Sparta und Athen auf, zusammenzuhalten und sich an ihre Gemeinsamkeiten zu erinnern:

Es ist ganz richtig, dass wir diejenigen loben, die solche Festspiele eingeführt haben. Sie haben uns nämlich folgenden Brauch überliefert: Erst schließen wir mit
5 unseren Gegnern einen Waffenstillstand und beenden unsere Feindseligkeiten und dann kommen wir an einem Ort zusammen. Wir beten und opfern gemeinsam und werden uns dabei bewusst, dass
10 wir miteinander umgehen. Wir können dabei alte Gastfreundschaften erneuern und neue Freundschaften schließen. Sowohl die Zuschauer als auch die Sportler haben bei den Spielen ihr Vergnügen:
15 Die Athleten zeigen stolz vor den versammelten Griechen ihre Leistungen, die Besucher erfreuen sich am Wettstreit um die Preise. Beide Gruppen finden so etwas, was ihrer Eitelkeit schmeichelt: Die Zu-
20 schauer, wenn sie sehen, wie sich die Wettkämpfer ihretwegen anstrengen, die Sportler, wenn sie daran denken, dass alle nur gekommen sind, um ihnen zuzuschauen.

Isokrates: Panegyrikos 43–44, S. 80 (bearbeitet)

 ### Eine Textquelle untersuchen

Isokrates war kein Geschichtsschreiber, sondern ein Redner. Mit seinem Text gab er seine Meinung über die Olympischen Spiele wieder. Wenn du ihn sorgfältig liest, erfährst du, welche Meinung Isokrates hatte und wie er sie begründete.

- Entnimm dem Einführungstext die Angaben zum Verfasser, zur Art des Textes, zur Zeit seiner Entstehung und zu seinem Thema. Bestimme, an wen der Text gerichtet ist (Adressaten). Schreibe zu jedem Punkt einen Satz auf.
  Verfasser: Der Verfasser Isokrates leitete eine Rednerschule in Athen.
  Art des Textes: …

- Arbeite heraus, zu welcher Bewertung der Verfasser kommt. Gib seine Meinung in eigenen Worten wieder.
  Frage: Wie bewertet Isokrates die Olympischen Spiele?
  Antwort: …

- Achte darauf, welche Gründe der Verfasser für seine Überzeugung anführt. Schreibe sie untereinander auf.

1. a) Betrachte M 5 (Seite 77) und überlege, welche Sportarten wohl gezeigt sind. Du kannst mit einem Partner/ einer Partnerin arbeiten.
   Tipp: Seite 162

   b) Recherchiere im Internet, welche alten Sportarten noch heute bei Olympischen Spielen ausgeübt werden und welche neuen dazugekommen sind.

2. Halte einen kurzen Vortrag: Warum hatten die Olympischen Spiele für Isokrates eine so große Bedeutung (M 3)? Beachte das Methodentraining und mach dir für deinen Vortrag einen Stichwortzettel.

   Was waren die Olympischen Spiele für Isokrates?

   – nicht nur Sportereignis

   – …

M 5 Fünf Sportarten der antiken olympischen Spiele (Informationen dazu auch in M 2, Seite 75)

Verstöße gegen die Fairness

Der Schriftsteller Pausanias lebte im 2. Jahrhundert n. Chr. Er bereiste viele Gebiete, in denen Griechen lebten, auch in Rom ist er gewesen. Für interessierte Reisende verfasste er eine Beschreibung Griechenlands. Darin berichtete er auch von Skandalen bei den Olympischen Spielen:

Auf dem Weg zum Stadion gibt es neben den Statuen der Sieger auch kleine Tempel. Diese wurden von den Strafgeldern errichtet, die die Athleten zahlen mussten, wenn
5 sie gegen Regeln verstoßen hatten.
Der Thessalier Eupolos bestach die Faustkämpfer bei den 98. Spielen mit Geld. Das soll das erste Vergehen gegen die Spiele gewesen sein, und Eupolos und diejeni-
10 gen, die von ihm Geschenke angenommen hatten, [...] wurden mit Geldstrafen belegt.

Die Inschrift auf der ersten Statue sagt, dass man einen Sieg in Olympia nicht
15 mit Geld, sondern mit der Schnelligkeit der Füße und mit Körperkraft erringen soll. Die zweite sagt, dass die Statue zu Ehren der Gottheit und zur Abschreckung für frevelnde Athleten dastehe. Die In-
20 schrift der sechsten Statue erklärt, dass die Statue zur Strafe für die Faustkämpfer errichtet worden sei. [...]
Es sollte eine Lehre für alle Griechen sein, dass niemand für einen olympischen Sieg
25 Geld geben soll.
Pausanias 5, 21, 3 ff. (bearbeitet)

3. a) Erarbeite M 4. Beachte auch hier die Tipps zur Untersuchung von Textquellen.
b) Diskutiert in der Klasse: Gibt es ähnliche Probleme auch heute noch bei Olympischen Spielen?

Das Land der Griechen

M 1 *Sommerliche Landschaft an einer griechischen Küste heute*

Die Landschaft prägt das Leben

* Malaria: gefährliche Krankheit, die sich in hohem Fieber, Schüttelfrost und Durchfall äußert. Heute wird gegen Malaria geimpft.

Wer vom Flugzeug aus auf das griechische Festland und die vielen Inseln hinunterblickt, erkennt kahle Berge, tiefe Täler und eine gezackte, felsige Küste. In Griechen-
5 land regnet es selten, der Boden ist recht steinig und im Sommer sehr trocken.

In früheren Jahrhunderten konnten Menschen in den Bergen nur leben, weil es ihnen möglich war, in den Tälern Getreide und Gemüse anzubauen. Im Herbst ern-
10 teten sie zudem Weintrauben und Oliven. Die Berghänge dienten ihnen als Weideland für Schafe und Ziegen. Der Weg über das Land war von Siedlung zu Siedlung sehr mühselig, sodass die Bewohner jedes
15 Dorfes sich selbst versorgen mussten. Vor Feinden waren die Menschen in den Bergen aber gut geschützt– viel besser als in den Fischerdörfern an den Küsten.

In den kleinen Häfen brachte der frische
20 Wind Abkühlung, aber an den Küsten gab es auch Malariamücken*, die den Bewohnern gefährlich wurden. Trotzdem lebten viele Griechen am Meer, denn von dort konnten sie leichter zu anderen gelangen
25 und Handel treiben. Für den Schiffbau mussten allerdings viele Bäume abgeholzt werden! Weil der Bewuchs den Boden bald nicht mehr ausreichend schützte, wurden die einst bewaldeten Hügel so karg, wie
30 wir sie heute kennen.

Viele Siedlungen mit Gemeinsamkeiten

Die von hohen Bergen umgebenen Siedlungen bildeten voneinander getrennte Gemeinden, in denen sich eigene Formen des Zusammenlebens und der Regierung ent-
35 wickelten. Die Griechen nannten eine solche Gemeinde ➤Polis, die Mehrzahl heißt Poleis. Es waren selbstständige Gemeinden,

M2 *Das Siedlungsgebiet der Griechen um 800 v. Chr.*

eine Art Stadtstaaten. In einer Polis lebten etwa so viele Menschen wie in einer heu-
40 tigen Kleinstadt. Insgesamt gab es mehre-re Hundert Poleis. Sie hielten zusammen, wenn sie von außen bedroht wurden, aber zu einem großen, langlebigen Reich wie in Ägypten wuchsen sie nicht zusammen.

45 Zu den wichtigsten Gemeinsamkeiten der Bewohner aller Poleis gehörten die griechi-sche Sprache und Schrift sowie der Glaube an dieselben Götter. Jede Polis hatte ihre eigene Schutzgottheit, die von den Be-
50 wohnern verehrt wurde. Schutzgöttin der größten griechischen Polis, Athen, war die Göttin Athene.

Meist wurden die Poleis von Männern ge-führt, den „aristoi", die erfolgreich für
55 ihre Siedlung gekämpft hatten. Auch als Streitschlichter hatten sich man-che von ihnen hervorgetan.

1. a) Beschreibe das Foto M1. Wie wirkt die Landschaft auf dich?
b) Sprecht in der Klasse darüber, wie hier Waren transportiert werden und wovon die Menschen leben könnten.

2. Stelle die Informationen über die Poleis in einem Cluster (Seite164) zusam-men.

3. a) Nenne mithilfe der Karte M2 die verschiedenen Landschaften, in denen Athen, Sparta, Olympia, Korinth und Troja liegen.
b) Erkläre, warum sich die Griechen zu einem Seefahrervolk entwickelten.
Tipp: Seite 162

Größe

Die Polis

Auf zu neuen Siedlungsorten

Wenn die Bevölkerung einer ▸Polis wuchs und die Anbauflächen nicht mehr ausreichten oder Dürrezeiten herrschten, gab es oft nicht mehr genug Nahrung für alle. In vielen Poleis entschlossen sich daher Menschen, ihre Heimat zu verlassen und woanders bessere Lebensbedingungen zu suchen. Welche Vorstellungen hatten die Auswanderer von ihrem neuen Lebensort? Er sollte natürlich fruchtbare Böden und ein gesundes Klima haben. Ein geschützter Hafen war genauso notwendig wie die Möglichkeit, die Siedlung gegen Feinde – meist die bisherigen Bewohner der Gegend – zu sichern.

Auswanderer griechischer Poleis gründeten vom 8. bis zum 6. Jahrhundert v. Chr. an den Küsten des Mittelmeeres „Tochterstädte", sogenannte ▸Kolonien. Das kam so häufig vor, dass der Philosoph Sokrates spottete: „Wir Griechen sitzen um unser Meer wie Frösche um einen Teich." Auch wenn das Mittelmeer die Bewohner der Kolonien von den Menschen in ihrer „Mutterstadt" trennte, fühlten sie sich doch als Griechen. Sie hatten dieselbe Sprache, sodass z. B. Händler, wo immer sie unterwegs waren, sich verständigen konnten. Bewohner benachbarter Siedlungen, die nicht Griechisch sprachen, wurden von den griechischen Einwanderern als Barbaren*, Fremde, bezeichnet.

Barbaren: Das Wort bedeutete ursprünglich so viel wie „Stammler". Die Griechen bezeichneten die nicht Griechisch Sprechenden als Barbaren.

Migration – damals und heute

Hunger und Krieg, Not und Unterdrückung treiben Menschen bis heute dazu, ihre Heimat zu verlassen. Überall auf der Welt gibt es Lager, in denen Flüchtlinge leben müssen, oft unter erbärmlichen Bedingungen. Andere Menschen versuchen eher aus Abenteuerlust, ihr Leben in der Fremde neu zu beginnen. Einige bleiben und werden heimisch, andere gehen zurück in ihre alte Heimat. In Deutschland lebten 2013 etwa 7 Millionen Einwanderer, die aus den verschiedensten Ländern gekommen sind.

M1 *Die griechische Kolonisation, 750–550 v. Chr.*

M2 Eine Kolonie wird gegründet

Der Geschichtsschreiber Herodot lebte um
450 v. Chr. Er berichtete von einem Ereignis,
das sich mehr als 200 Jahre zuvor auf der
Insel Thera, heute Santorin, abgespielt hatte:

a) Das Orakel von Delphi

Grinnos, dem König von Thera, wurde
bei einem Besuch in Delphi die Anwei-
sung erteilt, er solle eine Kolonie in Liby-
en gründen. Er erwiderte darauf: „Ich bin
5 zu alt und zu müde; befiehl doch einem
Jüngeren, die Sache zu unternehmen." Da
diese nicht wussten, wo Libyen lag, unter-
nahmen sie zunächst nichts. Nach einer
siebenjährigen Trockenzeit befragten die
10 Theraier noch einmal das Orakel, das sie
an den alten Spruch erinnerte.

b) Die Gründung einer Kolonie

Sie fanden auf Kreta einen Mann, der Libyen kannte. Mit ihm erkundeten sie eine
vorgelagerte Insel und meldeten das Er-
15 gebnis zu Hause.
Die Theraier beschlossen, dass aus allen
sieben Gemeinden der Insel je einer von
zwei Brüdern auswandern sollte. Führer
und König sollte Battos sein. So legten sie
20 mit zwei großen Schiffen nach Libyen ab.
Sie fanden aber keinen geeigneten Sied-
lungsort und kamen bald wieder zurück.
Die Theraier jedoch schossen auf sie und
ließen sie nicht landen. So mussten sie zu-
25 rückfahren. Notgedrungen besiedelten sie
Platea, eine Insel an der libyschen Küste.

c) Am Ziel:

Hier wohnten sie zwei Jahre, aber es ging
ihnen noch immer schlecht, und sie fuh-
ren allesamt nach Delphi. Die Pythia sag-
30 te: „Wenn ihr, ohne es gesehen zu haben,
das herdengesegnete Libyen besser als ich

kennt, muss ich eure
Weisheit bewundern."
Da siedelten sie sich
35 in Libyen selber an,
gegenüber der Insel.
Die Landschaft hieß
Aziris. Zu beiden Sei-
ten des Höhenzuges ist
40 ein herrliches Tal und an
einer Seite fließt ein Fluss
entlang. An dieser Stelle lebten sie sechs Jahre. Im siebten
zeigten die Libyer ihnen einen noch
45 schöneren Platz, wo sie Kyrene gründeten.
(Nach etwa 60 Jahren war die Kolonie Kyre-
ne so groß, dass die Siedler in der Lage waren,
den Libyern mit Waffengewalt Teile des Lan-
des wegzunehmen und auch die Ägypter ab-
zuwehren.)
Herodot, 4. Buch, 147–159 (bearbeitet)

M3 *Ein Mann*
sucht Rat beim
Orakel von Delphi.
Bild auf einer
griechischen Vase

. . . .

1. Suche auf der Karte M1 die genannten Orte und verfolge
den Weg der Theraier. Stell dir vor, du wärest ein Auswanderer und würdest deinem Enkel die Geschichte der Auswanderung möglichst spannend erzählen. Schreibe sie auf.
Gehe dabei auf
a) die Gründe,
b) die Gefühle der Auswanderer,
c) die Phasen der Auswanderung ein.

2. Erkundigt euch bei Bekannten oder berichtet aus eigener
Erfahrung darüber, wie es ist, die Heimat zu verlassen.
Was lassen Auswanderer zurück? Worauf hoffen sie?

i . . . .

Von dem **Orakel in Delphi** *erhofften sich viele Griechen Rat,*
wenn sie sich in Situationen befanden, die ihnen ausweglos
erschienen. In Delphi befand sich der wichtigste Tempelbezirk
des Landes. Dahin reisten die Griechen und baten die dortige
Priesterin – sie wird „Pythia" genannt – um eine Weissagung,
den Orakelspruch. Die Pythia sprach im Namen des Gottes
Apollon (Seite 72), allerdings meistens in Rätseln …

Die Polis Athen

M 1 Die Akropolis mit dem Parthenon-Tempel. Foto aus unserer Zeit

1. Bestimme, was sich im Zentrum von Athen befindet. Wodurch zeichnet sich ein heutiges Stadtzentrum aus?

Der Aufstieg Athens

In unserer Zeit kommen jeden Tag viele Tausend Besucher auf die Akropolis, um den Parthenon, den größten Tempel des antiken Athens, zu bestaunen. Da
5 Athene die Schutzgöttin der Stadt war, hatten die Einwohner ihr schon früh diesen Tempel errichtet. Und je reicher die ➤Polis wurde, desto prächtiger gestaltete man ihn aus. Noch heute beeindruckt er
10 durch seine Bauweise und Größe. Wie es den Athenern in der ➤Antike* bei seinem Anblick wohl ergangen ist?

Athen war nicht immer eine bedeutende und reiche Stadt. Es gab Zeiten großer Ar-
15 mut, Missernten und Unruhen. In einem jahrelangen Krieg konnten die Athener aber durch ihre starke Flotte dazu beitragen, die militärisch weit überlegenen Truppen des persischen Großreichs zu be-
20 siegen. Danach schlossen viele griechische Poleis, die vorher verfeindet gewesen waren, ein Bündnis, den Attischen Seebund. So wollten sie sich vor weiteren Angriffen von außen schützen. In diesem Bündnis
25 gewannen die Athener wegen ihrer bedeutenden Flotte die Vorherrschaft. Um ihren Schutz zu erhalten, mussten die Bündnispartner Abgaben an Athen entrichten. Dadurch trugen sie zum Reichtum Athens
30 bei.

Demokratie in Athen

Um 500 v. Chr. setzte der Adlige Kleisthenes eine neue politische Ordnung durch. Politische Mitsprache sollten alle ➤Bürger haben, die reich genug waren, sich eine
35 Rüstung anzuschaffen und einen Beitrag zum Militär zu leisten. Die Athener nannten dies »Volksherrschaft«, ➤Demokratie*.

* *Antike: Bezeichnung für die Geschichte des alten Griechenlands und des Römischen Reiches (von etwa 1200–600 n. Chr.)*

* *Demokratie: von griechisch „Demos“: Volk und „kratein“: herrschen*

Zuvor hatten in Athen wie in den meisten griechischen Poleis die Adligen geherrscht.
40 Nach dem Sieg über die Perser wurde das Recht, in Athen politisch mitzuwirken, noch ausgedehnt. Einfache Tagelöhner, die im Krieg als Ruderer eingesetzt worden waren, hatten entscheidend zum
45 Sieg Athens beigetragen. Deshalb forderten sie nun, ebenfalls wählen und Ämter übernehmen zu dürfen. Um ihnen die politische Mitwirkung zu ermöglichen, setzte der einflussreiche Politiker Perikles durch,
50 dass sie Geld vom Staat erhielten. Wie lebten die Athener in dieser demokratisch regierten Polis?

Das Bildnis zeigt den griechischen Politiker Perikles. Den Helm trägt er als Zeichen seines hohen Amtes als militärischer Führer (Stratege).

Gruppenarbeit: Experten werden

Die folgenden Doppelseiten zeigen in Erzählungen, „Zeitreisen", das Leben im antiken Athen des Jahres 432 v. Chr. aus den Blickwinkeln verschiedener Personen. So nimmt z. B. der Bauer Kallias an einer athenischen Volksversammlung teil, Elpinike, ein athenisches Mädchen, berichtet von ihrer Erziehung und Timon, ein junger Reisender, macht viele Beobachtungen – ob im Hafen von Piräus, auf dem Markt oder bei einem festlichen Umzug. Unternehmt in Gruppen Zeitreisen ins antike Athen und werdet Experten für ein ausgewähltes Thema. Teilt euch dafür zuerst in fünf etwa gleich große Gruppen auf. Jede Gruppe entscheidet sich für die Bearbeitung einer der folgenden Doppelseiten.

1. a) Jedes Gruppenmitglied liest zuerst in Ruhe den Text durch und betrachtet die Materialien. Macht euch klar, worum es geht.
b) Besprecht in eurer Gruppe, was ihr erfahren habt. Falls ihr Fragen habt, die ihr gemeinsam nicht beantworten könnt, sprecht darüber mit eurer Lehrerin oder eurem Lehrer.
c) Nun klärt in der Gruppe, wer welche Aufgaben bearbeiten soll, und versucht, viel über euer Thema zu erfahren.
d) Berichtet anschließend den anderen Mitgliedern der Gruppe über eure Erkenntnisse. Besprecht gemeinsam, was wichtig und interessant ist.
e) Gestaltet ein Plakat zu eurem Thema (Seite 164).

2. Bildet nun neue Gruppen. Für jedes Thema muss mindestens ein Mitglied Experte sein. Führt dann einen Galeriegang von Plakat zu Plakat durch (Seite 165). Jedes Plakat wird von dem Experten, der daran mitgestaltet hat, vorgestellt. Die anderen machen sich dazu Notizen.

3. Zum Schluss schreibt jeder für sich einen Reisebericht in sein Heft. Thema: „Das Leben im antiken Athen".

4. Timon, Kallias und Elpinike sind ausgedachte Personen. Besprecht in der Klasse, woher die Informationen stammen könnten, die den „Zeitreisen" über sie zugrunde liegen.

Thema 1 Handel treiben in Piräus

📖 ZEITREISE Ein Hafenbesuch

Der elfjährige Timon von der Insel Andros ist zum ersten Mal nach Athen gereist – auf dem Handelsschiff seiner Familie. Die Überfahrt war schrecklich: Starke Win-
5 de waren aufgekommen und Timon war seekrank geworden. Zum Glück hat der Sturm sich aber wieder gelegt, sodass sie den Handelshafen von Piräus sicher er-reicht haben. Nun staunt Timon über die
10 vielen großen Schiffe, die dort liegen. Fast kommt ihm das Schiff seines Vaters klein und unbedeutend vor!

Mit Philemon will Timon die Hafenstadt Piräus, die zur ➤Polis Athen gehört, er-
15 kunden. Philemon ist zwar ➤Sklave, doch schon seit Langem Timons Hauslehrer. „Die Einwohner der Großstadt Athen sind auf die Versorgung mit auswärtigen Waren –

vor allem Getreide – angewiesen", erklärt
20 Philemon. „Die Ernten der Bauern aus dem Umland reichten für die Versorgung der Athener nicht aus!"

Neben dem Handelshafen, in dem Sklaven mit dem Be- und Entladen der Handels-
25 schiffe beschäftigt sind, befindet sich der Kriegshafen. Hier sind Dutzende von Triä-ren* zu sehen. Timon würde gern näher herangehen, aber Bewaffnete hindern ihn daran. Er weiß, dass den Kriegsschiffen die
30 Macht und der Reichtum der Stadt zu ver-danken sind. Athen ist nämlich die mäch-tigste Stadt des Attischen Seebundes, der ursprünglich der Verteidigung Griechen-lands gedient hat. Inzwischen sichert er
35 Athens Herrschaft über viele andere Poleis.

Beim Gang durch Piräus rund um die bei-den Häfen fällt Timon auf, dass die Straßen vollkommen gerade angelegt sind, ganz anders als zu Hause in Andros. Philemon
40 erklärt ihm, dass die in den Perserkriegen zerstörte Stadt ganz neu geplant worden ist. „Wenn der Wind vom Meer in die Stra-ßen weht, dann wird Piräus sozusagen ge-lüftet. Aber in Athen wirst du wieder krum-
45 me Straßen sehen."

Nachdem Timon und Philemon sich in Pi-räus umgesehen haben, beeilen sie sich, um noch die berühmten „Langen Mau-ern" sehen zu können, die seit Jahren Pi-
50 räus mit Athen verbinden. Über acht Kilo-meter seien sie lang, erklärt Philemon; sie dienten der Verteidigung der Häfen, die für Athen ja lebenswichtig seien!

• • • • • • • • • • • • • •

Triëre: Kriegsschiff, das mit drei ("tri") Reihen Ruderern be-setzt war. Gemein-sam erreichten sie eine so hohe Ge-schwindigkeit, dass sie andere Schiffe kraftvoll rammen und zum Sinken bringen konnten.

M 1 *Karte der Halbinsel Attika. Sie bildete das Gebiet der Polis Athen.*

Handelsgüter

Der Dichter Hermippos lässt einen attischen Kaufmann erzählen, was zu Schiff nach Athen eingeführt wurde:

Aus Kyrene bringen uns die Schiffe Rindshäute, vom Hellespont Thunfisch und gepökelte Fischwaren aller Art, aus Thessalien Graupen und Rippenstücke vom Rind.
5 Syrakus liefert Schweine und Käse, Ägypten Segel und Papyrusrollen, Syrien Weihrauch, Kreta Zypressenholz für die Götter, in Libyen gibt es viel Elfenbein zu kaufen, aus Rhodos kommen Rosinen und ge-
10 trocknete Feigen, von Euböa Birnen und feiste Schafe, aus Phrygien Sklaven, Söldner aus Arkadien, [...] Kastanien und Mandeln liefert Paphlagonien, Phönikien Datteln und feines Weizenmehl, Kartha-
15 go liefert Teppiche und bunte Kopfkissen.

Zitiert nach: H. Bengtson, Griechische Geschichte von den Anfängen bis in die Römische Kaiserzeit, 1950 (bearbeitet)

M 3 *Aus der Zeit um 500 v. Chr. stammt dieses Bild auf einer Trinkschale. Es zeigt, dass der Seehandel gefährlich sein konnte: Ein Schiff mit Rammsporn (rechts), vermutlich ein Piratenschiff, fährt auf ein Handelsschiff zu.*

M 4 *Händler bei der Arbeit*

• •

1. Wertet die Karte M 1 aus. Schreibt auf, mit welchen Gütern die Athener handeln konnten. Wie konnten sie eingeführte Waren bezahlen?

2. Entnehmt M 2, welche Güter in Piräus eingeführt wurden. Legt dazu eine Tabelle an, in der ihr die Güter und die historischen Herkunftsorte eintragt.

3. M 3 und M 4 sind auf Gefäße gemalt worden. Findet eine Begründung dafür, dass Szenen dieser Art auf Alltagsgegenständen dargestellt wurden.
Tipp: Seite 162

4. Erklärt abschließend in einem kurzen Text, welche Bedeutung der Handel für die Athener hatte.

Rammsporn

Thema 2 Die Einwohner Athens

ZEITREISE Auf dem Markt

Athenische Münze. Man sieht die Eule (als Symbol für die Weisheit Athenas), den Zweig eines Öl-baums und die drei Anfangsbuchstaben des Wortes „Athen".

Auf den Märkten von Athen wimmelt es vor Menschen und es werden Dinge an-geboten, die Timon noch nie gesehen hat. Timon kommt von der Insel Andros und
5 ist mit seinem Hauslehrer, dem ►Sklaven Philemon, hier zu Besuch. Philemon er-klärt, dass die gesamte attische ►Polis etwa 300 000 Einwohner hat, die meisten von ihnen leben in der Stadt Athen. Für
10 sie bieten die Bauern aus dem Umland ihre Waren an: Feigen und Oliven, Wein und Gemüse. Händler aus fernen Ländern bringen Gewürze und vor allem Getreide. Aber auch die Töpferwaren beeindrucken
15 Timon. Er staunt. Sind die Athener denn so reich, dass sie das alles kaufen können?

Philemon muss lachen. Natürlich sind nicht alle Athener reich. Aber seit den Perserkriegen hat Athen die Vorherrschaft
20 über viele griechische Städte wegen seiner Flotte. „Auch über Andros, das weißt du doch. Und deshalb fließt von den verbün-deten Inseln viel Geld nach Athen. Ausge-geben wird es z. B. für die vielen prächti-
25 gen Bauwerke, die wir hier sehen. Viele spezialisierte Handwerker wie Zimmerleu-te oder Steinmetze kommen von weit her nach Athen, um an ihnen mitzuarbeiten."

Die Metöken

Timon überlegt. Er würde auch gern
30 Handwerker in Athen werden oder gar Besitzer einer großen Werkstatt mit hun-dert Arbeitern. Doch Philemon erklärt ihm, dass so große Werkstätten sehr selten sind. „Schau dich um: Viele Handwerker, die du
35 hier siehst, sind gar keine ►Bürger Athens, sondern Metöken: ‚Mitbewohner'. Sie ha-ben einen kleinen Betrieb, aber sie sind nicht reich. Metöken müssen Militärdienst leisten und – anders als die Athener – Steu-
40 ern zahlen. So ginge es ja auch dir, wenn du nach Athen ziehen würdest. Auch po-litisch beteiligen oder vor Gericht für dich sprechen dürftest du nicht. Das kann nur ein Bürger tun." „Und wenn ich ganz reich
45 werde, kann ich dann Athener Bürger wer-den?", fragt Timon. „Deine Kinder oder deine Enkel, die können das Bürgerrecht erhalten, aber du sicher nicht."

Die Sklaven

In einer Ecke des Marktes ist ein Stand, wo
50 besonderes Gedränge herrscht und laut geboten wird. Timon läuft aufgeregt hin, Philemon folgt ihm widerwillig. „Was ist denn da los? Philemon, warum kommst du nicht?" „Hier werden Sklaven verkauft,
55 Timon. Ich erinnere mich daran, wie ich als Kind nach dem verlorenen Krieg eben-so verkauft wurde. Dein Vater hat mich genommen, da habe ich Glück gehabt. Manche Kriegsgefangene wurden aber
60 an Sklavenpächter verkauft, die ihre Skla-ven in Bergwerken arbeiten lassen. Solche Sklaven machen Athen reich und müs-sen doch selbst hungern."

Timon hat nie darüber nachgedacht.
65 Sklaven sind doch überall, im Haus und auf den Baustellen, in der Landwirtschaft und sie arbeiten sogar als Ordnungshüter. Häufig machen sie die harte Arbeit. Er will trotzdem genau schauen und drängelt
70 sich nach vorn. Am Stand wird gerade eine junge Töpferin angeboten. Sie wird teuer verkauft. Aber ihr neuer Besitzer geht zu-frieden mit der jungen Frau davon, denn Fachkräfte werden gesucht. Plötzlich be-
75 greift Timon, was es bedeuten kann, als Kind in die Sklaverei verkauft zu werden. Scheu sieht er Philemon von der Seite an.

M1 Menschen als Besitz?

Der Philosoph Aristoteles (384–322 v.Chr.) schrieb über die Sklaven:

So ist jedes Besitzstück ein Werkzeug zum Leben und der gesamte Besitz eine Masse solcher Werkzeuge und der Sklave ein lebendiges Besitzstück. Manche Lebewesen
5 zeigen schon bei ihrer Geburt so große Unterschiede, dass die einen zum Dienen, die anderen zum Herrschen bestimmt erscheinen. Es gibt viele Arten dienender Wesen, z.B. Tiere und Sklaven. Es ist vor-
10 teilhafter, über einen Menschen zu herrschen als über ein Tier, denn er leistet mehr.

Aristoteles: Politik 1253b ff. (bearbeitet)

M2 Arbeit in einer tiefen Tongrube. Die Arbeiter, vermutlich Sklaven, lösten den Ton mit Hacken von der Wand. Tontafel, um 580 v.Chr.

M3 Blick in eine Töpferwerkstatt: Links arbeiten zwei Männer an einem Speicherkrug, in der Mitte werden Krüge zum Brennen gebracht, ganz rechts wird ein Brennofen befeuert. Der bekleidete Mann mit Stab ist wohl der Inhaber dieser Werkstatt, um 510 v.Chr.

1. Stellt die Lebenssituationen eines freien Bürgers, eines Metöken und eines Sklaven einander gegenüber. Legt dazu eine Tabelle mit drei Spalten an. Schreibt jeweils eine Aussage auf zu
   a) ihrer rechtlichen Situation,
   b) ihren Pflichten.

2. Erklärt die Bedeutung der Sklaven für Athen. (Text, M1, M2, M3)
   Tipp: Seite 162

+ Macht die Rangordnung der Bevölkerungsgruppen mit einem Schaubild deutlich. Als Grundform könntet ihr z.B. eine Zwiebelform verwenden.

i *Über **Sklaven** berichten Texte, die aus der Antike erhalten sind, nur wenig – obwohl um 430 v.Chr. vermutlich fast jeder Dritte in Athen ein Sklave war! Für Historiker ist es deshalb nicht ganz einfach, genaue Erkenntnisse über die Lebensbedingungen von Sklaven zu gewinnen.*

Thema 3 Wie wird Athen regiert?

ZEITREISE Kallias besucht eine Volksversammlung

Der Bauer Kallias kommt im frühen Morgengrauen nach Athen. In der Nähe der Stadt besitzt er ein kleines Stück Land, auf dem er Oliven, Feigen und Wein anbaut.
5 Was er oder seine Familie nicht selbst verbrauchen, verkauft er auf dem Markt in der Stadt. So kann er sich Korn dazukaufen, damit seine Familie genug Brot hat.

Obwohl er öfters in die Stadt kommt, geht
10 er immer mit gemischten Gefühlen nach Athen. Er bewundert die öffentlichen Gebäude und Tempel auf der Akropolis, die vor Kurzem gebaut worden sind. Sie machen ihn sogar ein wenig stolz, ein Athener
15 ►Bürger zu sein. Doch er selbst hat von dem Reichtum nach den Siegen über die Perser nicht viel abbekommen. Vor allem ärgert ihn die Einstellung vieler Stadtbewohner, die sich über die Bauern des Um-
20 landes wegen ihrer rauen Sprache lustig

Sie halten sich auch für gebildeter und redegewandter. Für sie ist es kein Problem, vor Gericht oder in der Volksversammlung aufzutreten und öffentlich zu sprechen!

Die Regeln der Volksversammlung

25 Die Sitzung beginnt bereits im Morgengrauen. Die **Volksversammlung** tagt vierzig Mal im Jahr am Fuß des Hügels Pnyx in der Nähe der Akropolis. Sie berät über Krieg und Frieden, über Gesetze für die
30 Bürger, die religiösen Feste und die öffentlichen Theaterveranstaltungen. Bei wichtigen Fragen müssen **6 000 männliche Bürger** anwesend sein, damit die Abstimmung gültig ist. Die **Tagesordnung**
35 ist einige Tage vorher überall in der Stadt ausgehängt worden. Da Kallias nicht lesen kann, musste sie ihm vorgelesen werden. In der Volksversammlung hat jeder Bürger **das Recht zu reden**.

Beim Betreten der Versammlung wird
40 kontrolliert, ob Kallias Athener Bürger ist. Er erhält eine Marke, gegen die er nach der Sitzung sein **Tagungsgeld** bekommt. Dann setzt er sich auf einen freien Platz. Die Sitzung beginnt mit Gebeten und Op-
45 ferhandlungen: Es wird still. Alle wollen sich der Hilfe der Götter versichern.

Danach hört er den vorbereiteten Anträgen des **Rates der 500*** zu. Die Mitglieder der Volksversammlung können ihnen ent-
50 weder zustimmen oder sie ablehnen. Neue Anträge sind in der Volksversammlung nicht zugelassen, sondern müssen erst im Rat vorberaten werden. Kallias' Nachbarn, Bauern wie er, schimpfen halblaut vor sich hin. Alles sei doch schon vorher entschie-
55 den, warum müssten sie überhaupt in die Stadt kommen?

* *Rat der 500: Er beriet die eingereichten Anträge, bevor die Volksversammlung stattfand, und organisierte deren Ablauf.*

M 1 *Ein Modell des Platzes, auf dem die Volksversammlung stattfand*

Kallias, der vor einigen Jahren schon einmal Mitglied des Rates war, kann ihnen erklären: „Mitglied des Rates wird jeder
60 Bürger, wenn ihn das **Los** trifft. Im Rat sind sowohl Städter als auch Bewohner des Landes und der Küste vertreten. So lernt jeder die Probleme der anderen kennen und jeder kann seine Meinung äußern. Wenn die
65 Tagesordnungspunkte aber nicht vorher schon besprochen wären, säßen wir heute Abend noch hier."

Beraten und entscheiden

Kallias hat auf der Volksversammlung schon manche heftige Diskussionen er-
70 lebt, z.B. um die Frage, ob man einen Strategen* wiederwählen sollte: Würde er zu mächtig werden, wenn er wieder ein Jahr lang den Oberbefehl über einen Teil des Heeres bekäme? Im vergangenen Jahr
75 hatten sie sogar mit **Scherben** (M 2) darüber abgestimmt, ob der Stratege Perikles für zehn Jahre verbannt werden sollte. Angeblich war er zu einflussreich geworden.

Heute gibt es aber keine hitzigen Debat-
80 ten. Die Bürger beraten darüber, wie sie die Stadt mit Getreide versorgen können. In Athen wohnen so viele Menschen, dass die Stadt auf die Getreidezufuhr von außerhalb angewiesen ist. Der Rat der 500 schlägt
85 vor, einen ➤ Beamten zu beauftragen, mit Staatsgeldern Getreide hinzuzukaufen, um Getreideknappheit und einen Preisanstieg zu verhindern. Wie so oft folgt die Mehrheit der Bürger den Vorschlägen des Rates.
90 Das Getreide wird also den Bürger zum gewohnten Preis zur Verfügung stehen können. Wie gut, dass Athen reich ist!

M3 Mit einer solchen Wasseruhr wurde die Redezeit gemessen. Jeder Redner bekam dieselbe Zeit – etwa sechs Minuten!

1. Stellt die Regeln zusammen, die für die attische Demokratie galten. Lest den Text genau durch – jeder für sich. Schreibt dann heraus, wer was tun darf und welche Bedingungen gelten. Was ist die Aufgabe der Volksversammlung?

2. Listet Gründe dafür auf, dass die Strategen gewählt, die anderen Ämter aber verlost wurden.
   Tipp: Seite 162

3. Überlegt gemeinsam, auf welche Weise in Athen sichergestellt werden sollte, dass viele Bürger an der Demokratie teilhaben konnten. Verfasst dazu einen kurzen Text für euer Plakat.

* Stratege: ein Amt in Athen. Die Bürger Athens wählten zehn Strategen als militärische Anführer der Truppen.

M2 Scherbe mit der Aufschrift „Kimon, Sohn des Miltiades"

i *Der attische Politiker und Stratege Kimon war im Kampf gegen die Perser erfolgreich. Er wurde allerdings aus Athen verbannt, als er sich gegen einen einflussreichen Politiker wandte. Scherbe heißt auf Griechisch „ostrakon", das Fachwort für eine Abstimmung mit Scherben (Scherbengericht) ist daher* **Ostrakismos.**

Thema 4 Die Erziehung der Kinder

M 1 Frauen verarbeiten Wolle. Rekonstruktion eines Vasenbildes

ZEITREISE
Elpinike und ihre Brüder

Elpinike steht am Webstuhl und versucht, ein neues Muster zu bewältigen, das ihr ihre Mutter heute gegeben hat. Spinnen kann sie schon recht gut, obwohl sie erst
5 elf ist, aber beim Weben muss man so sorgfältig arbeiten. Auch in der Küche hilft Elpinike mit, denn ihre Mutter hat ihr alle wesentlichen Arbeiten im Haus gezeigt. Als verheiratete Frau muss sie später alles
10 beherrschen, was benötigt wird, um die Hausgemeinschaft, den Oikos, zu führen,

selbst wenn ➤ Sklaven die schweren Arbeiten im Haus verrichten.

Elpinike hat auch lesen und schreiben
15 gelernt, genug, um später ihrem Mann helfen zu können. Ihr Vater wird ihr hoffentlich eine gute Familie aussuchen, denn später muss sie in die Hausgemeinschaft ihres Ehemannes eintreten. Ihr Ehemann
20 wird ihr Vormund sein und sie in der Öffentlichkeit vertreten. Elpinike seufzt. Nur noch zwei Jahre bleiben ihr zu Hause!

Erst einmal freut sie sich auf das große Stadtfest, die Panathenäen, weil sie dort
25 in der Prozession mitgehen und sogar den Korb mit Opfergeräten tragen darf. Aus dem Haus kommt Elpinike sonst eher selten, da beneidet sie ihre Brüder ein wenig, die Sport treiben und mit ihrem
30 Lehrer draußen die Welt kennenlernen dürfen.

Nur in ihren ersten Lebensjahren wurden Elpinike und ihre Brüder von der Mutter gemeinsam erzogen. Dann trennten sich
35 die Wege der Geschwister: Als die Brüder sieben Jahre alt waren, wurden sie auf eine Schule geschickt. Dort lernten sie lesen, schreiben, rechnen und ein Instrument zu spielen. Vor allem aber trieben die Jungen
40 viel Sport. Elpinike weiß, dass sie damit auf den Kriegsdienst vorbereitet werden. Die Brüder behaupten aber, dass Sport auch eine Vorbedingung für eine gesunde Entwicklung des Geistes ist. Das sagt
45 jedenfalls ihr Lehrer. Und sie bilden sich viel darauf ein, dass sie in Rhetorik, der Kunst der Rede, unterrichtet werden! Na gut, schließlich müssen sie sich als Athener ➤ Bürger ja später trauen, vor der Volksver-
50 sammlung zu sprechen. Als Erwachsene werden sie in Athen über die Politik mitbestimmen dürfen! Ob Elpinike ihre Brüder darum wohl beneiden soll?

---

*Der **Oikos**, die Hausgemeinschaft, bildete im antiken Griechenland die Lebensgrundlage der Menschen. Er umfasste neben der Familie auch den Besitz, also das Haus, das Vieh und sogar Sklaven. In der Verwaltung des Oikos hatten vor allem die Frauen verantwortungsvolle Aufgaben.*

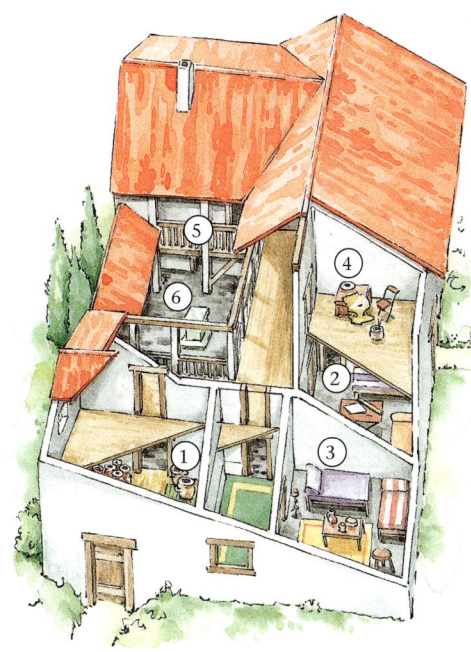

M4 Ein Haus in Athen. Rekonstruktionszeichnung
1. *Vorratsraum oder Laden*
2. *Wohnraum der Männer*
3. *Raum für Gastmähler*
4. *Wohnraum der Frauen*
5. *Schlafraum*
6. *Hof, dahinter Küche*

M2 Die Erziehung der Jungen

Der folgende Text stammt aus einem griechischen Theaterstück. In der ausgesuchten Szene unterhalten sich zwei Männer:

Du hattest sicher in den ersten zwanzig Jahren deines Lebens nicht die Freiheit, dich ohne deinen Pädagogen auch nur einen Fingerbreit vom Hause zu entfernen.
5 Wenn du nicht schon vor Sonnenaufgang in die Palästra (Sporthalle) kamst, wurdest du bestraft.
Die Jungen übten sich im Laufen, im Speerwurf und im Weitsprung. Dort ver-
10 brachten sie ihre Zeit, nicht mit Mädchen und mit Küssen! Wenn du dann vom Sportplatz heimkamst, setztest du dich, ordentlich gegürtet, auf einen Stuhl zum Erzieher. Und machtest du beim Lesen
15 auch nur einen Fehler, wurde dir die Haut so fleckig wie das Kleid der Amme!
Plautus, Bacchides 3, 405–415 (bearbeitet)

M3 Die Aufgaben von Mann und Frau

Der Geschichtsschreiber Xenophon (um 430 bis 354 v.Chr.) schrieb:

Mir scheinen die Götter dieses Gespann, Mann und Weib, sehr vorsichtig zusammengepasst zu haben, damit es sich durch das Zusammenleben gegenseitig so viel
5 Nutzen bringe wie möglich. Denn erstens ist dieser Bund geschlossen, um miteinander Kinder zu zeugen, damit die Arten der Lebewesen nicht aussterben. Zweitens schaffen sie sich mit den Kindern, die aus
10 diesem Bunde hervorgehen, Stützen für das Alter.
Da beide Arten von Arbeiten nötig sind, die draußen und drinnen, schuf Gott die Natur des Weibes für die Arbeiten im
15 Hause, die des Mannes für die Arbeiten

außerhalb des Hauses. Der Mann ist mehr dazu geschaffen, Kälte und Wärme, Märsche und Feldzüge zu ertragen. [...]
Der Körper der Frau ist weniger wider-
20 standsfähig, deshalb ist sie besser für die Arbeiten im Hause geeignet. Damit sie aber mehr dazu befähigt ist, die kleinen Kinder aufzuziehen, gaben ihr die Götter die größere Liebe. Und da sie sie zur Hüte-
25 rin der Vorräte bestimmten, gaben sie ihr auch dafür die nötigen Fähigkeiten.
Xenophon: Über die Hauswirtschaft, 7 (bearbeitet)

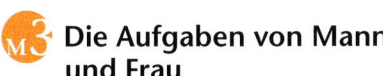

1. Stelle die Aufgaben von Männern und Frauen im antiken Athen in einer Tabelle zusammen. (Text, M1– M3)

2. Schreibe einen Text über die Erziehung der Jungen und Mädchen.
a) Stelle dar, wie die Kinder auf ihre zukünftigen Aufgaben vorbereitet werden.
b) Vergleiche die damalige Kindererziehung mit der Erziehung bei uns heute.

3. Nehmt Stellung zur Erziehung der Jungen und Mädchen im antiken Athen. Bedenkt dabei auch, welche Aufgaben Männer und Frauen in der damaligen Gesellschaft hatten.

THEMA 5 Theater und Philosophie

M 1 *Blick von den Zuschauerrängen auf das Theater in Epidauros auf der Peloponnes. Es ist das am besten erhaltene antike Theater. Das Athener Theater war ähnlich gebaut.*

📖 ZEITREISE Ein Theaterbesuch

Im griechischen Theater wurden alle Rollen von Männern gespielt. Sie trugen Masken wie diese.

Admetos betritt zum ersten Mal das Theater auf der Südseite der Akropolis. Er ist stolz, als er von Weitem seinen Vater sieht, der in diesem Jahr die Ausstattung der Spiele
5 übernommen hat. Admetos sieht sich um: Auf steinernen Bänken sitzen Tausende Athener, meist Männer, nur wenige Frauen. Vor allem prächtig gekleidete, reiche ➤ Bürger sieht er, aber auch arme, denen
10 die ➤ Polis sogar Geld gegeben hat, damit sie die Aufführungen besuchen können.

Admetos ist froh, dass er die feierliche Prozession vorgestern durch Athen mitbekommen hat, die dem Gott Dionysos
15 geweiht war. Zu den Komödienaufführungen* gestern hat ihn sein Vater nicht mitgenommen; die vielen Spöttereien auf die aktuelle Politik verstehe er noch nicht. Außerdem dauere die heutige Aufführung
20 der Tragödie* des berühmten Aischylos wieder sieben Stunden. Admetos weiß, dass im Wettstreit um das beste Theaterstück noch zwei weitere Tragödien folgen. Ob Aischylos wohl wieder den Sieg errin-
25 gen wird?

Sein Stück, das heute gezeigt wird, heißt „Die Perser", eine Tragödie, die in der unmittelbaren Vergangenheit spielt und nicht in der Welt der Götter und Helden!
30 Die Zuschauer staunen: Die Geschichte wird aus persischer Sicht dargestellt. Und die Perser kommen gut weg bei Aischylos! Nur ihr Heerführer Xerxes wird dafür verurteilt, dass er überheblich war und das
35 griechische Festland erobern wollte.

Schon in den Pausen diskutieren die Zuschauer: Wir haben die Perser zwar besiegt, doch gilt die Warnung vor Überheblichkeit nicht auch uns? Admetos begreift, dass
40 Aischylos genau dies erreichen wollte: Das Theater soll die Menschen zum Nachdenken über gutes Handeln und die richtige Lebensführung anregen. Von seinem Vater weiß Admetos, dass es in Athen auch ge-
45 lehrte Bürger gibt, die darüber nachdenken: die Philosophen. Sie stellen Fragen, um die Wahrheit zu erkennen, und sie sagen, dass sich das Verhalten der Menschen am Guten ausrichten soll.

* Komödie: unterhaltsames, komisches Schauspiel, in dem oft über aktuelle Begebenheiten gespottet wurde

* Tragödie: eher trauriges Schauspiel, dessen Hauptfigur am Ende scheitert

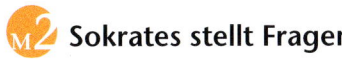 **Sokrates stellt Fragen**

*Der Philosoph Sokrates (470–399 v. Chr.)
hat keine schriftlichen Werke hinterlassen.
Was wir über ihn wissen, stammt hauptsächlich aus Schriften seiner Schüler Platon und
Xenophon. Sie haben Gespräche, die Sokrates
mit seinen Mitmenschen führte, aufgeschrieben. Hier sind zwei davon nacherzählt:*

a) Der junge Philippos trifft Sokrates:

Philippos: He, Sokrates!
Sokrates: Guten Tag, Philippos. Wohin
gehst du?
Philippos: Zu meinem Lehrer Protagoras!
5 Das ist ein weiser Mann.
Sokrates: Ein weiser Mann? Warum
eigentlich?
Philippos: Hm, er beantwortet alle meine
Fragen, Sokrates.
10 *Sokrates:* Beantwortet er sie auch alle
richtig?
Philippos: Ja sicher!
Sokrates: Woher weißt du das?
Philippos: Er selbst sagt es, Sokrates.
15 *Sokrates:* Also stimmt es, meinst du!
Philippos: Aber sicher! Oder nicht?
Sokrates: Ich weiß nicht, Philippos. Lass
uns beide darüber nachdenken!

b) Der Krieger Trasybulos trifft Sokrates:

Trasybulos: Guten Morgen, Sokrates!
Sokrates: Guten Morgen, Trasybulos! Gut
siehst du aus in deiner Rüstung!
Trasybulos: Ja gewiss, Sokrates. Bin ja
5 auch ein tüchtiger Soldat!
Sokrates: So?
Trasybulos: Na hör mal! Ich habe kürzlich
erst im Kampf zehn Thebaner totge-
schlagen!
10 *Sokrates:* Brav, Trasybulos, sehr brav!
Denn die Thebaner sind ja doch alle
Lumpen!

Trasybulos: Genau das hat unser General
auch gesagt, Sokrates.
15 *Sokrates:* Und der General der Thebaner
hat zu seinen Soldaten gesagt, alle
Athener seien Lumpen!
Trasybulos: Aber das stimmt ja nicht! Wir
Athener sind keine Lumpen.
20 *Sokrates:* Sind denn die Thebaner Lum-
pen?
Trasybulos: Wie? Meinst du etwa, unser
General habe nicht recht?
Sokrates: Ich weiß es nicht. Lass uns das
25 nächste Mal darüber weitersprechen.
Ich muss jetzt arbeiten.
*Zitiert nach: G. A. Süß u. a.: Curriculum
Geschichte I. Altertum, 1975*

*Porträt des Sokrates,
antike Marmorbüste*

1. Stelle mithilfe der „Zeitreise" in einem Cluster (Seite 164) Informationen über das Theater zusammen.

2. Lest die Dialoge in M 2 laut mit verteilten Rollen und untersucht sie dann.
a) Nennt mit eigenen Worten, was Philippos und Trasybulos durch den Dialog begreifen sollen.
b) Wie geht Sokrates vor?
Formuliert dazu jeweils einen kurzen Text.

3. Schreibt in einem zusammenfassenden Satz auf, was Aischylos mit seinem Theaterstück und Sokrates mit seinen Gesprächen erreichen wollten.

ⓘ *Philosophie bedeutet „Liebe zur Weisheit". Sie versucht, Ant-
worten auf Fragen zu finden, die der Mensch sich stellt, z. B.:*
• *Was ist die Welt und das Universum?*
• *Wie sollen wir leben?*
• *Was ist der Sinn des Lebens?*
• *Wie sollte ein Staat aufgebaut sein?*
• *Was ist eine gute und gerechte Regierung?*
*Durch die Philosphie soll die Welt mit dem Verstand erfasst und
erklärt werden. Daher gilt die Entwicklung der Philosophie auch
als Beginn der Wissenschaft.*

Das Weltreich des Alexander

Ausgerechnet beim Hochzeitsfest seiner Tochter wurde Philipp II., König von Makedonien, ermordet. Sein Sohn Alexander handelte schnell. Er ließ alle Mitbewerber
5 um den Thron umbringen und sich vom Heer und den Adligen zum König ausrufen. Denn in seiner Heimat Makedonien besaßen die Adligen als kriegerische Anführer großen politischen Einfluss. Demo-
10 kratisch regierte ►Poleis gab es hier nicht.

Herrscher über die Griechen

Alexander, den man später „den Großen" nannte, führte die Politik seines Vaters fort. Bereits Philipp II. hatte das makedonische Reich an der Nordgrenze Griechenlands
15 auf Kosten der griechischen Poleis vergrößert, Edelmetalle gewonnen sowie Städte und Straßen gebaut. An einem zentralen Königshof hatte er seine Gefolgsleute und deren Kinder für militärische und politische
20 Aufgaben ausgebildet. Nachdem es zu Uneinigkeiten zwischen den griechischen Poleis gekommen war, hatte Philipp II.

die Gelegenheit genutzt und sich an die Spitze eines griechischen Städtebundes
25 gesetzt. Nach seinem Tod erkannten die meisten griechischen Poleis Alexander als neuen Herrscher an.

Der große Alexanderzug

Mit 18 000 Makedoniern und 14 000 Soldaten aus den griechischen Poleis begann Ale-
30 xander 334 v. Chr. einen Feldzug gegen das persische Reich. Er wolle die etwa 150 Jahre zurückliegende Zerstörung Athens während der Perserkriege rächen, behauptete er. Über Troja zog er nach Süden. Die Städ-
35 te an der Westküste Kleinasiens fielen ihm ohne Kampf zu, sodass die mächtige persische Flotte keine Stützpunkte mehr besaß. Persische Truppen stellten sich ihm zum ersten Mal bei Issos entgegen, gaben sich
40 aber bald geschlagen. Alexander zog weiter nach Süden und ließ in Ägypten an der Nilmündung eine neue Stadt erbauen, die er nach sich selbst „Alexandria" nannte. Später gründete er noch dreißig weitere

M 1 *Der Feldzug Alexanders des Großen*

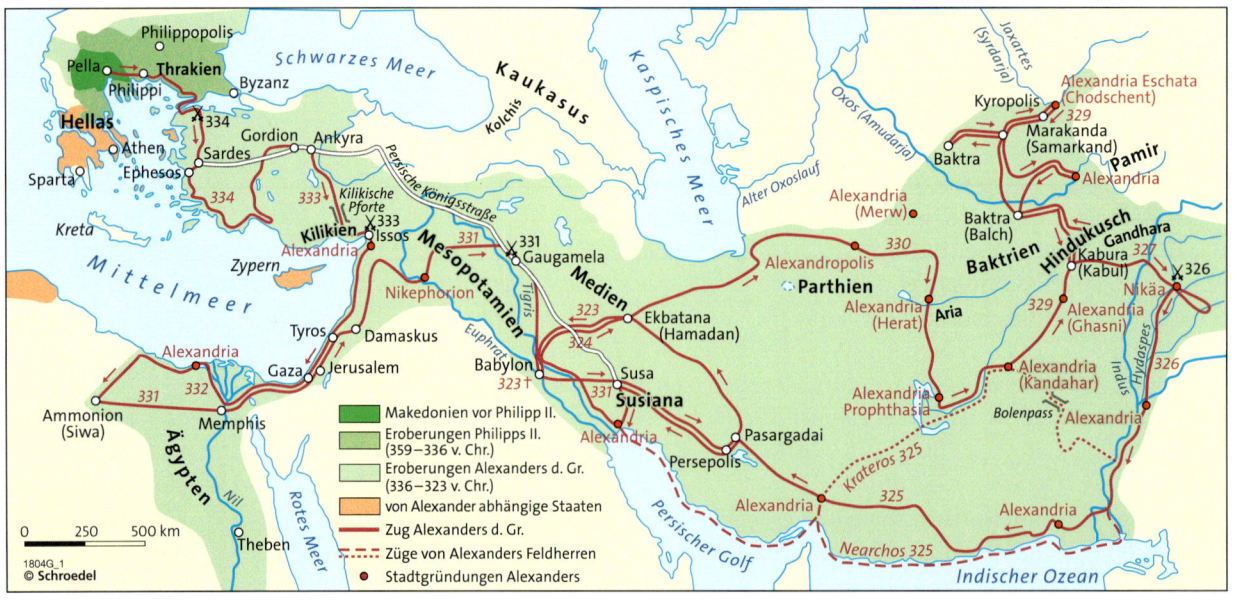

Städte dieses Namens. Die entscheidende
Schlacht schlug Alexander bei Gaugame-
la in Mesopotamien. Zwar waren die Perser zahlenmäßig überlegen, doch stürzte
Alexander sich an der Spitze seiner Reiter
ins Kampfgetümmel und riss seine Soldaten mit. Der persische Großkönig Dareios
und seine Truppen gaben auf! Nun nannte
Alexander sich selbst „Großkönig" und sah
sich als Nachfolger des Dareios. Er eroberte Babylon und Susa; die Stadt Persepolis
ließ er zerstören.

Bis zum Ende

Im nächsten Jahr ergänzte Alexander sein
Heer mit Persern und neuen Truppen aus
Griechenland. Dann trieb er seine Soldaten
unter unsäglichen Strapazen und Kämpfen
durch wildes Gelände, Wüsten und Gebirge
über 5000 Kilometer nach Osten bis zum
Fluss Indus. Aber er wollte noch weiter –
zum „Okeanos", dem Weltmeer und Ende
der damals bekannten Welt. Seine Soldaten
aber zwangen ihn umzukehren. Mit 60 000

Mann machte er sich auf einen Marsch
durch die Wüste, den am Ende nur
15 000 Soldaten überlebten. Alexander selbst starb im Jahr 323
v. Chr. bei den Vorbereitungen
für die Eroberung Arabiens an
einem Fieber. Er war 33 Jahre
alt. Zu plötzlich war sein Tod, als
dass er einen Nachfolger hätte
bestimmen können. Zunächst be-
kämpften sich seine Vertrauten und
Generäle, bis sie sich schließlich auf die
Gründung dreier Nachfolgereiche einigten.
Diese bestanden ungefähr bis 200 v. Chr.
In ihnen entwickelte sich eine griechisch
geprägte Lebensweise. Sie blieb sogar bestehen, nachdem die Römer die Vorherrschaft im Mittelmeerraum übernommen
hatten.

*Ausschnitt aus
dem „Alexander-
mosaik" (großes Bild,
Seite 96)*

1. Verfolge den Alexanderzug auf der
Karte M1 und verschaffe dir mithilfe
des Methodentrainings einen Über-
blick über sein Herrschaftsgebiet.

Eine Geschichtskarte untersuchen

Mit einer Geschichtskarte kann ein Ereignis, das sich in einem bestimmten Raum
abgespielt hat, dargestellt werden. Um die Darstellung zu verstehen, untersuche sie
am besten in folgenden Schritten und mache dir dabei Notizen:

- Lies zuerst die Unterschrift der Karte und stelle das Thema fest. Bestimme dann
  mithilfe der Legende den Zeitraum, auf den sich die Karte bezieht.

- Als Nächstes mache dich mit der Legende vertraut. Jedes Zeichen, jede Linie hat
  eine Bedeutung. Beachte auch den Maßstab. Damit kannst du hier z. B. erkennen, über welche Entfernungen Alexander mit seinen Truppen gezogen ist.

- Stelle fest, welche heutigen Gebiete abgebildet sind. Versuche Städte, die Alexander gegründet hat, auf der Karte hinten im Buch zu finden.

M2 *Alexander greift den Perserkönig Dareios an. Auf dem Fußboden eines Hauses in Pompeji (Seite 138/139), das von Lava verschüttet worden war, haben Archäologen 1831 das hier gezeigte 5,28 m x 3,13 m große Mosaik (ein Bild aus vielen farbigen Steinchen) gefunden. Auf der linken Seite ist der Kopf Alexanders zu erkennen, rechts auf dem Streitwagen steht Dareios. Die langen Lanzen im Hintergrund gehören makedonischen Soldaten.*

M3 Alexander in Berichten und Urteilen antiker Autoren

* *Aristoteles: griechischer Philosoph und Naturforscher (384 – 322 v. Chr.). Er unterrichtete den jugendlichen Alexander einige Jahre lang.*

* *Barbaren: Fremde (Seite 80)*

a) Der griechische Geschichtsschreiber Diodor lebte im 1. Jahrhundert v. Chr. Über Alexander schrieb er:

In kurzer Zeit hat dieser König große Taten vollbracht. Dank seiner eigenen Klugheit und Tapferkeit übertraf er an Größe der Leistungen alle Könige, von denen die
5 Erinnerung weiß. In nur zwölf Jahren hatte er nämlich nicht wenig von Europa und fast ganz Asien unterworfen und damit zu Recht weithin reichenden Ruhm erworben, der ihn den alten Helden und
10 Halbgöttern gleichstellte.
Diodor: Historische Bibliothek 17, 1, 3 f.

b) Der Historiker Plutarch hielt im 1. Jahrhundert n. Chr. über Alexander fest:

Alexander kümmerte sich nicht um seinen Lehrer Aristoteles*, der geraten hatte, über die Griechen als Heerführer, über die Barbaren* aber als unumschränkter Ge-
5 bieter zu herrschen und die einen wie vertraute Freunde, die anderen wie Tiere und Pflanzen zu behandeln. Denn dann hätte er sein Reich ohne Zweifel mit inneren Kämpfen und heimlichen Verschwörun-
10 gen erfüllt.
Er trug vielmehr das Bewusstsein in sich, von den Göttern gekommen zu sein als Ordner und Friedensstifter für die Welt. Er versuchte, die Völker der Welt in einem
15 einzigen Staat zu vereinen, als wenn er

gleichsam in einem Becher der Freundschaft alle Lebensarten und Sitten, alle Hochzeitsbräuche und Gewohnheiten untereinander mischte.

Plutarch: Moralia 329 B (bearbeitet)

c) Der römische Philosoph Seneca (4 v. Chr.–65 n. Chr.) schrieb in einem Brief an seinen Freund Lucilius über Alexander:

Den unglückseligen Alexander trieb seine Wut, Fremdes zu zerstören, in unbekannte Gegenden. Oder hältst Du jemanden für geistig gesund, der von der Unterwer-
5 fung Griechenlands ausging, wo er erzogen worden war? [...] Nicht zufrieden mit dem Zusammenbruch so vieler Städte, die Philipp besiegt oder gekauft hatte, vernichtet er hier diese, dort jene, und trägt
10 seine Waffen in der ganzen Welt herum. Nirgends macht seine Grausamkeit halt, wie bei wilden Tieren, die mehr zerfleischen, als ihr Hunger verlangt.

Seneca: Briefe 94, 62 f. (bearbeitet)

M4 *Diese Münze war von 326 – 318 v. Chr. im Umlauf. Alexander ließ sich darauf als Herakles, den mythischen Helden, darstellen. (Herakles besiegte einen Löwen und trug dessen Fell.)*

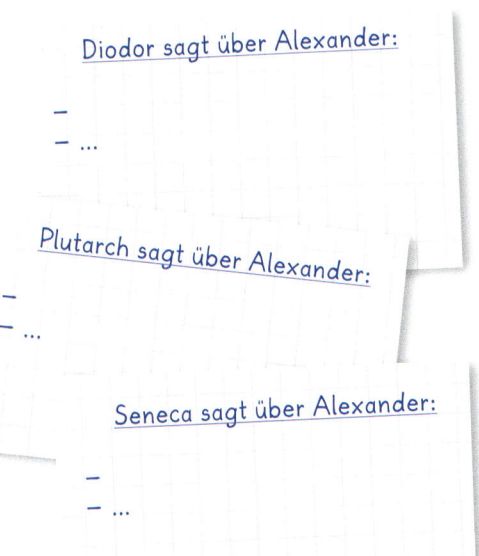

Diodor sagt über Alexander:

– ...

Plutarch sagt über Alexander:

– ...

Seneca sagt über Alexander:

– ...

2. a) Setzt euch in Dreiergruppen zusammen und bearbeitet arbeitsteilig die verschiedenen Quellen.
b) Schreibt das Urteil eures Verfassers auf einen Zettel und stellt es euch gegenseitig vor.
c) Vergleicht jetzt die Begründungen. Achtet dabei auch auf die Wortwahl der Verfasser, wie:

große Taten
Tapferkeit
zerfleischen   Wut
Freundschaft
Friedensstifter
Grausamkeit
vereinen
Held

d) Versucht abschließend, zu einem eigenen Urteil zu kommen, und vertretet dieses in der Klasse.

+ Entwerft in Gruppen ein Plakat zu Alexander, in dem ihr seine Person und seine Taten darstellt.

3. Setze dich mit dem Beinamen Alexanders – „der Große" – auseinander. Erkläre, was es bedeutet, wenn jemand „der Große" genannt wird.
Tipp: Seite 162

Eine neue „Weltkultur": der Hellenismus

Nach den Eroberungen Alexanders wanderten viele Griechen in die Nachfolgereiche des Alexanderreichs aus. Die dortigen Oberschichten übernahmen griechische Sitten und fingen an, Griechisch zu sprechen. Nach und nach wurde Griechisch zur allgemeinen Verständigungssprache. Bald prägte die griechische ➤ Kultur die damals bekannte zivilisierte* Welt. Weil die Griechen selbst sich „Hellenen" nannten, fand man später für diese Kultur den Namen ➤ **Hellenismus**.

* zivilisiert: nach herausgebildeten Regeln lebend, auch: gebildet und technisch fortschrittlich

Wissenschaftszentrum Alexandria

Alexandria, die von Alexander gegründete Stadt am Nildelta, wurde zur Hauptstadt des Handels zwischen Asien und Europa, zur Weltstadt und zum geistigen Zentrum für die hellenistische Welt. Berühmt wurde besonders die Bibliothek von Alexandria: Die größten Gelehrten der damaligen Zeit waren hier versammelt. Sie konnten täglich miteinander diskutieren; sie experimentierten, forschten und unterrichteten. Für ihren Lebensunterhalt sorgte der König Ptolemaios, denn sie nützten dem Ansehen seines Hofes.

Fachleute sammelten dort die Schriften der bekannten Welt und übersetzten sie ins Griechische. Homers Werke sowie auch die athenischen Tragödien und Komödien wurden aufgeschrieben und auf diese Weise überliefert. Sprachwissenschaftler kommentierten Wortwahl, Grammatik und Stil. Zum ersten Mal legte man ein Verzeichnis der gesammelten Schriften an. Zahlreiche jüdische Gelehrte übersetzten auch das Alte Testament in die neue Weltsprache.

Die Zusammenarbeit der Wissenschaftler förderte auch die Naturwissenschaften: Der Mathematiker und Physiker **Archimedes von Syrakus** entwickelte neuartige Verteidigungs- und Belagerungsmaschinen sowie ein Schneckengewinde, das in einer Röhre Wasser heben konnte. **Eratosthenes von Kyrene** errechnete nach langen Sonnenbeobachtungen den Erdumfang und irrte sich dabei um nur 1 Prozent! **Heron von Alexandria** baute Hebegeräte und experimentierte mit Dampfkraft und Luftdruck (M 2). Für seinen Mechanismus, mit dem sich Tempeltüren wie von selbst öffneten, nutzte er die Entdeckung, dass sich erwärmte Luft ausdehnt und dadurch Druck erzeugt wird.

Die Kultur des Hellenismus blieb etwa tausend Jahre – bis ins Mittelalter – bedeutend. Auch die Eroberungen der Römer hatten auf die Lebensweise der Menschen wenig Einfluss. Selbst die Sprache der neuen Machthaber, das Lateinische, verdrängte im Osten nicht das Griechische. Erst die Eroberungen muslimischer Krieger im 7. Jahrhundert n. Chr. legten die Grundlage für eine neue Kultur.

ⓘ

*Der **Leuchtturm von Alexandria** wurde als Weltwunder bestaunt. Auf der Insel Pharos vor der Hafeneinfahrt von Alexandria errichtete man um 290 v. Chr. das 120 Meter hohe Gebäude. Bis heute wurde kein höherer Leuchtturm gebaut. Durch geschickt angeordnete Prismengläser wurde eine kleine Flamme im Inneren so gespiegelt, dass sie weithin leuchtete. Am 7. August 1303 zerstörte ein schweres Erdbeben den Turm.*

M 1 *Rekonstruktionszeichnung des Leuchtturms von Alexandria*

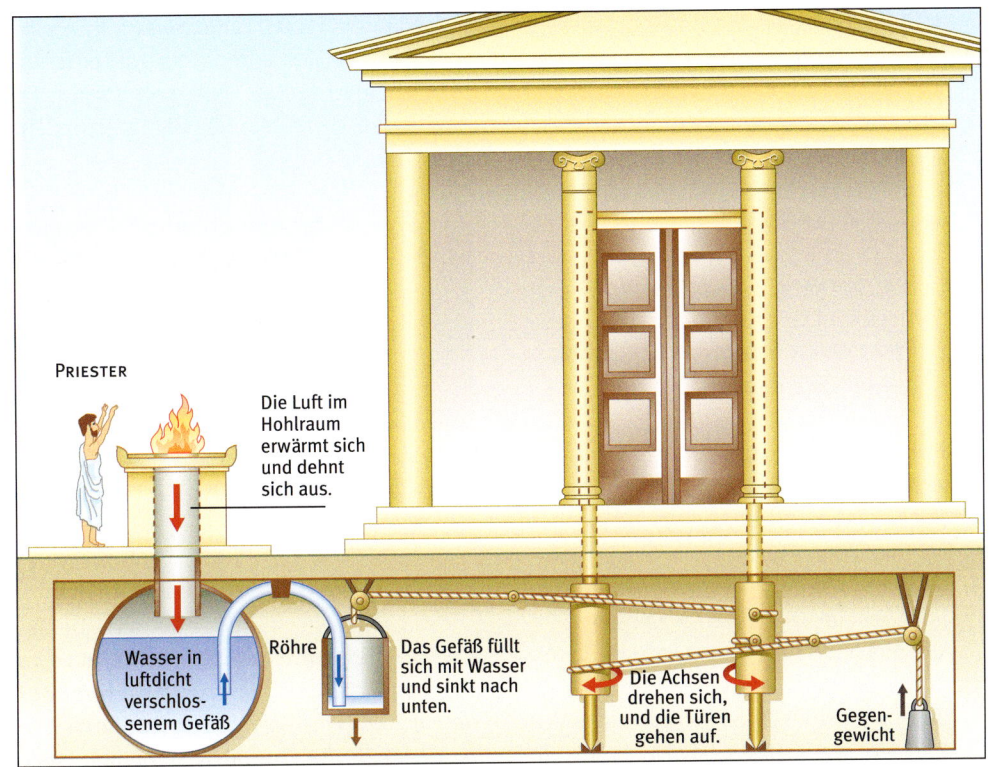

M2 Der Ingenieur Heron erfand diesen Mechanismus, mit dem sich Tempeltüren wie von selbst öffneten.

PRIESTER

Die Luft im Hohlraum erwärmt sich und dehnt sich aus.

Wasser in luftdicht verschlossenem Gefäß

Röhre

Das Gefäß füllt sich mit Wasser und sinkt nach unten.

Die Achsen drehen sich, und die Türen gehen auf.

Gegengewicht

M3 Über das Menschsein

In der Zeit des Hellenismus bildete sich eine neue Philosophenschule heraus: die Stoa. Der folgende Text gibt eine ihrer Lehren wieder:

Alle Menschen haben nicht nur dieselben körperlichen Merkmale, sondern sie haben auch [...] dieselben Triebe, dieselben Fähigkeiten zur Verarbeitung der äußeren
5 Eindrücke, denselben Verstand [...] ebenso wie die Sprache, die Dolmetscherin des Geistes. Die Menschen haben auch die gleiche sittliche Anlage und Aufgabe. Und das ist es, was über Wesen und Wert
10 des Menschen entscheidet. Keiner ist adeliger als der andere, außer wer eine bessere und leistungsfähigere Naturanlage hat. Kein Mensch ist von Natur Sklave.
Zitiert nach: M. Pohlenz: Die Stoa. Geschichte einer geistigen Bewegung, 1948

1. Beschreibe, wie der Türmechanismus (M2) funktioniert. Überlege, wozu Priester diese Maschine nutzen konnten.

2. Bildet Arbeitsgruppen und informiert euch über Archimedes, Eratosthenes und Heron im Internet: Für welche Entdeckungen sind sie bekannt? Welche Bedeutung haben ihre Entdeckungen für uns? Stellt eure Ergebnisse in der Klasse vor.

3. Besprecht in der Klasse die Bedeutung der griechischen Sprache in der hellenistischen Welt. Welche Sprache hat in unserer Zeit eine vergleichbare Rolle wie das Griechische in der damaligen Zeit?

4. Untersuche die Quelle M3.
a) Benenne die Aussage in einem Satz und schreibe die gegebene Begründung dafür heraus.
b) Während der Zeit des Hellenismus gab es noch überall Sklaven. Besprecht in der Klasse die Bedeutung dieser Lehre. Was könnten die Philosophen beabsichtigt haben?

Wenn du die vorangegangenen Seiten bearbeitet hast, solltest du folgende Aufgaben lösen bzw. Fragen beantworten können. Schreibe die Lösungen in dein Heft. Ob du richtigliegst, erfährst du auf Seite 167.

1. Erkläre, was den Griechen ein Gefühl der Zusammengehörigkeit verschaffte, obwohl sie an verschiedenen Küsten des Mittelmeeres lebten.

2. Erkläre, um welche Götter es sich bei den beiden Darstellungen rechts handelt (M1). Was glaubten die Griechen, wofür sie zuständig waren?

3. Stelle in einem kurzen Text die Unterschiede der heutigen Olympischen Spiele zu denen der Antike heraus.

4. Heute ist Athen die Hauptstadt ganz Griechenlands. Erläutere, ob diese Aussage auch für die Antike gilt.

5. Untersuche die Quelle M2.
   a) Bestimme die Entstehungszeit des Textes und benenne sein Thema. Wer ist der Verfasser?
   b) Gib jetzt die Meinung des Redners mit eigenen Worten wieder.
   c) Erkläre nun, warum die Historiker davon ausgehen, dass der Redner von Athen spricht.

M1 *Zwei griechische Götter, gezeichnet nach Vasenbildern*

 Die Bürger und die Politik

Der Geschichtsschreiber Thukydides lebte im 5. Jahrhundert v.Chr. Er überlieferte eine Rede, die ein Politiker seiner Zeit gehalten hatte. Hier ist ein Auszug wiedergegeben:

In unserer Polis entscheidet nicht die Zugehörigkeit zu einer bestimmten Schicht über politischen Erfolg, sondern nur die persönliche Tüchtigkeit.

5 Armut oder bescheidene Herkunft ist für einen leistungsfähigen Bürger kein Hindernis, um ein politisches Amt zu bekommen. Wir halten uns an die Gesetze und gehorchen der jeweiligen Regierung [...].

10 Wer dem politischen Leben fernsteht, ist für uns nicht ein stiller Bürger, sondern ein schlechter.

Nach Thukydides: Peloponnesischer Krieg 37 (vereinfacht)

Die Welt der Griechen

Anders als im weitläufigen ägyptischen Nildelta, wo viele Menschen zusammenarbeiteten und eine übergeordnete ►Verwaltung entstand, entwickelte sich in der zerklüfteten griechischen Landschaft kein einheitliches Reich. Hier bildeten sich viele, voneinander unabhängige Stadtstaaten (Polis; Mehrzahl: Poleis) heraus. Eine ►**Polis** war nicht größer als eine heutige Kleinstadt und hatte ein Zentrum mit Marktplatz, Regierungsgebäuden, Theatern, Schulen und Tempeln; auch Ackerflächen gehörten dazu. In der Zeit der ►**Kolonisation** (ca. 750–550 v. Chr.) gründeten Griechen weitere Stadtstaaten an vielen Küsten des Mittelmeeres.

Dennoch einte die Griechen der **Glaube** an gemeinsame Götter und an Heldensagen, wie die „Ilias" und die „Odyssee", die der Dichter Homer überliefert hatte. Auch hatten die Griechen eine gemeinsame **Sprache und Schrift**. Alle vier Jahre feierten Menschen aus allen griechischen Poleis Wettkämpfe und Spiele zu Ehren des höchsten griechischen Gottes Zeus: die **Olympischen Spiele**.

Im 5. Jahrhundert v. Chr. wurde Athen zur mächtigsten und reichsten griechischen Polis: Es beherrschte viele Inseln der Ägäis. In der Stadt entstanden prächtige Bauwerke wie z. B. der Parthenontempel. Handwerker produzierten kunstvolle Vasen, Dichter schrieben Theaterstücke, die noch heute gespielt werden; es entstand die **Philosophie**. Damals war die Staatsform in Athen die ►**Demokratie**, die Volksherrschaft. Allerdings durften nur die ►**Bürger** Athens die Stadt mitregieren. Frauen hatten kein Stimmrecht, ebenso wenig die **Metöken** (Zuwanderer) und ►**Sklaven**.

Im Norden Griechenlands liegt Makedonien. Hier gab es keine demokratisch regierten Poleis. Seit 334 v. Chr. gelang es dem makedonischen Herrscher, Alexander dem Großen, das persische Großreich zu unterwerfen. Die griechische Lebensweise breitete sich weit aus. Man spricht von ►**Hellenismus**.

- **776 v. Chr.** Textquellen berichten, dass erstmals die Olympischen Spiele stattfanden.

- **um 750 v. Chr.** Der Dichter Homer schreibt Versgedichte über den Kampf um Troja, die „Ilias", und über den Helden Odysseus, die „Odyssee", auf.

- **um 750–550 v. Chr.** Die Griechen gründen Poleis an den Küsten des Mittelmeeres.

- **5. Jahrhundert v. Chr.** Das demokratisch regierte Athen wird zur mächtigsten und reichsten griechischen Polis. Wichtige Großbauten, Kunstwerke und Theaterstücke entstehen.

- **seit 334 v. Chr.** Alexander der Große erobert das Perserreich; die griechische Lebensweise verbreitet sich im Mittelmeerraum (Hellenismus).

Rekonstruktionszeichnung der Akropolis von Athen

Nur die Weisesten und die Dümmsten ändern sich nie.

Der Narr tut, was er nicht lassen kann, der Weise lässt, was er nicht tun kann.

Der Philosoph Konfuzius

Ziemlich knifflig, die Aussagen oben – nur wenn man gründlich darüber nachdenkt, sind sie zu verstehen. Kannst du sie in eigenen Worten erklären?

5 Sie stammen von dem chinesischen Philosophen Konfuzius. Weltweit gilt er als einer der großen „Lehrer der Menschheit". Seine Aussprüche sind bei uns als „Weisheiten des Konfuzius" bekannt. Über Jahrhunderte
10 te haben seine Vorstellungen darüber, wie die Menschen leben und miteinander umgehen sollten, das Denken der Chinesen bestimmt und wirken bis heute nach.

Wer war Konfuzius?

Gelebt hat Konfuzius von 551 bis 479
15 v. Chr. Sein Name war eigentlich Kong Qiu, später erhielt er den Titel Kong Fuzi. Das bedeutet „Meister Kong". Erst durch Europäer, die vor etwa 400 Jahren nach China reisten, wurde Konfuzius in Europa
20 bekannt.

Ein Bild aus dem alten China zeigt ihn als einen reich gekleideten Mann. Er scheint leicht nach vorne gebeugt zu sein und sich seinem Gegenüber zuzuwenden. Sei-
25 ne Augen sind weit geöffnet. Das ist ein Mann, der genau beobachtet. Zugleich deutet seine Handhaltung daraufhin, dass er Eindrücke verarbeitet, die er aufgenom-

men hat. Das passt zu dem, was wir über ihn und sein Leben wissen.

In der Zeit, in der Konfuzius lebte, gab es in China viele Kriege und Auseinanderset-
30 zungen. Verschiedene Völker des Reiches und auch einzelne Heerführer rangen Jahrhunderte hindurch um die Herrschaft.

M 1 *Konfuzius, chinesischer Druck*

Doch wie kann aus einer Situation, in der
35 jeder gegen jeden zu kämpfen scheint, eine neue, stabile Ordnung entstehen?

Dieser Frage widmete sich Konfuzius. Mit seinen Lehren wollte er den Menschen Werte vermitteln, an die sie glauben und an
40 denen sie sich orientieren können, damit ein stabiler Staat entstehen kann. Schon als junger Mann gründete er deshalb eine Schule. Viele Schüler aus allen Schichten der Bevölkerung suchten ihn auf, um seine
45 Lehre kennenzulernen. Später übernahm Konfuzius mehrere hohe politische Ämter, um den Staat mitzugestalten.

M2 *Konfuzius wurde in China lange als Heiliger verehrt. Ihm sind viele Tempel gewidmet. Der berühmteste steht in Qufu, seinem Geburtsort. Das Foto zeigt einen Pavillon im Tempelbezirk.*

Vorstellungen des Konfuzius

Die Lehren des Konfuzius wurden erst etwa 100 Jahre nach seinem Tod aufgeschrie-
50 ben. Aus den Texten wird deutlich, dass Konfuzius davon ausging, dass die Menschen grundsätzlich gut sind. Sie bleiben gut, wenn man sie gut behandelt, meinte er. Damit Menschen ein gutes Zusammen-
55 leben erreichen, forderte er sie auf,
- mitmenschlich und gerecht zu denken und zu handeln,
- die eigenen Eltern zu ehren und
- Riten, festgelegte feierliche Handlungen
60 (Einzahl: „Ritus"), auszuführen.

Dass Mitmenschlichkeit und Gerechtigkeit nötig sind, um Staat und Gesellschaft stabil zu halten, leuchtet uns auch heute noch ein. Dass dazu auch die Ehrung der
65 Eltern durch die Kinder gehört, ist für uns vielleicht schon nicht ganz selbstverständlich. Konfuzius drückte damit aus, dass nicht Neuerungen wichtig sind, sondern ein Leben nach dem Vorbild der „Eltern",
70 also nach der Tradition.

Dass außerdem feierliche Handlungen eine Rolle spielen, ist uns aber eher fremd. Konfuzius geht es zum einen um öffentliche Riten. Auch wir kennen sie – z.B. die
75 Taufe im Bereich der Religion. Zu den öf-
fentlichen staatlichen Riten, die bei uns gepflegt werden, gehören z.B. Kranzniederlegungen an Gedenktagen.

Im alten China haben Riten aber eine tie-
80 fere Bedeutung. Konfuzius meinte, dass durch sie eine Ordnung zwischen allem, was existiert – Himmel, Natur, Menschen und Dingen – hergestellt wird. Jede Ausübung der Riten stellt diese Ordnung neu
85 her und macht den Menschen klar, was für sie wichtig ist und woran sie sich orientieren sollen. Nach der Vorstellung der alten Chinesen verkörperte der König (und später der ► Kaiser) diese Ordnung.

90 Zum anderen sollten Riten aber auch im Verhältnis von Menschen untereinander beachtet werden. Würden *wir* hier vielleicht von bestimmten Formen der Höflichkeit sprechen?

Zum Nachdenken

- Überlege, wo du heute Riten begegnest wie z.B. die Begrüßung vor dem Unterricht. Bilde dir eine Meinung, ob du sie sinnvoll findest.

- Konfuzius gilt als ein „Lehrer der Menschheit". Wer gehört noch dazu?

Das Römische Reich

Ein mehr als 50 km langer Aquädukt leitete das Wasser von einer Quelle in den Bergen in die römische Stadt Nemausus, heute Nîmes in Südfrankreich. Um einen Fluss zu überqueren, errichteten römische Baumeister eine Brücke, die 234 m lang und 49 m hoch ist: den Pont du Gard.

Römische Legionäre in Kampfkleidung mit dem Zeichen ihrer Legion, dem Legionsadler. Solchen gut ausgerüsteten und ausgebildeten Fußsoldaten verdankte Rom seine militärischen Erfolge.

Ein kaiserlicher Reisewagen auf einem römischen Relief. Ein solcher Wagen konnte an einem Tag auf guten Straßen bis zu 120 km zurücklegen.

Rekonstruierter Hausaltar in einem Römermuseum. Vor dem Bild der Schutzgötter wurden Speiseopfer dargebracht.

Die römische Antike

Die griechische Antike

1000   800   600   400   200   0   200   400   600   800

EINSTIEG

Die Sage von der Wölfin

Alle Römer kannten die Sage von der Wölfin. Schon Kinder konnten sie erzählen, so oft hatten sie diese von ihren Eltern, Großeltern oder Lehrern gehört:

M2 *Römische Münze, 2. Jahrhundert v. Chr.*

„Die ältesten unserer Vorfahren stammen gar nicht aus Italien, sondern aus Troja. Als die Griechen diese Stadt nach zehnjähriger Belagerung erobert hatten, konnte Aeneas,
5 ein trojanischer Prinz, mit einigen Gefährten fliehen und sogar seinen alten Vater aus den brennenden Trümmern retten. Dabei half ihm Aphrodite. Denn es heißt, dass diese Göttin, die bei uns Venus genannt wird,
10 seine Mutter war.

Nach langen Irrfahrten und vergeblichen Versuchen, eine neue Heimat zu finden, landeten die Flüchtlinge in Italien an der Mündung unseres Flusses, dem Tiber. Dort
15 erkämpften sie sich Land und ließen sich nieder. Nachdem sie Frieden mit den Besiegten geschlossen hatten, heiratete Aeneas die Tochter des unterworfenen Königs. Er gründete eine neue Stadt und seine Nach-
20 kommen eine weitere: Alba Longa, ganz in unserer Nähe.

Viele Generationen später wollte dort der Königssohn Amulius die rechtmäßige Herrschaft seines älteren Bruders nicht hinneh-
25 men. Er vertrieb ihn, tötete dessen Sohn und zwang dessen Tochter Rhea Silvia, Priesterin zu werden. Denn als Priesterin, so meinte er, würde sie keine Kinder haben, die ihm gefährlich werden könnten.
30 Aber sie wurde trotzdem schwanger, und zwar von unserem Kriegsgott Mars. Rhea Silvia bekam Zwillinge, Romulus und Remus.

Amulius wollte nun auch diese töten und
35 im Tiber ertränken lassen, weil sie die rechtmäßigen Thronerben waren. Sein Diener erfüllte aber aus Mitleid diesen Auftrag nicht, sondern setzte sie in einem Weidenkorb auf dem Fluss aus.

40 Wieder kam göttliche Hilfe: Der Korb blieb an der Wurzel eines Feigenbaums hängen, genau unterhalb eines unserer sieben Hügel, des Palatins. Das Wimmern der Kleinen hörte eine Wölfin, die sie ans Ufer brachte
45 und an sich saugen ließ. Bald darauf entdeckte sie der Hirte Faustulus, der sie gemeinsam mit seiner Frau aufzog.

Als Erwachsene erfuhren Romulus und Remus von ihrer Herkunft, töteten Amulius
50 und setzten ihren Großvater wieder als König ein. Sie selbst gründeten mit Gefährten auf dem Palatin eine neue Stadt, in der sie leben wollten. Die Entscheidung, wer von ihnen sie regieren sollte, überließen sie
55 den Göttern. Romulus und Remus vereinbarten: Wer mehr Adler in einer bestimmten Zeit erblickte als der andere, sollte König werden. Remus entdeckte sechs, Romulus aber zwölf. Also übernahm er die
60 Herrschaft und nannte die Stadt „Rom".

Als Remus sich über die Stadtbefestigung, die Romulus erbaute, lustig machte, kam es zwischen den Brüdern zu einem heftigen Streit. Voller Wut tötete Romulus
65 seinen Bruder. Das bereute er aber später sehr und stellte neben seinen Thron einen zweiten, der an Remus erinnern sollte.

Romulus wollte, dass die Römer an seinen Entscheidungen mitwirken. Er berief Volks-
70 versammlungen ein und holte sich Rat bei den erfahrensten Männern, den Senatoren. Sie und das Volk haben noch heute großen Einfluss bei uns."

M1 *Die kleine Steinskulptur, die um 500 v. Chr. entstanden ist, zeigt Aeneas, der mit seinem Vater aus Troja flieht.*

M 3 Die sogenannte Kapitolinische Wölfin. Rom, Kapitolinisches Museum
Die Bronzeplastik stammt nicht aus Roms Frühzeit, sondern wurde erst im Mittelalter geschaffen.

1. Schreibe auf, wie der Hirte Faustulus die Geschichte der Zwillinge als alter Mann seinen Enkeln erzählt haben könnte.
Tipp: Seite 162

2. a) Nenne die Stellen in der Sage, bei denen sich das Mitwirken der Götter zeigt.
b) Begründe, warum den Römern die göttliche Herkunft wichtig war.

3. Vergleiche die Darstellungen der Wölfin auf den Abbildungen M 2 und M 3. Achte jeweils auf die Haltung der Wölfin.
a) Ordne der Wölfin auf beiden Abbildungen Eigenschaften zu.
b) Erkläre, weshalb die Römer die Wölfin auf Münzen prägten und sich selbst „Söhne der Wölfin" nannten.

Auf den folgenden Seiten erfährst du,
• *wie es die zu Anfang unbedeutende Stadt Rom schaffte, ein riesiges Reich zu erobern und zu beherrschen.*
• *wie sich die Regierungsform in Rom im Lauf von mehreren Jahrhunderten wandelte.*
• *auf welche Weise die Menschen in der Hauptstadt Rom lebten und ihre Freizeit verbrachten.*
• *dass die Römer das Leben in den eroberten Gebieten auf vielfältige Weise prägten.*

Außerdem übst du,
• *Quellentexte und Karten gründlich zu erschließen.*
• *in Expertengruppen zu arbeiten und dabei Mitschülerinnen und -schülern Rückmeldungen zu geben sowie von anderen Rückmeldungen anzunehmen.*

Die Ursprünge Roms

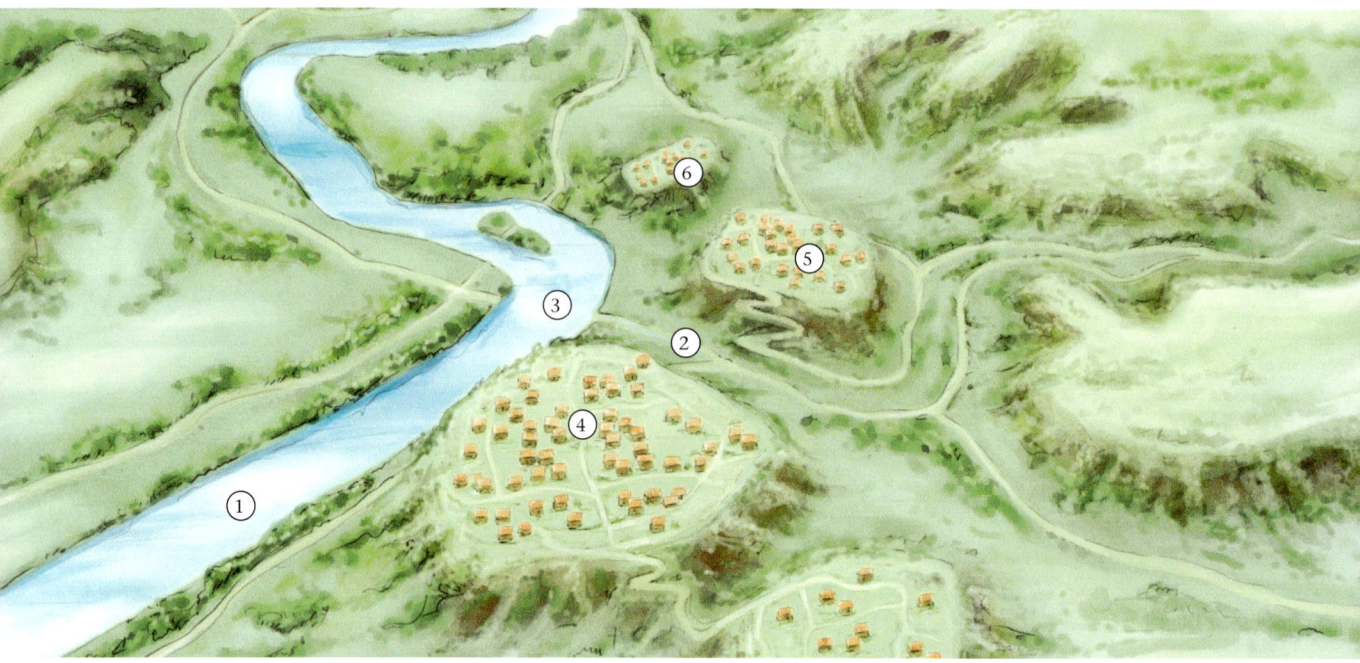

M1 *Rekonstruktionszeichnung der Landschaft, in der Rom entstand:* ① *der Tiber,* ② *ein wichtiger Handelsweg,* ③ *eine Furt; außerdem die Hügel* ④ *Aventin,* ⑤ *Palatin und* ⑥ *Capitol*

„753 – Rom schlüpft aus dem Ei", diesen Merksatz kennen viele und verbinden ihn mit der Sage von der Wölfin. In Wirklichkeit ist Rom jedoch viel älter; der Ort ist lang-
5 sam gewachsen. Bei Ausgrabungen fanden ►Archäologen heraus, dass es auf dem Hügel Palatin (⑤) schon seit 1000 v. Chr. eine Siedlung gab. Sie entdeckten Löcher in Felsplatten, die damals den Stützen für
10 einfache Hütten Halt gaben. Hier mussten Hirten oder Bauern vom Volk der Latiner gelebt haben. In den folgenden Jahrhunderten dehnten sich die Siedlungen auf die benachbarten Hügel und in das sumpfige
15 Flusstal aus. Auf dem steilsten Hügel, dem Capitol, fanden sich Spuren von einer ersten Burg und an einer Flussinsel Überreste einer ersten Holzbrücke über den Tiber.

Allmählich gerieten die Siedlungen un-
20 ter die Herrschaft der Etrusker. Sie lebten nördlich des Tibers. Durch Metallverarbei-

tung, Handel und fortschrittliche Landwirtschaft waren sie reich geworden und hatten mächtige Städte gegründet. Die
25 Etrusker schlossen die verstreuten Siedlungen zu einer Stadt zusammen und gaben ihr den Namen „Ruma". ►Adlige Etrusker regierten als Könige über die latinischen Römer und ließen Mauern, Tempel und
30 einen Marktplatz errichten, das „Forum Romanum".

Die Römer behielten ihre lateinische Sprache und ihre Sitten bei, lernten aber sonst viel von den Etruskern: Wie man das sump-
35 fige Tibertal entwässert und wie man Häuser aus Stein baut, wie man aus Bronze Werkzeuge und Kunstwerke herstellt und wie man erfolgreich Krieg führt. Auch die lateinische Schrift geht auf die etruskische
40 zurück. Dieses alles haben Wissenschaftler durch archäologische Funde und schriftliche ►Quellen bewiesen.

Die Religion der Etrusker übernahmen die Römer ebenfalls. Sie verehrten wie diese
45 eine Vielzahl von Göttern, die – abgesehen von den Namen – ungefähr der griechischen Götterfamilie entsprach (Seiten 72/73). Die Römer glaubten, dass es für die Lebensführung wichtig sei, den Willen
50 der Götter zu ergründen. Ein Priester – die Römer sagten „Pontifex" – sollte die Verbindung zu ihnen herstellen. Wie die Etrusker waren auch die Römer davon überzeugt, in den Eingeweiden von Op-
55 fertieren oder aus dem Vogelflug Hinweise auf richtiges Handeln erkennen zu können. Vor allen wichtigen Entscheidungen, z. B. für oder gegen einen Krieg, wurden auf diese Weise die Götter befragt. Ein solches
60 etruskisches Orakel entschied in der „Sage von der Wölfin", dass Romulus König werden sollte.

Spätere Untersuchungen, die an etruskischen Mumien durchgeführt wurden,
65 haben gezeigt, dass zumindest die etruskischen Adligen ähnliches Erbgut wie die Einwohner der Gegend Kleinasiens haben, in der Troja liegt. Möglicherweise hat die Sage von Aeneas und seiner Stadtgrün-
70 dung in Italien also einen wahren Kern!

• •

1. Erkläre anhand der Rekonstruktionszeichnung M 1, weshalb diese Gegend am Tiber für die Entwicklung einer Stadt geeignet war.

2. „Ohne die Etrusker wäre Rom wohl eine bedeutungslose Siedlung geblieben." Begründe diese Aussage mithilfe des Textes.
Tipp: Seite 162

M2 Modell eines frühgeschichtlichen Dorfes auf dem Palatin nach archäologischen Funden

Die Familia

M 1 *Die Familia eines vornehmen Römers (Schaubild):* ① *Pater familias (zugleich: Patron),* ② *Ehefrau und Kinder des Pater familias,* ③ *erwachsener Sohn des Pater familias mit seiner Ehefrau und den Kindern,* ④ *Hausklaven,* ⑤ *Feldsklaven,* ⑥ *Klienten*

Die Römer lebten in Gemeinschaften, die sie ➤Familia nannten. Eine Familia war meist größer als Familien heute; sie umfasste oft mehr als zwanzig Personen. Denn auch die Ehefrauen und Kinder der Söhne sowie ➤Sklaven gehörten zu ihr. Nach römischem Recht wurde die Familia vom Hausvater, dem Pater familias, geführt. Nur er hatte die unumschränkte Macht über alle Mitglieder der Familia:

- Er begutachtete die Neugeborenen und nahm sie in die Familia auf. Das konnte er auch ablehnen, was aber fast nie vorkam.
- Er sorgte für die Erziehung der Jungen und bestimmte, wen seine Kinder heirateten.
- Er konnte Strafen verhängen, in Extremfällen sogar die Todesstrafe.
- In allen Fragen des Besitzes hatte er das Sagen.

Eine Gesellschaft, in der Väter eine solch herausragende Stellung haben, wird als ➤Patriarchat bezeichnet.

Nicht nur Pater, auch Patron

Die römische Gesellschaft setzte sich aus wenigen besonders vornehmen Familien, die ➤Patrizier genannt wurden, und einer großen Mehrzahl der übrigen Römer, die als ➤Plebejer („Menge") bezeichnet wurden, zusammen. Die meisten von ihnen waren Kleinbauern, Handwerker und Händler. Geriet ein Plebejer mit seiner Familia in eine Notlage, musste er den Schutz eines Patriziers erbitten. Ein Patrizier konnte so der Patron (Schutzherr) des verarmten Plebejers und seiner Angehörigen werden. Als ➤Klienten (Abhängige) gehörten auch sie zur Familia des Patriziers.

Frauen in der Familia

In der Familia war die Ehefrau des Pater familias, die Matrona, für den Haushalt sowie für die Erziehung der Kleinkinder und der heranwachsenden Mädchen zuständig. Anders als verheiratete Athenerinnen durften sich römische Ehefrauen in der Öffentlichkeit frei bewegen und z. B. auch ins Theater gehen. Doch wie in Athen waren auch in Rom die Frauen den Männern – zuerst ihren Vätern, später ihren Ehemännern – klar untergeordnet.

50 So reichte ein Ausspruch des Pater familias – „Gehe weg und nimm deine Sachen
mit!" –, um seine Ehefrau aus der Familia
zu verstoßen. Wenn sich ein Mann von
seiner Ehefrau trennte, bekam sie aber
55 den gesamten Besitz zurück, den ihre Eltern ihr in die Ehe mitgegeben hatten.

Wie man leben sollte

In der Frühzeit Roms war das Leben der
Römer von den althergebrachten Sitten,
den „Mores maiorum", geprägt, die von
einer Generation zu nächsten weiterge-
60 geben wurden. Sie bestimmten, wie jeder Römer leben sollte, nämlich arbeit-
sam, genügsam, zuverlässig, gerecht,
ehrfürchtig gegenüber den Göttern und
den eigenen Vorfahren. Zudem sollte sich
65 jeder standhaft und tapfer für Rom einset-
zen. Nur wer sich daran hielt, war in der
römischen Frühzeit als würdiger Römer
angesehen.

Besonders die Verehrung der Vorfahren
70 spielte im alten Rom eine große Rolle. In
täglichen Familienandachten ehrte man
die Seelen der Verstorbenen. Man glaubte,
sie würden den Haushalt und die Familia
beschützen. Auf Hausaltären standen de-
75 ren Totenmasken oder Büsten (M2). Diese
sollten die Nachkommen an die Leistun-

gen der Ahnen erinnern und dazu ermun-
tern, ihnen nachzueifern und die überlie-
ferten Sitten einzuhalten.

80 Wenn besonders angesehene Mitglieder
der Familia starben, z. B. der Pater familias, wurde für sie ein Trauerzug
veranstaltet. Dabei führten die Römer
die Masken oder Büsten ihrer Vorfah-
85 ren mit. Der römische Geschichtsschreiber Polybios berichtete
sogar, dass Personen, die eine
ähnliche Figur und Größe wie
ihre Vorfahren hatten, deren
90 Masken dabei aufsetzten. Bei
der Trauerfeier hielt der äl-
teste Sohn eine Rede über
die Leistungen des Ver-
storbenen. Danach zeigte
95 er auf die Vorfahren, die in
ihren Masken anwesend
waren, und berichtete von
ihren Erfolgen. „Auf diese
Weise wird die Erinnerung
100 an die Verdienste tüchtiger
Menschen immer wieder
erneuert und ihr Ruhm un-
sterblich", sagten die Römer.

*M2 Standbild eines Römers mit
den Büsten seiner Vorfahren (entstanden um Christi Geburt)*

1. In der römischen Gesellschaft hat der
   Pater familias das letzte Wort. Schildert, wie in euren Familien, z. B. bei
   Anschaffungen oder Reisen, entschieden wird.

2. Erklärt und unterscheidet folgende
   Begriffe: Pater familias, Patrizier,
   Patron.

3. Stell dir vor, du würdest an einem
   Trauerzug teilnehmen und die Maske
   eines angesehenen Vorfahren tragen.
   Welche Gefühle hättest du dabei wohl?
   Tipp: Seite 163

4. Vergleiche die Bedeutung, die die Vorfahren für deine Familie haben mit der,
   die sie für die römische Familia hatten.

Die alte römische Art

Der griechische Geschichtsschreiber Plutarch (46–120 n. Chr.), der das Römische Reich bereiste, berichtete über den Senator Cato (234–149 v. Chr.), der den berühmten Feldherrn* Manius Curius Dentatus (gestorben 270 v. Chr.) bewunderte:

* *Feldherr: Heerführer, Oberbefehlshaber im Krieg*

In der Nähe zu Catos Gut lag ein Häuschen, wo einst der siegreiche Feldherr Manius Curius Dentatus gewohnt hatte.
5 Da ging Cato oft hin und betrachtete den geringen Umfang des Gutes und die Bescheidenheit der Wohnung. Er vergegenwärtigte sich, wie dieser Mann, der der Größte unter den Römern gewesen war
10 und die streitbarsten Völker unterworfen hatte, nach seinen Triumphen dieses Gütchen selbst umgrub und diese Hütte bewohnte. Hier war es, wo die Gesandten eines Nachbarvolks ihn trafen, wie er am
15 Herd saß und Rüben kochte, als sie ihm Geldgeschenke überreichen wollten. Aber Manius Curius Dentatus schickte sie wieder weg mit den Worten, wem ein solches Essen genüge, der brauche kein Geld, und
20 rühmlicher, als Geld zu haben, schiene es ihm, die zu besiegen, die Geld hätten.

Plutarch: Cato der Ältere 2 (bearbeitet)

> Curius hatte nur wenig Land, das er selbst bewirtschaftete.

> Curius war ein erfolgreicher Heerführer, der viele Feinde besiegt hatte.

> Bei Curius Dentatus kamen nur die allerbesten Speisen auf den Tisch.

> Seine Mahlzeiten bereitete Curius selbst zu.

> Curius war stolz auf eine lange Reihe berühmter Vorfahren.

> Curius war mit einem einfachen kleinen Haus zufrieden.

> Gesandte anderer Völker empfing Curius im prunkvollen Rathaus Roms.

5. Untersuche die Textquelle M3.
a) Lies M 3 aufmerksam durch und ordne dann die Aussagen auf den Zetteln den passenden Textstellen zu. Finde heraus, welche der Aussagen nicht in der Textquelle enthalten sind.
b) Formuliere in deinem Heft eine Aussage, die auf dem leeren Zettel stehen könnte: Was hielt Curius von Geldgeschenken anderer Völker?
c) Erkläre mithilfe des Textabschnitts „Wie man leben sollte" auf Seite 111, warum Cato den Feldherrn Manius Curius Dentatus als Vorbild sah.

M 4 *Das Relief aus dem dritten Jahrhundert n. Chr. zeigt in mehreren Szenen die Rolle des Vaters bei der Erziehung eines Jungen.*

 Die Erziehung eines Sohnes

Der Geschichtsschreiber Plutarch berichtet, wie der Senator Cato, der aus einfachen Verhältnissen stammte, seinen Sohn erzog:

Sobald der Junge größer war, lehrte Cato ihn selbst lesen, obgleich er einen Sklaven hatte, der viele Kinder unterrichtete. Er wollte nicht, dass sein Sohn von einem
5 Sklaven beschimpft oder am Ohr gezupft wurde. Er brachte ihm nicht nur das Fechten und Reiten bei, sondern auch das Boxen und Schwimmen im Tiber. Eigenhändig schrieb er ihm in großen Buchsta-
10 ben Geschichten auf, damit der Sohn mit den Sitten und Taten der Vorfahren vertraut würde.
Unanständige Worte hat er in Gegenwart seines Sohnes nicht gebraucht. Er fand, es
15 gehörte sich nicht, sich in seiner Gegenwart auszuziehen oder zu baden.
Der Sohn zeigte sich in allem folgsam, doch war sein Körper so schwächlich, dass der Vater in seiner allzu harten Erzie-
20 hung etwas nachlassen musste. Dennoch war der junge Cato im Krieg tüchtig.
Als ihm im Kampf das Schwert aus der schweißnassen Hand entglitt, stürzte er sich mit Kameraden auf die Feinde, bis er
25 das Schwert wiederfand.
Plutarch: Cato 20 (bearbeitet)

6. Ordne den Szenen in Bild M 4 die passenden Stellen aus M 5 und aus dem ersten Absatz des Textes auf Seite 110 (bis Zeile 23) zu.

7. Arbeite aus M 5 heraus, welche Eigenschaften Cato bei seinem Sohn sehen wollte.

8. Vergleiche die Erziehung von Kindern in Athen (Seite 90/91) und Rom. Erkläre, auf welche gesellschaftliche Aufgaben sie vorbereitet werden sollten. Beziehe in deine Überlegungen ein, was du über die Rolle des Pater familias und über die Bedeutung der Ahnenverehrung erfahren hast.

Tonspielzeug aus dem antiken Rom

Wie wurde Rom regiert?

Die Römer nannten ihre Stadt zwar „res publica"* – eine „Angelegenheit, die alle etwas angeht" – doch anfangs übernahmen nur die ►Patrizier politische Ämter oder

5 waren Anführer im Krieg. Im ►Senat, dem „Rat der Alten", entschieden sie über alle wichtigen Angelegenheiten. ►Plebejer dagegen konnten nur in der Volksversammlung, die bei wichtigen Fragen einberufen

10 wurde, mitreden und sich an Wahlen beteiligen. Allerdings hatte ihre Stimme wenig Gewicht. Vor allem die ärmeren Plebejer konnten ihre eigenen Bedürfnisse nicht vertreten. Als ►Klienten waren sie von ih-

15 rem Patron vollkommen abhängig.

Unter den Plebejern gab es aber auch Familien, die zu Reichtum gekommen waren und eine lange Ahnenreihe hatten. Sie drängten darauf, Rom mitzuregieren. In

20 Kriegszeiten drohten sie damit, sich nicht an der Verteidigung Roms zu beteiligen. So erreichten sie, Ämter übernehmen zu dürfen und in den Senat aufsteigen zu können.

Im dritten Jahrhundert v. Chr., als etwa

25 100 000 Menschen in Rom lebten, hatte sich eine politische Ordnung herausgebildet, die lange bestehen blieb: die römische Republik. Um diese Ordnung geht es in der folgenden Zeitreise.

📖 ZEITREISE   Ein Senator erzählt

Julia kommt von draußen in den Vorraum. Dort zieht sich ihr Großvater gerade an. Er hat sich seine mit einem Purpurstreifen umsäumte Tunika bereits übergestreift und ist dabei, sich die Lederriemen seiner roten Schuhe bis über die Waden zuzuschnüren. Julia unterhält sich mit ihm.

Julia: Du hast ja eine viel schönere Tunika als Vater. Und erst die Schuhe!

Großvater: Die dürfen nur <u>Senatoren</u> wie ich tragen. Alle sollen uns auf den ersten

5   Blick erkennen und uns den Weg frei machen. Für diese Ehre muss man sich als ►<u>Beamter</u> aber ganz schön für Rom anstrengen!

Julia: Das hast du! Ich weiß, dass du sogar

10   ►<u>Konsul</u> gewesen bist. Du warst damals für alles verantwortlich und hast auch das römische Heer kommandiert.

Großvater: Vorher hatte ich aber niedrigere Ämter mit verschiedenen Aufgaben:

15   Zuerst musste ich mich als <u>Quästor</u> um die Steuern kümmern, ein paar Jahre später als <u>Ädil</u> dafür sorgen, dass auf dem Markt alles mit rechten Dingen zuging.

Auch <u>Prätor</u> bin ich gewesen und habe

20 auf dem Forum Gerichtsverhandlungen geleitet. Erst danach wurde ich Konsul. Aber nicht allein: Immer hatte ich einen Kollegen dabei, der mich auf Fehler aufmerksam machen konnte. Und wenn ich

25 anderer Meinung war als er, konnte ich seine Entscheidung verhindern. Ich sagte dann nur: Veto! Ich verbiete es!

Julia: Und warum bist du nicht länger

30 Konsul geblieben? Vater erzählt doch immer, dass du deine

35 Sache so gut gemacht hast!

Großvater: Das ging nicht! Man darf in Rom jedes Amt nur für ein Jahr bekleiden.
40 Keiner soll zu mächtig werden, wie es vor langer Zeit einmal die Könige waren.

Julia: Wie hast du denn dein erstes Amt bekommen?

Großvater: Dafür war erst einmal wichtig,
45 dass alle unsere Vorfahren Senatoren waren. Als reiche Patrizier war es ihnen möglich, sich ohne Bezahlung für Rom einzusetzen. Denn Beamte und Senatoren bekommen kein Geld für ihre verantwor-
50 tungsvolle Arbeit. Trotzdem musste ich mich aber für jedes Amt zur Wahl stellen. Mir hat geholfen, dass mir nicht nur befreundete Patrizier, sondern auch meine Klienten ihre Stimme gegeben haben.

55 **Julia:** Wie lange bleibst du noch Senator?

Großvater: Solange ich mir es noch zutraue. Du siehst ja, schon das Anziehen fällt mir schwer. Außerdem muss ich die Überprüfung des <u>Zensors</u> bestehen. Das
60 ist ein besonders würdiger Beamter, der regelmäßig prüft, ob wir 300 Senatoren wohlhabend genug sind und die römischen Sitten einhalten.

Julia: Und was besprecht ihr heute?

M 2 *Die Toga ist kein genähtes Gewand, sondern ein großes, trapezförmig zugeschnittenes Stück Stoff. Man trägt sie über einem kurzen Untergewand, der Tunika.*

65 **Großvater:** Eine Stadt in Süditalien möchte, dass Rom sie gegen ihre Feinde unterstützt. Einer der beiden Konsuln hat wie bei allen wichtigen Fragen den Senat um Rat gebeten. Wie die meisten im
70 Senat bin ich dafür, unsere Truppen zu schicken. Aber wer weiß, ob nicht ein <u>Volkstribun</u>* als Vertreter der Plebejer sein Veto einlegt. Die Plebejer haben immer Angst, dass wir sie in einen Krieg
75 hineinziehen könnten. Aber immerhin sind sie ja in der <u>Volksversammlung</u> dabei, die solchen Entscheidungen zustimmen muss. Meist hört das Volk aber auf uns, wir sind ja schließlich seine „Väter"
80 – so werden wir Senatoren genannt.

Mit geübten Handgriffen legt sich der Großvater die Toga um und macht sich auf den Weg.

* *Volkstribun: von den Plebejern gewählter politischer Vertreter, der Einspruch gegen Entscheidungen des Senats einlegen konnte*

• • • • • • • • • • • • • •

1. In dem Gespräch sind einige Aussagen über die römischen Beamten enthalten, eine davon ist: „Die römischen Beamten bekamen keine Bezahlung für ihre Tätigkeit." Finde mindestens drei weitere solcher Regeln.

2. Schreibt in Partnerarbeit die unterstrichenen Begriffe auf kleine Zettel. Notiert in Stichworten auch ihre Bedeutungen. Ein Beispiel:
Ädil - Bedeutung: Beamter, der den Markt/den Handel überwachte

+ Legt die Kärtchen auf eurem Tisch so aus, dass die Anordnung die Machtverhältnisse in Rom wiedergibt.

Senat

Senator ...

Konsul ...

Volksversammlung

Ädil ...

Vom Stadtstaat zur Weltmacht

Das Gebiet der römischen Republik war anfangs dem einer griechischen ►Polis vergleichbar: Es dehnte sich auf einen Umkreis von etwa 30 km aus. Gegen Feinde aus der Umgebung konnte Rom sich dank seiner gut ausgebildeten Soldaten behaupten. Wegen der militärischen Erfolge, die es vor allem den starken Fußtruppen verdankte, war Rom bald als Bündnispartner begehrt und wurde dadurch auch in Kriege hineingezogen. Diese endeten immer mit weiteren römischen Gebietsgewinnen. So kam es, dass Rom im Jahr 272 v. Chr. den ganzen „Stiefel" Italiens mit etwa drei Millionen Einwohnern beherrschte.

Um ihre Herrschaft über die besiegten Städte und Volksstämme mit möglichst geringem Aufwand zu sichern, schlossen die Römer Verträge mit den meisten Unterworfenen. Sie legten fest, dass die Besiegten Rom im Kriegsfall unterstützen mussten – mit Soldaten und Material. Ihre Angelegenheiten durften die Unterworfenen aber weiterhin eigenständig regeln: So behielten viele der Besiegten ihre alten Gesetze. Nur wenn die Römer hartnäckigen Widerstand befürchteten, besetzten sie die eroberten Gebiete und legten Militärstützpunkte an.

Krieg um Sizilien

Eine weitere Stadt, deren Macht im Mittelmeerraum wuchs, war Karthago an der Küste des heutigen Tunesien. Karthago war eine ►Kolonie der Phönizier*, die von den Römern „Punier" genannt wurden. Dank seiner vielen Tochterstädte – z. B. auf Sizilien – war Karthago im 4. Jahrhundert zu einer reichen Handelsstadt geworden und beherrschte mit seiner Kriegsflotte das westliche Mittelmeer.

* Phönizier: Seefahrervolk, das hauptsächlich an der östlichen Mittelmeerküste lebte. Auf die Phönizier geht unser Alphabet zurück (Seite 52).

* Provinzen (Seite 117): von den Römern eroberte Gebiete, die von römischen Beamten verwaltet wurden

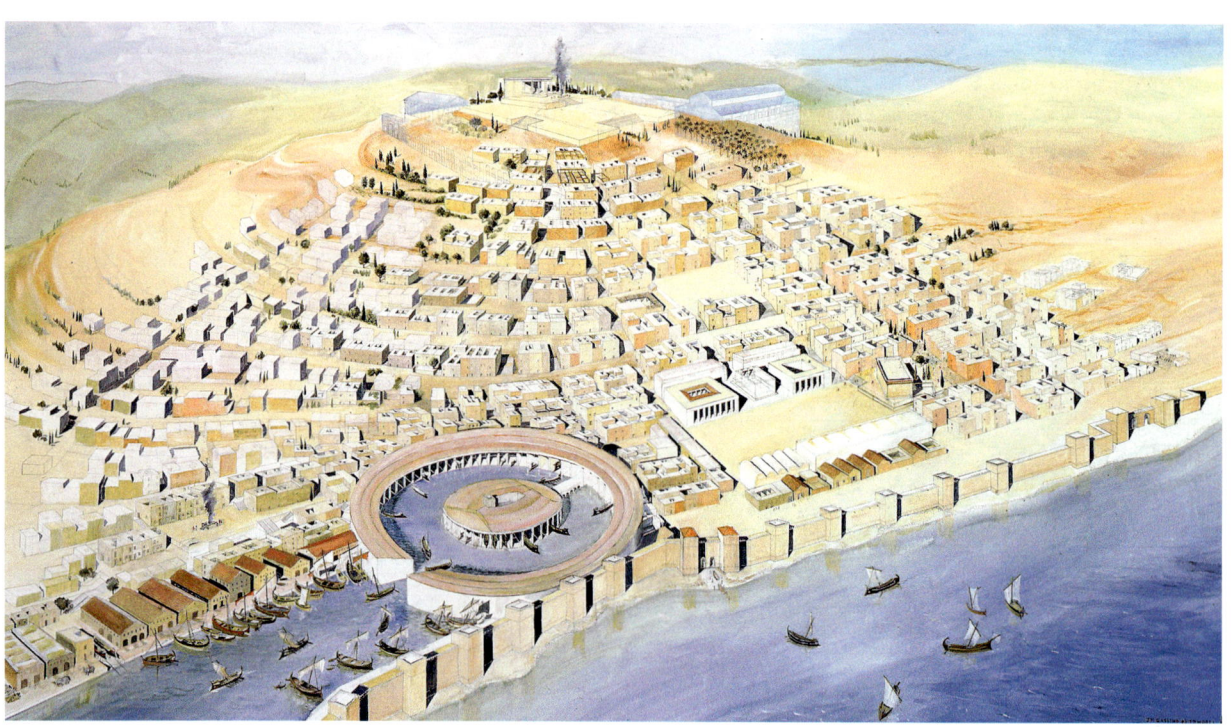

M 1 *Die Stadt Karthago im 3. Jahrhundert v. Chr. Rekonstruktion in einem Modell*

40 Ganz ähnlich wie in Rom regierten ein Rat der Alten und jährlich gewählte ►Beamte die Stadt.

Lange Zeit trieben die Römer friedlich Handel mit den Karthagern. Mit der Ausweitung der römischen Herrschaft nach Süden kam es aber zu Spannungen. In einem Streit der ►Bürger von Messana auf Sizilien um die Macht in der Stadt verschärfte sich die Situation: Ein Teil der Messanier wandte sich an die Römer und verlangte Unterstützung, ein anderer Teil rief die Karthager zu Hilfe. Nun standen sich beide Staaten als Feinde im Ersten Punischen Krieg gegenüber: Die Römer fürchteten, genau wie die Karthager, einen zu starken Rivalen in unmittelbarer Nachbarschaft.

Erst nachdem die Römer eine starke Flotte aufgebaut hatten, die in besonderer Weise ausgerüstet war (M 2), konnten sie sich gegen die Karthager durchsetzen. Die Besiegten mussten den Römern zuerst Sizilien abtreten, wenig später auch Sardinien und Korsika. Diese Inseln wurden die ersten römischen ►Provinzen*. Über ihre Einwohner, die wie Untertanen behandelt wurden und hohe Abgaben entrichten mussten, bestimmten römische Beamte.

M 2 Rekonstruktionszeichnung eines römischen Kriegsschiffes, das von Ruderern angetrieben wird und mit einer sogenannten Enterbrücke ausgestattet ist

1. a) Beschreibe die Hafenanlage M 1 und erläutere die Aufgabe ihrer Bauelemente.
   b) Nenne Gründe, warum den Karthagern die Hafenanlage wichtig war.

2. Erkläre mithilfe der Abbildungen M 2 und des Textes, wie es den Römern gelang, die Seemacht Karthago zu besiegen.
   Tipp: Seite 163

*Die **Hafenanlage von Karthago** ließ sich ziemlich genau rekonstruieren, da die Grundmauern der Hafenbecken noch erhalten sind. Wissenschaftler schätzen, dass in dem runden Hafenbecken (mit der Kommandozentrale auf der Insel) etwa 300 Kriegsschiffe und in dem rechteckigen Handelshafen ebenso viele Frachtschiffe Platz fanden.*
In der Stadt oberhalb des Hafens lebten etwa 400 000 Menschen, dreimal so viele wie in Rom. Ein großer Teil der Karthager diente in der Flotte, denn man benötigte 300 Ruderer, um nur eines der mit Rammsporn ausgestatteten Kriegsschiffe in hohem Tempo gegen die feindlichen Schiffe zu steuern.

Der Krieg gegen Hannibal

Den Karthagern gelang es, die großen Gebietsverluste auszugleichen, indem ihre Truppen unter der Führung des Heerführers Hannibal den Süden Spaniens eroberten. Nachdem die spanische Stadt Sagunt das verbündete Rom um Unterstützung im Kampf gegen die Truppen Hannibals gebeten hatte, ging dieser zum Angriff über: Mit Zehntausenden Fußsoldaten, mit Reitern und etwa vierzig Kriegselefanten zog er an der Küste entlang und über die
15 Alpen, um die römischen Truppen im eigenen Land zu besiegen. Der nun beginnende Zweite Punische Krieg führte fast zu einer Katastrophe für die Römer: Hannibal besiegte das römische Heer in mehreren
20 Schlachten. Allein in der Nähe des Ortes Cannae kamen im Jahr 216 v. Chr. etwa 50 000 römische Soldaten um ihr Leben.

Die Römer sahen Hannibal schon vor den Toren Roms. Doch anders als Hannibal
25 erwartete, unterstützten die meisten der von den Römern unterworfenen Städte nicht ihn, sondern hielten Rom die Treue. So gelang es den Römern, neue Truppen zusammenzustellen. Zudem änderten sie

Ein Kriegselefant als Motiv eines phönizischen Ziertellers

30 ihre Kriegstaktik: Sie vermieden jede größere Schlacht und zermürbten die karthagischen Kämpfer schließlich durch lange Märsche und kleine Gefechte. Zugleich setzten römische Truppen unter ihrem
35 Heerführer Publius Cornelius Scipio nach Spanien und Afrika über und zwangen Hannibal damit, die Kämpfe in Italien aufzugeben, um Karthago zu schützen.

Im Jahr 202 v. Chr. kam es nahe Karthago
40 schließlich zur Entscheidungsschlacht, in der die Römer siegten. Im Friedensvertrag mussten die Karthager fast alle Gebiete abtreten, große Geldzahlungen leisten und auf eine Kriegsflotte verzichten. Im ganzen
45 westlichen Mittelmeerraum herrschte nun nur noch eine Macht: Rom.

Unter einem Vorwand überfielen die Römer später Karthago und zerstörten 146 v. Chr. die Stadt. Geschah dies aus
50 Angst davor, dass der ehemalige Feind Karthago Rom noch einmal gefährlich werden könnte? Nur ein Ruinenfeld ist von Karthago übrig geblieben.

Das Mittelmeer wird römisch

Im 2. Jahrhundert v. Chr. mischte sich Rom
55 wiederholt auch in Konflikte im östlichen Mittelmeerraum ein. Makedonien wurde dort die erste römische ➤Provinz, es folgten Griechenland und Teile von Kleinasien. Viele Herrscher unterstellten sich frei-
60 willig Roms Führung. Die Römer nannten das Mittelmeer nun „mare nostrum" (unser Meer) oder „mare internum" (inneres Meer), da fast alle Küsten zum Römischen Reich, dem ➤Imperium Romanum, ge-
65 hörten.

Aus dem reichen Osten brachten die Römer große Schätze mit, auch viele gebildete griechische ➤Sklaven. Die römische Oberschicht übernahm die als überlegen
70 angesehene griechische Lebensweise.

M3 „Roma" und die Götter: Jupiter, der höchste römische Staatsgott, und die Siegesgöttin Viktoria als Wagenlenkerin auf einem Viergespann. Rückseite einer römischen Münze, die nach dem Sieg über Karthago in großer Zahl geprägt wurde.

M4 *Die Ausdehnung des römischen Machtbereichs vom Ersten Punischen Krieg (246–241 v. Chr.) bis 133 v. Chr.*

1. Erläutere mithilfe des Textes, warum es den Römern auch im Zweiten Punischen Krieg gelang, sich gegen Karthago durchzusetzen.

2. Auf Sizilien, in Sagunt, Cannae und Zama fanden entscheidende Ereignisse der Punischen Kriege statt.
Suche diese Orte auf der Karte M4 und ordne ihnen die dazugehörigen Stellen im Text zu.

3. a) Beschreibe die Ausdehnung des römisches Herrschaftsgebietes mithilfe der Methode Kartenarbeit.
b) Beurteile: Gebrauchten die Römer die Bezeichnung „mare nostrum" mit Recht?
Tipp: Seite 163

4. Der Sieg über Karthago gilt als Wendepunkt der römischen Geschichte. Erläutere diese Aussage. Beachte M3.

 ### Eine dynamische Karte untersuchen

Die Karte zeigt eine Entwicklung im Mittelmeerraum, die sich über mehr als hundert Jahre erstreckte. Um die Entwicklungsschritte zu unterscheiden, wurde die Farbe, das Orange, immer etwas stärker aufgehellt. Eine solche Karte nennt man „dynamische Karte". Dynamik bedeutet Veränderung.

Man hätte die Schritte, die die Karte zusammenfasst, auch in mehreren Karten darstellen können. Der Vorteil einer dynamischen Karte ist aber, dass sie die Entwicklung auf einen Blick zeigt, während man einzelne Karten genau miteinander vergleichen müsste, um die Entwicklung zu erkennen.

• Erkläre anhand der Bildunterschrift und der Legende, was sie verdeutlichen soll.

• Liste auf, in welchen Schritten sich das Römische Reich ausgedehnt hat.

• Schreibe mithilfe der Karte im Innendeckel dieses Buches fünf Staaten heraus, die sich heute auf dem dargestellten Gebiet des Römischen Reiches befinden.

Die römische Republik in der Krise

M1 *Eine Alltagsszene auf einem Relief aus dem 1. Jahrhundert n. Chr.*

1. Beschreibe das Bild und ziehe Schlüsse auf die Lebensverhältnisse des dargestellten Mannes.

Die Lage der Bauern

* Staatsland: erobertes Land, das vom Senat zu Besitz des römischen Staates erklärt wurde

Römische Bauern mussten in Kriegen oft jahrelang als Fußsoldaten dienen. Am Ende konnten sie sich nicht als Sieger fühlen: Ihr Beuteanteil war gering, und während
5 der Kriegszüge waren ihre Familien nicht imstande, die Höfe richtig zu bewirtschaften. Schlechte Ernteerträge und Verschuldung waren die Folge, sodass viele ihren Grundbesitz nicht halten konnten. Wenn
10 dann ein reicher Nachbar für wenig Geld ihr Land kaufen wollte, gingen die verarmten Bauern meist darauf ein und wurden Tagelöhner* der Gutsherren. Sie waren zu Notleidenden geworden, die nichts besa-
15 ßen als ihre Nachkommen (lateinisch: proles). Man nannte sie deshalb ➤Proletarier.

* Tagelöhner: jemand, der tageweise, nur wenn er gebraucht wird, arbeitet und dafür Lohn erhält

Einen Ausweg sahen viele darin, in die Großstadt Rom zu ziehen und zu versuchen, dort Geld zu verdienen. Auch für verwit-
20 wete Frauen mit Kindern schien dies oft die einzige Möglichkeit zu sein.

Die Oberschicht wird reicher

Ganz anders erging es den Männern der Oberschicht. Als Offiziere erhielten sie den Großteil der Beute und auch bei der ➤Ver-
25 waltung der ➤Provinzen konnten sie sich bereichern. Mit diesem Geld kauften sie das Land der verarmten Bauern oder Staatsland* hinzu. Auf ihren ausgedehnten Gutsbetrieben ersetzten sie den Getreideanbau
30 durch Viehzucht und Weinanbau oder legten Olivenhaine an. Nur mit ➤Sklaven konnte man diese Form der Landwirtschaft gewinnbringend betreiben. Und Sklaven waren im Römischen Reich günstig zu be-
35 kommen: Es waren Kriegsgefangene.

Mangel an Soldaten

Mit der Verarmung der Bauern wuchsen nicht nur die Spannungen innerhalb der Bevölkerung Roms stark an. Auch die militärische Stärke des Römischen Reiches
40 litt: Denn für den Militärdienst kamen nur freie Römer, die sich selbst ausrüsten konnten, infrage. Doch die Zahl derer, die über genügend Geld verfügten, nahm immer weiter ab. Für den Staat wurde es daher im-
45 mer schwieriger, Soldaten zu verpflichten.

Die „Herren der Welt"

133 v. Chr. war der Römer Tiberius Gracchus zum Volkstribun gewählt worden. Um 100 n. Chr überlieferte der griechische Geschichtsschreiber Plutarch eine Rede des Tiberius:

Tiberius stritt für seine gute und gerechte Sache mit seiner unvergleichlichen Redekunst. Er war als Gegner gefährlich, ja unüberwindlich, wenn er – vom Volk um-
5 lagert – sprach:

„Die wilden Tiere, die Italien bevölkern, haben ihre Höhlen und kennen ihre Lagerstätte, ihren Schlupfwinkel. Die Männer aber, die für Italien kämpfen und ster-
10 ben, haben nichts als Luft und Licht. Rastlos, ohne Haus und ohne Heim, ziehen sie mit Weib und Kind im Land umher. Die Heerführer lügen, wenn sie in der Schlacht ihre Soldaten aufrufen, Gräber
15 und Heiligtümer gegen die Feinde zu verteidigen. Denn keiner von diesen armen Römern hat einen Altar von seinen Vätern geerbt, kein Grabmal seiner Ahnen. Für Wohlleben und Reichtum anderer setzen
20 sie im Krieg ihr Leben ein. Herren der Welt werden sie genannt: In Wirklichkeit besitzen sie nicht das kleinste Stückchen Land."

Plutarch: Tiberius 9 (bearbeitet)

. . . .

2. Versetze dich in die Situation eines Bauern und erzähle aus seiner Sicht, wie sich die Lebensbedingungen verändert haben. Beachte auch M 3.

3. Bearbeite M 2 mithilfe des Methodentrainings. Schreibe anschließend heraus, was genau man aus der Rede über die Notlage der Bauern erfährt.

+ Nenne Gründe, weshalb Plutarch wohl in seiner Darstellung die Rede des Tiberius in wörtlicher Rede wiedergab.

🔍 Eine Textquelle untersuchen

Wenn du aus einer Textquelle Informationen über vergangene Zeiten sammeln willst, ist es nicht nur wichtig, ihre Aussagen zu verstehen. Du solltest auch darauf achten, ob der Verfasser an den Ereignissen oder Umständen, die er schildert, beteiligt war oder ob er mit größerem zeitlichen Abstand darüber schreibt. Wenn jemand über etwas schreibt, was schon lange zurückliegt, solltest du zusätzlich überlegen, wie glaubwürdig die Quelle ist.

• Ermittle den zeitlichen Abstand zwischen der Rede des Tiberius und dem Bericht des Plutarch darüber. Überlege, worauf der Geschichtsschreiber Plutarch seine Beschreibung gestützt haben könnte und wie glaubhaft dir der Bericht erscheint.

M 3 Ein verwundeter Soldat. Ausschnitt aus einem Relief, 1. Jahrhundert n. Chr.

Reformieren, aber wie?

Als Folge der Punischen Kriege waren die Kleinbauern verarmt. Für das römische Militär standen sie daher nicht mehr zur Verfügung, denn jeder Soldat musste für
5 seine Ausrüstung selbst aufkommen. Das konnten die Kleinbauern nicht mehr leisten. Eine Schwächung des Militärs aber war für den römischen Staat, der sein vergrößertes Gebiet sichern musste, ein gro-
10 ßes Problem.

In dieser kritischen Situation teilte sich der ➤ Senat. Eine kleinere Gruppe wollte mit Gesetzen der Volksversammlung Reformen für das Volk, um die militärische
15 Stärke Roms zu erhalten. Diese Gruppe nannte sich „Popularen", abgeleitet von „populus": Volk. Eine größere Gruppe wollte dagegen die bestehende Ordnung erhalten. Diese Gruppe bezeichnete sich als „Optimaten", von „optimus": zu den Besten gehörig. Beide Seiten bestimmten zu verschiedenen Zeiten die Politik Roms.

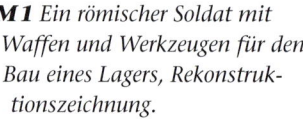

M 1 *Ein römischer Soldat mit Waffen und Werkzeugen für den Bau eines Lagers, Rekonstruktionszeichnung.*

1 *Schild*
2 *Wurfspeere*
3 *Kurzschwert*
4 *Helm*
5 *Brustpanzer*
6 *Rucksack mit Verpflegung*
7 *Wolldecke*
8 *Hacke*
9 *Kochgeschirr*

Popularen

Tiberius Gracchus. Büste aus dem Jahr 1853

Der junge Volkstribun Tiberius Gracchus schlug im Jahr 133 v. Chr. ein Gesetz vor, das den Landbesitz der Groß-
30 grundbesitzer beschränkt. Das abgegebene Land sollte an die Kleinbauern verteilt werden, um sie dadurch in die Lage zu versetzen, sich auszurüsten. Rom würden damit wieder genügend
35 Soldaten zur Verfügung stehen.

Marius, Büste aus dem 1. Jahrhundert v. Chr.

Als germanische Stämme im Jahr 105 v. Chr. nach Süden vordrangen, wurde deutlich, dass Rom zu schwach war, um sich zu verteidigen. In dieser Situation führte 104 v. Chr. der ➤ Konsul und Heerführer Marius
45 eine Berufsarmee ein: Der Staat sollte die Waffen stellen und alle männlichen Einwohner Roms sollten als Soldaten arbeiten können, bezahlt von ihren Heerführern. Nach ihrem Dienst sollte
50 der Heerführer sie auch mit erobertem Land versorgen.

Der Einfluss der Heerführer auf die römische Politik wuchs ständig weiter.

1. a) Stellt zu zweit arbeitsteilig heraus, welche Maßnahmen von Popularen bzw. Optimaten durchgeführt wurden.
b) Tauscht eure Ergebnisse aus und bestimmt, welche Veränderungen, die der jeweilige politische Gegner durchgesetzt hat, von der anderen Seite später beibehalten und welche abgelehnt wurden.

2. Stell dir vor, ein älterer Römer, der die Krise erlebt hat, erzählt seinem Sohn von den verschiedenen Lösungsversuchen und wie sie zusammenhängen. Schreibe auf, was er berichten könnte.

+ In Deutschland gibt es keine Wehrpflicht mehr, sondern nur noch Berufssoldaten. Sprich mit deinen Eltern oder anderen Erwachsenen darüber und hole dazu ihre Meinungen ein.

Optimaten

Alle Senatoren waren Großgrundbesitzer. Sie und auch andere Anhänger der alten Ordnung lehnten den Reformvor-
55 schlag des Tiberius Gracchus ab. Einige Senatoren schreckten sogar vor politischem Mord nicht zurück: Während einer Versammlung erschlugen sie Tiberius Gracchus und einige seiner Anhänger.
60 Die alte Ordnung sollte erhalten bleiben. Aber das Problem der fehlenden Soldaten blieb ungelöst.

Senatoren auf einem Relief aus dem 1. Jahrhundert v. Chr.

Sulla war ein römischer Heerführer. Weil ihm auf Veranlassung des Marius der Befehl über sein Heer entzogen wor-
65 den war, befahl er seinen Truppen, gegen Rom zu marschieren. Ein Bürgerkrieg entwickelte sich. Seit 83 v. Chr. bestimmte Sulla als ➤ Diktator, Alleinherrscher für begrenzte Zeit, die römische Politik. Seine Gegner, die Anhänger des Marius, ließ er ermorden. Mit ihrem Besitz versorgte er seine Soldaten. Die Volksversamm-
70 lung und die Volkstribunen entmachtete er und stärkte den Senat.

Sulla, Büste aus dem 1. Jahrhundert v. Chr.

Caesar setzt sich durch

M 1 Gaius Julius Caesar. Diese Porträtbüste aus Marmor wurde noch zu Caesars Lebzeiten angefertigt.

Im Jahr 60 v. Chr. trafen sich drei bedeutende Römer, die sich Sorgen um ihren politischen Einfluss machten. Es waren der zu dieser Zeit mächtigste Heerführer, Gnaeus
5 Pompeius, außerdem Marcus Licinus Crassus, der reichste Mann Roms, und der beim Volk beliebte Politiker Gaius Julius Caesar. Pompeius, Crassus und Caesar beschlossen, heimlich ein Bündnis einzugehen: Sie
10 wollten dafür sorgen, dass in der römischen Politik in Zukunft nichts gegen ihren Willen unternommen werde.

Erfolg und Neid

Tatsächlich gelang es ihnen (teils durch Bestechung), ihre Ziele auch gegen Beschlüs-
15 se des ➤ Senats durchzusetzen: Sie sorgten dafür, dass Caesar ins Amt des ➤ Konsuls gewählt wurde, und machten sich zu Provinzverwaltern. So erhielt Caesar 59 v. Chr. das Kommando über die Truppen an der
20 Grenze zu Gallien. Innerhalb von zehn Jahren eroberte er mit seinen Soldaten Gallien, ohne dazu vom Senat beauftragt zu sein! Dieser Erfolg sorgte nicht nur dafür, dass er – als Figur des Comics „Asterix" –
25 bis in unsere Zeit allseits bekannt ist. Seine

Siege machten ihn reich und verhalfen ihm zu treuen, kampferprobten Truppen.

Pompeius sah seinen bisherigen Verbündeten nun als Konkurrenten. Auch
30 dem Senat war Caesar längst zu mächtig: Auf Drängen von Pompeius wurde beschlossen, Caesar als Heerführer abzusetzen. Umgehend sollte er seine Legionen entlassen und als Privatmann nach Rom
35 zurückkehren! Caesar weigerte sich – angeblich mit dem Spruch: „Der Würfel ist gefallen" – und führte im Jahr 49 v. Chr. sein Heer nach Rom. Es kam zu einem Bürgerkrieg, der mehrere Jahre andauerte.
40 Schließlich gelang es Caesar, sich durchzusetzen.

Caesar als Alleinherrscher

Im Jahr 45 v. Chr. hatte Caesar eine Macht-
45 fülle erreicht wie kein Römer vor ihm:
- Er setzte viele neue Senatoren ein, die meisten waren seine Anhänger.
- Als höchster Priester war er verantwortlich für die Art der Götterverehrung.
50 - Im Jahr 44 v. Chr. übertrug ihm der Senat das für Krisenzeiten vorgesehene Amt des ➤ Diktators auf Lebenszeit.
- Nachdem er Land an 80 000 Proletarier verteilt hatte, konnte er sich auf die Volks-
55 versammlung verlassen.
- Seine früheren Soldaten unterstützten ihn.

Doch gegen Caesars Macht regte sich Widerstand: Einige Senatoren fürchteten, dass er sich zum König machen wollte, und er-
60 innerten an gewalttätige Etruskerherrscher. Weil sie die Existenz der ➤ Republik in Gefahr sah, ermordete eine Gruppe von Senatoren Caesar am 15. März 44 v. Chr. während einer Senatssitzung. Ein weiterer Bürgerkrieg
65 zwischen den Mördern Caesars und seinen Anhängern, die die Bluttat rächen und ihre politische Macht sichern wollten, begann.

Das geht zu weit! Diese Gallier machen mich zum Gespött!

M 2 Caesar als Comicfigur, gezeichnet von dem Franzosen Albert Uderzo

Caesar baut seine Macht aus

Der griechische Geschichtsschreiber Plutarch schrieb um 100 n.Chr. über Caesar:

Caesar schuf sich in den gallischen Kriegen seine politische Macht. Während
man meinte, er schlüge sich in weit entfernten Gegenden mit Belgiern, Sueben
5 und Britanniern herum, verstand er es
mit seiner politischen Begabung doch,
heimlich gegen Pompeius zu arbeiten. In
Gallien wollte er seine Truppen in den
Kämpfen gegen die Barbaren* zur Härte
10 erziehen. [...] Kostbare Beute schickte er
nach Rom. So wagte er hier und da Beste-
chungen, unterstützte die Ädilen, Präto-
ren und Konsuln [...] bei ihren Ausgaben
und schuf sich immer neue Freunde.

Plutarch, Pompeius 51 (bearbeitet)

Caesar – ein König?

*Der römische Schriftsteller Sueton, der zur
Zeit Plutarchs lebte, überlieferte:*

Caesar nahm übertriebene Ehren an: die
ständige Wiederwahl zum Konsul, die
Diktatur auf Lebenszeit, außerdem den
Titel „Imperator" und den Beinamen „Va-

M5 *Karl Theodor von Piloty malte fast 2000 Jahre nach der Ermordung Caesars dieses sogenannte Historienbild – ein Bild, das ein historisches Ereignis wiedergibt. Antike Quellen berichten, dass die Senatoren sich Caesar mit Bittschriften angenähert hatten. Als sie bei ihm standen, zogen sie Messer aus ihren Gewändern und erstachen Caesar.*

5 ter des Vaterlandes", ein Standbild zwischen denen der Könige und einen Thron
im Theater. Darüber hinaus duldete er
auch Ehrungen, die Menschen nicht angemessen sind: einen goldenen Sessel im
10 Senat und im Gericht, Standbilder neben
den Götterstatuen, die Benennung eines
Monats nach seinem Namen. Er nahm
und vergab auch Ämter, wie es ihm gefiel.
In aller Öffentlichkeit äußerte er, dass die
15 Republik ein Nichts sei. Besonderen Hass
zog er sich durch Folgendes zu: Er emp-
fing die Senatoren im Sitzen, als sie ihm
weitere Ehren übertragen wollten. Doch:
Dem Volk, das ihn als König begrüßte, ant-
20 wortete er: „Ich bin Caesar, kein König."

Sueton: Caesar, 76–79 (bearbeitet)

* Barbaren: Fremde
(Seite 80)

1. Belege an M3, weshalb der Krieg in
Gallien für Caesars politischen Aufstieg
wichtig war.

2. Schreibe aus M4 heraus, wie sich Caesar gegenüber den Ehrungen verhielt.

+ Caesar lehnte es ab, König genannt zu
werden. Nimm dazu Stellung.

3. Caesar hatte unter den Anhängern
der alten Sitten (Seite 111 f.) erbitterte
Gegner. Verfasse eine Rede, in der ein
solcher Gegner das Vorgehen Caesars
leidenschaftlich angreift.

+ Suche in Asterix-Comics nach Caesar-
Darstellungen.
a) Beschreibe, mit welchen Eigenschaften Caesar darin ausgestattet ist.
b) Untersuche, ob sie zu den Darstellungen auf diesen Seiten passen.

Augustus schafft eine neue Ordnung

Nach Caesars Tod setzten sich seine Erben, sein 19-jähriger Adoptivsohn Oktavian und Marcus Antonius, ein langjähriger Mitstreiter Caesars, in einem Bürgerkrieg
5 gegen die Senatoren durch, die das Attentat auf Julius Caesar verübt hatten. Sie teilten sich die Herrschaft im Römischen Reich. Doch aus den Verbündeten wurden bald Feinde, und es kam wieder zum Krieg.
10 Oktavian gelang schließlich der entscheidende Sieg. In einem Triumphzug kehrte er 27 v. Chr. nach Rom zurück.

In der Kurie, dem Senatsgebäude, erwarteten feierlich gekleidete Senatoren voller
15 Sorge die Rede Oktavians. Sie alle hatten die Schrecken des Bürgerkriegs durchgemacht, in dem auch viele ➤ Patrizier zu Tode gekommen waren. Dabei hatte sich Oktavian durch Grausamkeit hervorgetan.
20 Was waren seine Bedingungen für den ersehnten Frieden? Würden die Senatoren, wie in den vergangenen Jahren, auch unter der Herrschaft Oktavians nicht mehr über die römische Politik mitentscheiden
25 können? Wollte Oktavian vielleicht wie Caesar für immer ➤ Diktator werden? Die Senatoren waren bereit, alles hinzunehmen, wenn nur die Kriege enden würden.

Aber Oktavian überraschte die Senatoren:
30 Er erklärte, auf alle Sondervollmachten zu verzichten und zu der alten republikanischen Ordnung zurückzukehren. Die Senatoren dankten ihm für seinen Großmut und schlugen vor, ihn „pater patriae" (Va-
35 ter des Vaterlands) nennen und mit dem Beinamen „Augustus" – er bedeutet „der Erhabene" – ehren zu dürfen. Oktavian nahm dies wohlwollend an.

Eine neue Ordnung: der Prinzipat

Augustus selbst nannte sich bescheiden
40 Princeps, „erster ➤ Bürger", und tat schein-
bar alles, um die alte Verfassung wiederzubeleben: Jährlich wurden ➤ Konsuln und ➤ Beamten gewählt, der ➤ Senat beriet alle anstehenden Probleme, Senatoren durften
45 wie früher wichtige ➤ Provinzen verwalten. Doch die wahren Machtverhältnisse sahen anders aus: Augustus hatte das letzte Wort bei allen wichtigen Entscheidungen – ob es z. B. um die Besetzung von Ämtern oder
50 um Staatsausgaben ging.

Tatsächlich hatte Augustus die alte Ordnung nicht wiederhergestellt, sondern eine andere Regierungsform eingeführt. Man bezeichnet sie – abgeleitet von
55 „Princeps" – als ➤ Prinzipat. Ihr Charakter zeigte sich besonders am Ende der über vierzigjährigen Herrschaft des Augustus: Er bestimmte seinen Stiefsohn Tiberius als Nachfolger, so, wie auch er selbst als
60 Adoptivsohn Caesars zu dessen Nachfolger geworden war. Der Prinzipat war zu einer Form der ➤ Monarchie geworden. So ist zu erklären, dass aus dem Namen Caesar ein Titel für Herrscher wurde. Die Römer nann-
65 ten sie „Caesaren" – lateinisch für ➤ Kaiser.

Der „Augustusfrieden"

Trotz vieler Kriege an den Grenzen empfanden die Römer die Regierung des Augustus als eine Zeit des Friedens und der Blüte: Handel und Wirtschaft erlebten ei-
70 nen Aufschwung, prunkvolle öffentliche Bauten entstanden, die Zeit der politischen Wirren war vorbei.

Um seine Stellung zu sichern und seine Leistungen im besten Licht darzustellen,
75 nutzte Augustus viele Wege. Er beauftragte Dichter und Geschichtsschreiber damit, ihn und seine Taten zu preisen. In allen Städten waren Statuen des Augustus zu bewundern, Münzen mit seinem Abbild
80 wurden im ganzen Reich verbreitet.

M1 Was Augustus über sich sagte

Vor seinem Tod verfasste Augustus einen „Tatenbericht" über sein Wirken und ließ ihn auf Bronzetafeln gravieren. In vielen Städten wurden Kopien aufgestellt. Hier ein Auszug:

Mit 19 Jahren habe ich auf eigenen Entschluss und mit eigenen Mitteln ein Heer aufgestellt, mit dem ich die Republik in die Freiheit zurückführte. Die Mörder
5 meines [Adoptiv-]Vaters [Caesar], vertrieb ich und rächte ihr Verbrechen dem Gesetz entsprechend. Krieg habe ich zu Wasser und zu Land auf der ganzen Welt oft geführt und alle die Bürger geschont, die
10 mich um Gnade baten.
Die mir vom Senat und Volk angebotene Diktatur habe ich abgelehnt. Auch das lebenslängliche Konsulat habe ich zurückgewiesen. In Notlagen habe ich die Getreide
15 versorgung [Roms] übernommen, ohne darum gebeten worden zu sein. Die Gebäude des Capitols (und zahlreiche andere Tempel, öffentliche Bauten und Straßen) habe ich wiederhergestellt oder bauen las
20 sen. Nachdem ich die Flammen der Bürgerkriege gelöscht hatte, habe ich die Macht im Staat wieder an den Senat und das Volk übertragen. Seitdem habe ich alle an Ansehen und Einfluss* übertroffen,
25 aber als Beamter hatte ich nicht mehr Befugnisse als meine Amtskollegen.
Zitiert nach Augustus' Tatenbericht 1–3; 5; 20; 34

M2 *Die 19 v. Chr. entstandene 2,04 m hohe Statue zeigt Augustus überlebensgroß, zudem bewaffnet, aber – wie sonst nur Götter – barfuß. Die Bilder auf dem Brustpanzer weisen auf seine Siege hin und heben hervor, dass die Götter ihn unterstützen.*

* Augustus verwendete das lateinische Wort „auctoritas": Autorität

---

1. Betrachte das Standbild M2 und erkläre mithilfe der Bildunterschrift, welche Eigenschaften des Herrschers darin besonders hervorgehoben werden. Tragt eure Beobachtungen in der Klasse zusammen.

2. Augustus starb mit 76 Jahren friedlich im Schlaf. Erkläre mithilfe des Textes, warum er dem Schicksal Caesars entging.
Tipp: Seite 163

3. a) Ordne den in M1 genannten Maßnahmen Eigenschaften des Augustus zu. Ein Beispiel:
Maßnahme: Er schonte die Gegner.
Eigenschaft: Milde, Nachsicht

b) Vergleiche das Bild, das Augustus in M1 von sich selbst entwirft, mit dem, das du aus dem Text auf Seite 126 gewonnen hast.
c) Benenne Gründe, warum er selbst ein so positives Bild von sich entwirft.

Rom – die Hauptstadt des Reiches

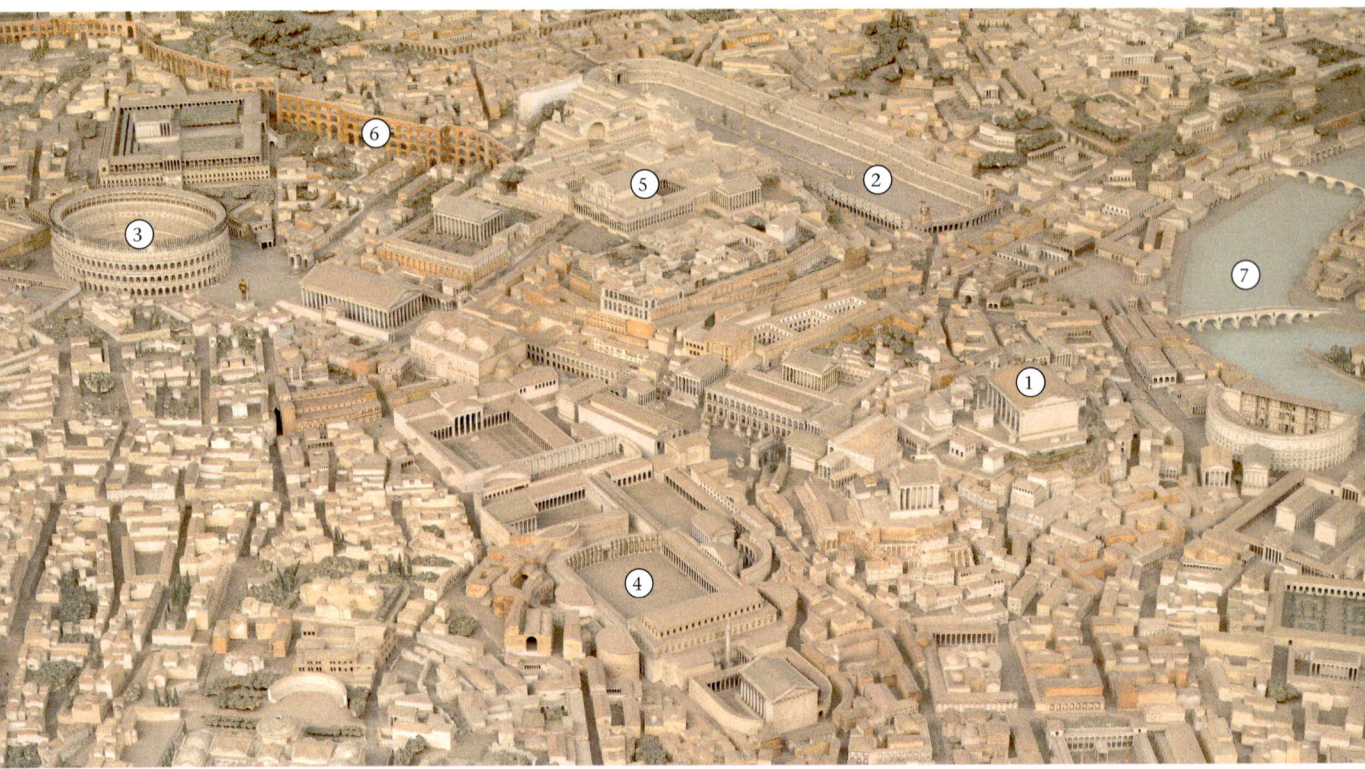

M 1 Foto eines Stadtmodells von Rom um 300 n. Chr. Die meisten der Gebäude stammen bereits aus früheren Jahrhunderten.
① *Capitol,* ② *Circus maximus,* ③ *Colosseum,* ④ *Forum Romanum,* ⑤ *Palatin,* ⑥ *Aquädukt,* ⑦ *Tiber*

ZEITREISE Ein Stadtrundgang in Rom

Rom im Jahr 85 n. Chr. Claudia und Quintus haben gerade erfahren, dass der Athener Kimon, ein Freund des Vaters, mit seinen Kindern in Brundisium angekommen ist. In einigen Tagen werden sie in Rom erwartet.

Claudia: Vater hat erzählt, wie gastfreundlich Kimon und seine Familie waren. Da dürfen wir uns nicht blamieren.

Quintus: Mutter sorgt schon dafür, dass
5 sie gut untergebracht werden und leckeres Essen bekommen. Aber wir müssen uns wohl um Philippos und Helene kümmern. Große Lust habe ich nicht. Wie sollen wir uns überhaupt verständigen?
10 **Claudia:** Mit unserem Griechisch, das uns der Sklave Patroklos beigebracht hat,
wird es schon klappen. Hände und Füße haben wir ja auch noch. Bestimmt wird es nett! Lass uns mal überlegen, was wir
15 mit ihnen unternehmen!

Quintus: Naja, sie sollen schon merken, dass Rom die prächtigste Stadt der Welt ist. Athen ist ja nichts dagegen.

Claudia: Angeber! Du warst doch noch nie
20 in Athen. Aber einen Tag brauchen wir mindestens, um ihnen zu zeigen, was jeder Rombesucher gesehen haben muss. Am besten starten wir auf dem Capitol.

Quintus: Ja, von dort hat man einen tollen
25 Blick auf den Tiber und die Aquädukte. Und da sehen sie auch gleich den riesigen Circus Maximus und das nagelneue Colosseum.

Claudia: Und wenn wir schon einmal auf
30 dem Capitol sind, können unsere Gäste
gleich in den Tempeln den Göttern
danken, dass sie heil übers Meer gekommen sind.

Quintus: Weiter geht's die Stufen vom Ca-
35 pitol hinunter zum alten <u>Forum</u> und den
<u>Kaiserforen</u> mit den Triumphbogen und
den Prachttempeln. Auf jeden Fall müssen wir ihnen dann noch den <u>Palatin</u> mit
den Prunkvillen der ➤ Kaiser zeigen. Die
40 werden sie umhauen.

Claudia: Reicht das nicht fürs Erste?

Quintus: Na, zum Grabmal des Augustus
und zu dessen Friedensaltar auf dem
Marsfeld müssen wir unbedingt. Ohne
45 diesen Friedensstifter sähe es in Rom
ganz anders aus, sagt Vater immer. Du
kannst bestimmt was zu den großen Re-
liefs am Altar sagen.

Claudia: Und du über die Sonnenuhr des
50 Augustus mit dem 20 Meter hohen Uhr-
zeiger.

Quintus: Das ist ja ein Obelisk*, der wurde
extra aus Ägypten hergeschafft. Aber bis
zum Marsfeld ist es ganz schön weit.
55 Und das bei der Hitze!

Claudia: Wir können ja im Schatten der
Arkaden bleiben. Langweilig wird's bestimmt nicht. Was für Typen auf der Via
Flaminia unterwegs sind! Dunkelhäutige
60 und Leute mit strohblondem Haar und
seltsamer Kleidung, manche richtig zum
Fürchten. ➤ Sklaven aus aller Welt und
feine Leute. Da merken sie, dass Rom
eine Weltstadt ist.

65 **Quintus:** Danach müssen wir aber eine
Pause machen! Am besten gehen wir zurück am Pompeius-Theater entlang, dort
gibt es mehrere Schnellimbisse. Gut ge-
würztes Fleisch mit frischem Fladenbrot
70 und ordentlich Fischsoße darüber. Da
freu ich mich jetzt schon drauf!

Claudia: Trinkflaschen brauchen wir nicht
mitzunehmen. An jeder Ecke gibt es ja
Brunnen mit Wasser aus den Bergen.

75 Unter einer dieser großen Wasserleitun-
gen kommen wir auch durch. … Ob es
in Athen wohl auch so viele öffentliche
Klos mit Wasserspülung gibt wie bei
uns?

80 **Quintus:** Glaub ich nicht. – Aber was machen wir am Nachmittag? Die Foren
müssen wir uns wohl noch etwas näher
ansehen. Von dort aus wird doch die
Welt regiert, meinen die Senatoren noch
85 immer! Erst wenn man in den Hallen
und Tempeln war, spürt man, wie riesig
sie sind.

Claudia: Vielleicht haben wir Glück und
können bei einer Gerichtsverhandlung
90 zuhören. Und durch die Verkaufshallen
müssen wir auf jeden Fall noch gehen.
Das wird Helene auch mögen, vielleicht
findet sie eine Seidenstola oder eine Par-
fümsalbe.

95 **Quintus:** Mir macht es am meisten Spaß,
den Marktschreiern zuzuhören. Aber das
reicht dann auch als Programm für den
ersten Tag. Schließlich gibt es zu Hause
bestimmt noch ein Fünf-Gänge-Menü!

100 **Claudia:** Außerdem können wir ja dann
noch einen Tag mit ihnen in die Thermen gehen – und dann natürlich noch
in den Zirkus …

• • • • • • • • • • • • • •

* Obelisk: Steinpfeiler.
*Die langen Schatten,
die Obelisken warfen,
wurden im alten
Ägypten als Strahlen
des Sonnengottes Re
gedeutet. Man glaub-
te, der Obelisk würde
eine Verbindung zu
den Göttern schaffen.*

• • • • • • • • • • • • • • • • • • • •

1. Beschreibe den Eindruck, den das
Gespräch dir von Rom vermittelt, und
nenne die erwähnten Besonderheiten,
die Rom als Hauptstadt auszeichnen.

2. Suche die in der „Zeitreise" unterstrichenen Sehenswürdigkeiten in der
Abbildung des Stadtmodells.

3. Diskutiert, warum die Römer, vor allem
die Kaiser, so viele Prachtbauten errichten ließen.
Tipp: Seite 163

Alltagsleben und Freizeit der Römer

In Rom, der Hauptstadt des Reiches, lebten zur Kaiserzeit etwa eine Million Menschen, die meisten von ihnen in einfachen Unterkünften. Doch die Stadt bot Römern
5 aller Gesellschaftsschichten beliebte Freizeiteinrichtungen, wo die Menschen sich an vielen Feiertagen kostenlos erholen und vergnügen konnten. Die ➤ Kaiser selbst ließen große, prächtige Theater oder Thermen errichten und sorgten durch Anord-
10 nungen dafür, dass etwa jeden zweiten Tag „Zirkusspiele" stattfanden.

Was könnten Gründe dafür gewesen sein? Möglicherweise wollten die Kaiser
15 die Römer beeindrucken – das Volk sollte den Kaisern dankbar sein. Aus demselben Grund sorgten die Kaiser für die Einfuhr von Getreide auf Staatskosten und ließen es an die Bevölkerung verteilen. Die soll-
20 te friedlich hinnehmen, dass – anders als früher – die Herrschaft allein vom Kaiser ausging. Mögliche Unruhen versuchten die Kaiser zu verhindern – mit „Brot und Spielen".

Gruppenarbeit: Experten werden

Auf den folgenden fünf Seiten lernt ihr das Leben im antiken Rom der Kaiserzeit näher kennen. In Quellentexten und Bildern begleitet ihr Römer in die Thermen, in den Circus, in ein Wohngebiet oder zu einem Gastmahl. Bearbeitet die Themen in Gruppen.

1. a) Jedes Gruppenmitglied liest die Texte und sieht sich die Bildquelle zu seinem Thema genau an.
b) Stellt die interessantesten Informationen zu eurem Thema zusammen. Achtet dabei auch darauf, die Meinung des Autors der Textquellen zu dem von ihm beschriebenen Verhalten der Menschen wiederzugeben.
c) Gestaltet gemeinsam ein Plakat (Seite 164), das die wichtigsten Ergebnisse anschaulich macht.

2. a) Legt alle Plakate zusammen in einer Tischgalerie* aus und fügt jeweils ein leeres Blatt für Kommentare hinzu.

b) Betrachtet die Plakate in einem Galeriegang (Seiten 83, 165). Notiert auf den beigelegten Blättern eure Kommentare und Fragen oder Besonderheiten, die euch aufgefallen sind (Seite 165).
Schreibt zuerst auf, was gelungen ist. Macht danach, falls nötig, Verbesserungsvorschläge.

c) Besprecht die Rückmeldungen und überarbeitet eure Plakate, falls nötig.

3. Ordnet mithilfe eines Diagramms zu, auf welche Bevölkerungsgruppen der römischen Gesellschaft sich die Themen beziehen.

4. Benennt in einem Klassengespräch Ähnlichkeiten und Unterschiede zu unserer Zeit und nehmt zu ihnen Stellung.

* *Tischgalerie: Präsentation von Arbeitsergebnissen auf Tischen*

wohlhabende Römer

ärmere Bevölkerungsgruppen

Thema 1 Römische Thermen: antike Spaßbäder?

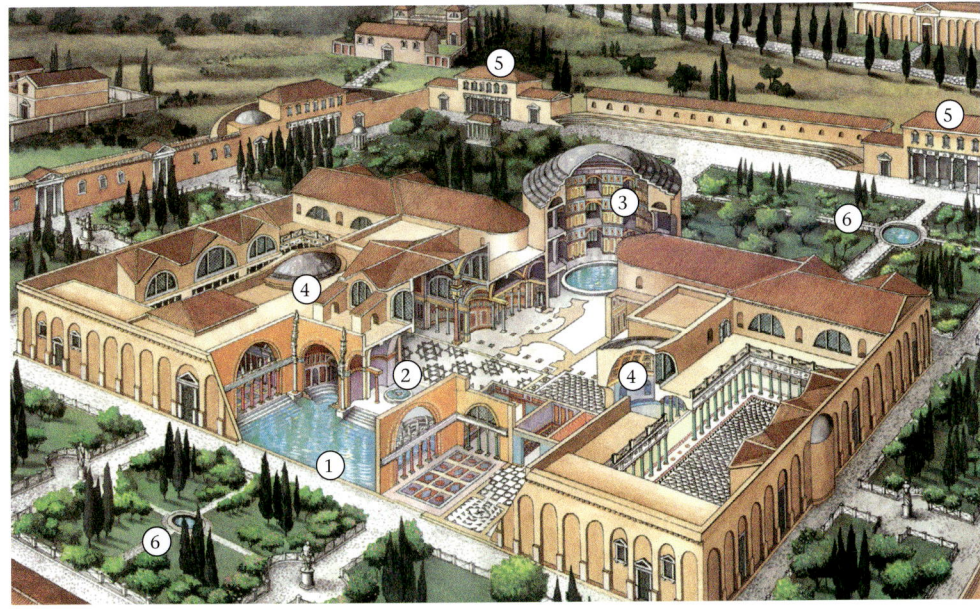

M 1 Rekonstruktionszeichnung der Caracalla-Thermen. Sie wurden in der Amtszeit des Kaisers Caracalla (212–217 n.Chr.) erbaut.

① *Schwimmbad im Freien*
② *Frigidarium (Kaltbad)*
③ *Caldarium (Warmbad)*
④ *Gymnasium (Sportraum)*
⑤ *Bibliothek*
⑥ *Gärten*

25 „Ein gesunder Geist ist in einem gesunden Körper", sagten die Römer. Um sich zu pflegen und Sport zu treiben, konnten sie die Thermen besuchen. Das waren riesige Badeanstalten, zu denen nicht nur meh-
30 rere Badebecken, sondern auch Sporträume, Bibliotheken und Gartenanlagen gehörten. ▸ Sklaven waren als Masseure oder Friseure tätig oder bedienten die Fußbodenheizung, die für Wärme in den Hal-
35 len sorgte.

M2 Das Vergnügen der anderen

Der römische Philosoph Seneca klagt in einem Brief:

Stille ist so notwendig für einen, der in seine Studien vertieft ist. Doch direkt oberhalb von Thermen wohne ich. Stelle dir nun alle Arten von Geräuschen vor.
5 Wenn Kraftprotze üben und ihre Hände schwingen, die mit Bleigewichten beschwert sind. Wenn sie sich abmühen, höre ich ihr Stöhnen. Wenn sich jemand mit dem Einsalben begnügt, höre ich das
10 Klatschen der Hand, die auf die Schultern schlägt. Wenn ein Ballspieler dazukommt und die Bälle zu zählen beginnt, ist es mit meinen Studien ganz vorbei. Und dann noch das Geschrei eines Streithahnes, ei-
15 nes ertappten Diebes oder von einem, dem seine Stimme im Bad gefällt oder das Geplatsche derer, die ins Becken springen! Denke dann noch an einen Haarauszupfer, der seine dünne schrille Stimme
20 unentwegt ertönen lässt, um sich bemerkbarer zu machen. Der ist nur still, wenn er einem Kunden die Achselhaare auszupft, der dann an seiner Stelle schreien muss. Schon höre ich die verschiedenen Rufe
25 von Getränkeverkäufern, Wursthändlern, Bäckern und Imbissbetreibern, wie sie auf eigene Weise ihre Waren anpreisen.

Seneca: Epistulae morales ad Lucilium ep. 56,1–2, S. 20–23 (bearbeitet)

Anregung

• •

Stellt euch vor, ihr habt als Gäste von Claudia und Quintus die Therme besucht. Schreibt über eure Erlebnisse in einem Brief.

Thema 2 Eine Attraktion im Circus Maximus

Neben Theatervorführungen und Gladiatoren- oder Tierkämpfen zählten Wagenrennen zu den beliebtesten Freizeitvergnügen der Römer. Die größte Rennbahn
5 dafür im ganzen Römischen Reich bot der Circus Maximus in Rom (M1/②, Seite 128). Sie war 570 m lang. Auf den Rängen des Circus fanden etwa 250 000 Zuschauer Platz – und meistens war er gut besucht!
10

Bei einem Wagenrennen musste die Bahn sieben Mal umrundet werden. Dabei versuchten die Fahrer, sich gegenseitig wegzudrängen oder vom Wagen zu stoßen. Um nicht herunterzufallen, wickelten sie
15 sich die Zügel um den Körper. Erfolgreiche Wagenlenker wurden wie heutige Sportstars verehrt; sie konnten zu Millionären werden! In Rom gab es vier Rennställe, die nach Farben unterschieden wurden:
20 die Roten, die Blauen, die Weißen und die Grünen.

*M1 Wagenrennen. Römisches Relief,
2. Jahrhundert n. Chr.*

 Wagenrennen, (k)eine Freude?

*Der Politiker Plinius der Jüngere lebte um 100
n. Chr. Er schrieb in einem Brief:*

Es gab neulich Zirkusspiele in Rom, ein Vergnügen, das mich überhaupt nicht reizen kann. Es reicht, wenn man sie einmal gesehen hat. Umso mehr wun-
5 dert mich, dass so viele Tausend Erwachsene so kindisch immer wieder danach verlangen, die rennenden Pferde und die auf den Wagen stehenden Männer zu sehen. Wenn sie von der Schnel-
10 ligkeit und der Geschicklichkeit der Lenker begeistert wären, hätte es ja noch einen Sinn. Sie aber jubeln den Farben ihrer Mannschaft zu. Das gilt nicht nur für die einfachen Leute, son-
15 dern auch für ernsthafte Männer. Wenn ich daran denke, dass diese Leute bei einer so sinnlosen Sache ihre Zeit vertun, habe ich Spaß daran, dass ich daran keinen Spaß habe.

Plinius der Jüngere: Briefe IX, 6 (bearbeitet)

Thema 3 Als Zuschauer dabei sein

Zirkusspiele waren eingeführt worden, um die Götter zu ehren. In der Kaiserzeit waren sie für die Römer aller Gesellschaftsschichten aber nur noch ein
5 beliebtes Freizeitvergnügen. An etwa jedem zweiten Tag fanden die Spiele statt und dauerten vom Vormittag bis zum Abend! Den Besuchern wurde ein abwechslungsreiches Programm geboten –
10 mit Wagenrennen, Theatervorführungen, Gladiatoren- oder Tierkämpfen. Wie mag es im Publikum zugegangen sein?

Anregung

Spielt die in M1 beschriebene Szene bei eurer Präsentation vor der Klasse.

 ## Annäherung nach Anleitung

Der Dichter Ovid gab Ratschläge für eine Annäherung an Frauen:

Viele Vorteile bietet der Circus* mit seiner Menschenmenge. Setze dich dicht neben deine Angebetete. [...] Versuche, ein Gespräch über Alltäglichkeiten anzufangen:
5 Frage eifrig, wessen Pferde als nächste dran sind. Ergreife sofort Partei für das Team, für das sie ist. Wenn die Prozession der Wettkämpfer mit der Göttin Venus einzieht, dann applaudiere nicht der Göttin, son-
10 dern deiner Angebeteten.
Fällt zufällig, wie oft an diesem Ort, Staub auf ihr Kleid, dann klopfe ihn ab. Und wenn kein Staub fällt, dann klopfe den nicht vorhandenen ab. Jeder Anlass für
15 eine Gefälligkeit soll dir recht sein. Hängt das Kleid zu tief auf der Erde, hebe es schnell vom schmutzigen Boden auf. Belohnung für deinen Diensteifer ist der Anblick ihrer Beine – sie wird es zulassen!
20 Achte darauf, dass keiner auf der Bank hinter euch seine Knie gegen ihren zarten Rücken drückt.
Kleinigkeiten nehmen sie für dich ein. Oft hat es sich gelohnt, das Sitzkissen zurecht-
25 zurücken. Es ist auch nützlich gewesen, mit einem Fächer frische Luft zuzufächeln oder einen Schemel unter ihre zarten Füße zu stellen. Das sind die Annäherungsmöglichkeiten, die der Zirkus und die tränenbringende Arena einer neuen Liebe bieten.
Ovid: Ars amatoria, Vers 185 ff. (leicht gekürzt)

* Gemeint ist der Circus Maximus (Abbildung Seite 128).

Das Foto unten zeigt die Ruinen des Theaters in Ostia bei Rom.

Thema 4 **Wohnen in Rom**

Fast 50 000 Mietshäuser gab es zur Kaiserzeit in Rom. Es waren mehrgeschossige Gebäude, in denen viele kleine Wohnungen und – zu ebener Erde – Läden, Wirts-
5 häuser und Werkstätten untergebracht waren. Wie Inseln vom Meer waren die Mietshäuser auf allen Seiten von Straßen umgeben. Deshalb nannte man sie „Insulae" (Einzahl: „Insula"). Mehrköpfige
10 Familien mussten sich oft mit einem einzigen Raum begnügen. Wasser holte man sich aus öffentlichen Brunnen an Plätzen, wo es auch öffentliche Toiletten gab. Meist wurden aber Nachttöpfe benutzt, die man
15 an öffentlichen Sammelstellen entleeren konnte.

Wohlhabende Römer dagegen lebten in freistehenden Häusern, deren Mittelpunkt ein Innenhof, das Atrium, war: Sie schirm-
20 ten das Familienleben nach außen gegen Hitze und Lärm ab.

M 1 Modell eines mehrstöckigen Miets-hauses in Ostia

Weltstadttrubel

Der Dichter Martial lebte um 100 v. Chr. in Rom. In einer seiner Schriften klagte er:

Du fragst, warum ich zu meinem kleinen, bescheidenen Landhaus aufbreche?
In Rom gibt es keinen Ort, wo man zum Nachdenken oder zur Ruhe kommt, mein
5 Freund. Die Lehrer vermiesen einem das Leben am Morgen mit ihren lauten Belehrungen, die Bäcker in der Nacht und die Hämmer der Schmiede den ganzen Tag. Hier klimpert der faule Geldwechsler
10 mit seinem Kleingeld auf dem schmutzigen Tisch, dort hämmert einer, der mit seinem Schlägel Blattgold verarbeitet. Auch die Anhänger der Kriegsgöttin Bellona geben mit ihren lauten Gebeten nie
15 Ruhe, auch nicht der Junge, der von seiner Mutter zum Betteln erzogen wurde oder der triefäugige Straßenhändler. Nachts schreckt mich das Lachen der Passanten auf, als ob ganz Rom an meinem
20 Bett steht.
Martial: Epigramme XII, 57 (bearbeitet)

Thema 5 Römische Gastfreundschaft

Mahlzeiten in Italien: Man frühstückt fast im Vorbeigehen, ein kleiner Imbiss reicht zur Mittagszeit, am Abend aber folgt ein Essen mit mehreren Gängen. So hielten es
5 die Römer auch in der ➤ Antike.

Für die Angehörigen der Oberschicht war es zudem üblich, möglichst oft zu einem Gastmahl einzuladen. Dabei konnten sie nicht nur mit erlesenen Speisen beeindru-
10 cken, sondern auch mit kostbar ausgestatteten Speiseräumen. In ihnen lagen sich die eingeladenen Männer – Frauen und Kinder speisten in Nebenräumen – auf Liegen gegenüber. Wein und mundgerecht
15 zerlegte Speisen wurden ihnen in kostbaren Gefäßen gereicht.

M 1 *Ein Gastmahl. Wandmalerei aus Pompeji, 1. Jahrhundert n. Chr.*

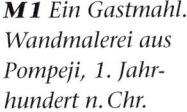 **Das richtige Maß finden**

Ein Erlebnis bei einem Gastmahl veranlasste den Schriftsteller Plinius zu diesem Brief:

Ich war bei einem Bekannten zu Gast, der sich selbst für vornehm und aufmerksam hielt, den ich aber geizig und verschwenderisch fand. Sich und einigen Auser-
5 wählten ließ er Leckereien auftischen, den übrigen Gästen billige Speisen in kleinen Portionen. Den Wein stellte er in drei Krügen bereit, den einen – den besten! – für sich und uns, einen anderen für weni-
10 ger gute Freunde und einen dritten für seine und unsere ehemaligen Sklaven.
Der neben mir am Tisch lag, fragte mich: „Und wie machst du es?" – „Ein und dasselbe setze ich allen vor. In jeder Hinsicht
15 behandele ich die gleich, die ich zu einem Gastmahl einlade. – „Auch die freigelasse-

nen Sklaven?" – „Ja, auch sie. Denn für mich sind sie Gäste, keine Freigelassenen."– „Ist das nicht zu teuer für dich?"
20 – „Aber nein! Denn meine Freigelassenen trinken natürlich nicht dasselbe wie ich, sondern ich dasselbe wie die Freigelassenen."
Und beim Herkules: Denn es fällt einem
25 nicht schwer, viele Gäste zu haben, wenn man Gaumen und Kehle zügelt. Sie muss man mäßigen, um die Kosten im Rahmen zu halten. Das schafft man besser mit eigener Mäßigung, als indem man manche
30 Gäste kränkt.
Denk also dran: Vermeide diese neumodische Verbindung von Luxus und Geiz. Jedes für sich ist schon abscheulich, aber viel schlimmer ist die Verbindung von
35 beiden.
Plinius: Epistulae II, 6 (übersetzt und gekürzt)

Sklaven und Freigelassene

M1 Sklaven wurden in Rom auch in großen Handwerksbetrieben eingesetzt. Darstellung einer Bäckerei auf einem römischen Relief

Für die Römer war ein Leben ohne ➤ Sklaven unvorstellbar. Sklaven bewirtschafteten die Ländereien der Großgrundbesitzer, arbeiteten als Diener in Villen und Thermen.
5 Sklaven beluden Frachtkähne oder bewegten als Ruderer die römischen Kriegsschiffe. In Großbäckereien, Töpfereien und anderen Handwerksbetrieben wurden sie ebenso eingesetzt wie beim Bau der Aquädukte,
10 Straßen, Tempel und Paläste. Besonders kräftige Männer mussten als Gladiatoren im Circus um ihr Leben kämpfen. Nach Schätzungen machten Sklaven etwa ein Viertel der Bevölkerung aus, in der Hauptstadt
15 Rom war ihr Anteil sogar noch höher.

Entwicklung der Sklaverei

Sklaven hatte es in Rom schon immer gegeben. Verarmte Bauern wurden zu Sklaven, wenn sie ihre Schulden nicht bezahlen konnten. Diese „Schuldknechtschaft"
20 wurde allerdings im 4. Jahrhundert v. Chr. abgeschafft. Besiegte Feinde wurden als Sklaven verkauft, und auch die Kinder von Sklaven konnten nicht in Freiheit leben. Mit jedem Krieg, den Rom führte, stieg die
25 Zahl der Sklaven an. Caesar z. B. verkaufte Tausende gefangene Gallier in die Sklaverei und wurde so zu einem reichen Mann.

Je mehr Sklaven es gab, desto niedriger war ihr Preis – zeitweise waren sie sogar billiger

M2 Relief vom Grab eines Sklavenhändlers, um 100 n. Chr.

als Vieh. Viele Besitzer beuteten die Skla-30 ven auf den großen Landgütern und in Bergwerken aus. Sie ließen sie unter unerträglichen Bedingungen arbeiten, ernährten sie schlecht und schlugen sie häufig – 35 nach ihrem frühen Tod ersetzten sie sie durch neue Sklaven.

Immer wieder versuchten Sklaven, sich gegen unwürdige Behandlungen zu wehren. Es kam es zu Aufständen, die aber von 40 den Römern niedergeschlagen werden konnten. Erst als mit dem Ende der Eroberungen Roms der Zustrom von Sklaven geringer wurde, stieg ihr Wert wieder. Allmählich verbesserten sich daher auch ihre 45 Lebensbedingungen, vor allem für solche Sklaven, die – z. B. als Lehrer oder Koch – besondere Fähigkeiten hatten und auf dem Sklavenmarkt hohe Preise erzielten.

Aufsteiger

In Rom wurde es üblich, dass Besitzer ver-50 diente Sklaven in die Freiheit entließen, Das betraf vor allem Haussklaven, die in persönlichem Kontakt zu ihren Besitzern standen. Andere konnten sich freikaufen, wenn sie Trinkgelder und Nebenverdiens-55 te gespart hatten. Zwar waren Freigelassene ihren ehemaligen Herren zu Diensten verpflichtet, aber schon ihre Kinder waren gleichberechtigte römische ➤ Bürger.

M3 Aus einem Vertrag

Ophelia gibt dem Lukis ihr Sklavenmädchen für vier Jahre in die Lehre des Weberhandwerks. Sie wird Nahrung und Kleidung des Mädchens bezahlen und es dem
5 Lukis täglich schicken, damit es alle aufgetragenen Arbeiten ausführt. Dafür erhält Ophelia im ersten Jahr 8 Silberdrachmen pro Monat, im zweiten Jahr 12, im dritten 16 und im vierten 20. Die Skla-
10 vin soll im Jahr 18 arbeitsfreie Tage haben.
Papyrus Oxy. 1647, 168 n. Chr. (gekürzt)

M4 Aus einer Grabinschrift

Publius Decimus Eros Merula, Freigelassener des Publius, klinischer Arzt, Augenarzt, Priester im Kaiserkult. Für seine Freilassung zahlte er 50 000 Sesterzen*, für
5 das Priesteramt zu Ehren des Augustus 2 000 Sesterzen, für die Aufstellung von Statuen um den Herkulestempel spendete er 30 000 Sesterzen, für die Pflasterung der Straßen zahlte er 37 000 Sesterzen an die
10 Gemeindekasse [...] Er hinterließ ein Vermögen von 500 000 Sesterzen.
Zitiert nach: K.-W. Weber: Alltag im Alten Rom, 1995, S. 160 (gekürzt)

* Sesterzen: römische Währung. Der Tageslohn eines Handwerkers betrug etwa 4 Sesterzen

M5 Freigelassene überall!

Der römische Geschichtsschreiber Tacitus überlieferte 56 n. Chr. die Meinung eines Senators:

Die Bevölkerungsschicht der Freigelassenen ist weit verbreitet: Aus ihr setzen sich meist die Gemeinderäte, die Bediensteten der Beamten und der Priester, ja
5 sogar die in der Hauptstadt verpflichteten Militärabteilungen zusammen. Die meisten Ritter, sehr viele Senatoren stammen von diesen ab.
10 Wenn man die Nachkommen der Freigelassenen getrennt betrachtete, könnte man die geringe Zahl der Frei-
15 geborenen erkennen.
Tacitus: Annalen 13, 27

M6 *Marmorrelief, das die Freilassung zweier Sklaven zeigt. Der Sklave setzte eine Filzkappe auf und musste sich niederknien, während ihn ein Beamter mit einem Stab berührte. Die Zeremonie sollte deutlich machen, dass er trotz seiner Freilassung noch Pflichten hatte.*

---

1. a) Beschreibe die Situation des Sklavenmädchens, die aus dem Vertrag M3 hervorgeht.
b) Erkläre, worin sich die Situation eines freien Weberlehrlings von der des Sklavenmädchens unterscheiden würde.

2. Stelle Vermutungen darüber an, wie der Freigelassene Merula (M4) zu seinem Reichtum gekommen sein könnte. Warum ließ er wohl gerade diese Inschrift in seinen Grabstein meißeln?
Tipp: Seite 163

3. Sammelt arbeitsteilig mit einer Partnerin oder einem Partner Vor- und Nachteile, die die wachsende Zahl der Freigelassenen der römischen Gesellschaft brachte. (M5)

Pompeji – eine Stadt erstarrt

M1 Blick auf den ehemaligen Marktplatz (das Forum) von Pompeji; im Hintergrund: der Vesuv

August, im Jahr 79 n. Chr. Der Vesuv ist ausgebrochen! Selbst im 30 km entfernten Misenum bebt die Erde. Asche und Steinbrocken fallen auf die Menschen, die
5 ihre einstürzenden Häuser verlassen. Panik macht sich breit: „Man hörte das Geheul der Kinder, das Jammern der Frauen, das Schreien der Männer. Viele erhoben ihre Hände zu den Göttern, aber die Mehrzahl
10 meinte, es gäbe nirgends mehr Götter und diese Nacht sei ewig und die letzte für die Welt", berichtete der Schriftsteller Plinius der Jüngere. Unvorstellbar, was erst in den Bewohnern von Pompeji, das unmittelbar
15 am Fuße des Vesuvs lag, vorgegangen sein muss! Von Asche- und Gesteinsmassen wurden sie regelrecht begraben oder von giftigen Gaswolken erstickt. Mit dieser Katastrophe hatte hier niemand gerechnet.

„Hier wohnt das Glück", so lautet eine Inschrift an einer Hauswand von Pompeiji. Die fruchtbare Landschaft am Golf von Neapel hatte viele Menschen wohlhabend gemacht.

M2 In der Schicht aus Asche und Gestein fand man viele Hohlräume, die die zerfallenen Körper der Toten hinterlassen haben. Mit Gips ausgegossen, wurden sie zu Skulpturen, die das Sterben zeigen.

20 Die Reichen bauten sich nach dem Vorbild der Oberschicht Roms prächtige Villen und wurden von Handwerkern, Kaufleuten und ➤ Sklaven versorgt. Etwa 10 000 Einwohner hatte Pompeji. Kaum einer von
25 ihnen wird bei dem Ausbruch des Vesuvs mit dem Leben davongekommen sein.

➤ Archäologen ergründen seit etwa 250 Jahren, was geschah. Ihre Ausgrabungen zeigen den Tod mancher Einwohner auf
30 schreckliche Weise:
• Eine Frau wurde vom einstürzenden Dach erschlagen, als sie gerade versuchte, ihre Wertsachen zu retten.
• In der Ringerhalle starben ein Chirurg
35 mit seiner Instrumententasche und ein Ringer, der Massageöl bei sich hatte.
• In einer Bäckerei fand man zwei Maultiere mit gebrochenem Rückgrat, die den Mühlstein im Kreis bewegt hatten.
40 • Angekettete Gefangene erstickten in der Gladiatorenkaserne.

Heute wären durch einen Ausbruch des Vesuvs, der noch immer ständig aktiv ist, etwa zwei Millionen Menschen unmittel-
45 bar gefährdet. Alarmpläne liegen bereit, Fluchtwege sind ausgearbeitet. Doch werden sie nützen, wenn wie vor knapp 2000 Jahren der Bergkegel in die Luft gesprengt werden würde?

M3 Ein Glücksfall für Archäologen

Ein Historiker beschreibt, wie die Asche-schicht den Zustand Pompejis im August des Jahres 79 n. Chr. konserviert hat. Viele Erkenntnisse über die römische Kaiserzeit konnten dadurch erst gewonnen werden, z. B.:

- dass die Einwohner von über 40 Bäckereien und Imbissbuden an fast jeder Ecke versorgt wurden,
5 - mit welcher Technik die vielen Mühlen betrieben wurden,
- wie die Bewohner ihre Gärten gestalteten und bewässerten, welche Blumen und Gemüsesorten sie dort anbauten,
- wie sie ihre Räume mit kunstvollen
10 Wandmalereien – z. B. einer prächtigen Nillandschaft – ausschmückten,
- (anhand von erhaltenen Skeletten) was die Menschen aßen, an welchen Krankheiten sie litten, wie alt sie wurden,
15 - (an unzähligen Graffiti) was in ihnen vorging, was sie im privaten Alltag oder an Problemen der Stadt bewegte.

Zusammengestellt nach: H. Sonnabend. damals 11/2004, S. 23 ff.

M4 Wandkritzeleien aus Pompeji

Celadus Trax ist der Schwarm aller Mädchen.

Wählt Gaius Polybius zum Aedil Er sorgt für gutes Brot!

Wir sind alle voll wie die Weinschläuche!

Lucilius grüßt seine Lucida wo sie auch ist

Von Gnaeus Nigidius werden ab 1. Juli vermietet: Läden mit Oberzimmern, vornehme Speisezimmer und ein Haus

Die Gladiatoren des Lucretius werden am 31. Juli kämpfen! Es gibt Tierhetzen und Sonnensegel

Ich bewundere dich, Mauer, dass du noch stehst, wo du die Schweinereien so vieler Schmierfinken ertragen musst!

Zusammengestellt nach H. Geist: Pompeianische Wandinschriften, 1960

1. Der Dichter Goethe formulierte 1787 nach einem Besuch in Pompeji: „Es ist viel Unheil in der Welt geschehen, aber wenig, das den Nachkommen so viel Freude gemacht hat." Erläutere diesen Satz anhand der Informationen auf dieser Doppelseite.

2. Wandkritzeleien begegnen dir häufig in deiner Umgebung, vielleicht sogar in der Schule. Sammle einige (mindestens fünf) und vergleiche sie mit denen aus Pompeji.

M5 *Ein Mosaik aus Pompeji, vermutlich aus dem 1. Jahrhundert n. Chr.*

M6 *Getreidemühlen einer Bäckerei. Die drehbaren Oberteile zeigen Öffnungen für die Balken, mit denen Maulesel oder Sklaven die Mühlen bewegten. Rechts: Brotlaib, dessen Form sich unter der Asche erhalten hat.*

Legionäre erobern und sichern

Im Jahr 9. n. Chr.: Unter ihrem Heerführer Varus schlagen sich einige Tausend Menschen durch die undurchdringlichen Wälder des Weserberglands. Es sind drei rö-
5 mische Legionen mit Frauen und Kindern sowie unzähligen Wagen und Lasttieren. Ihre germanischen Hilfstruppen unter dem bewährten Arminius haben sich für kurze Zeit entfernt; um die Gegend zu sichern,
10 wie sie sagen. Weit auseinandergezogen bewegen sich die Römer durch das Gelände. Da beginnt es heftig zu regnen und zu stürmen. Und genau in diesem Moment dringen von allen Seiten bewaffnete Ger-
15 manen auf die Römer ein. Drei Tage lang dauert der Kampf.

Der römische ➤ Historiker Cassius Dio erzählt von der größten Niederlage, die römischen Truppen jemals zugefügt wur-
20 de. Germanische Krieger unter Arminius, einem Fürsten aus dem Stamm der Cherusker, besiegten die römischen Legionen – aller Wahrscheinlichkeit nach in der Gegend des heutigen Ortes Kalkriese bei
25 Osnabrück. Tausende Soldaten verloren ihr Leben oder gerieten in germanische Gefangenschaft; Varus beging Selbstmord.

Auch wenn damit die römische Eroberung rechtsrheinischer Gebiete beendet
30 war, kam es noch viele Jahre zu vereinzelten Vorstößen und Strafexpeditionen römischer Soldaten in das heutige Norddeutschland. Ausgrabungen bei Northeim beweisen, dass noch 233–234 n. Chr. Rö-
35 mer bis in den Harz vordrangen.

Von der Eroberung zur Sicherung

An anderen Grenzen aber gingen die Kriege weiter. Im Verlauf des 1. Jahrhunderts eroberten die Römer noch Gebiete auf dem Balkan oder in Kleinasien; auch Bri-
40 tannien wurde römische ➤ Provinz. Das Imperium Romanum hatte beim Tod des ➤ Kaisers Trajan (117 n. Chr.) seine größte Ausdehnung erreicht. Die Römer konzentrierten sich nun darauf, das bestehen-
45 de Reich zu erhalten und die Grenzen zu schützen. Dies gelang vor allem dort gut, wo Meere, Wüsten oder große Flüsse natürliche Grenzen bildeten. Wo dies als Grenzschutz nicht ausreichte, errichteten
50 die Römer einen aufwendigen Grenzwall, den sogenannten Limes. Seine Reste sind an manchen Stellen noch gut erkennbar.

Legionäre brauchen Verkehrswege

Im 1. Jahrhundert n. Chr. kamen Soldaten aus allen Teilen des Reichs an den Rhein
55 nach Germanien. Von der übrigen Provinzbevölkerung unterschieden sich die Legionäre vor allem durch ihre Sprache und ihren Lebensstil. Sie hatten Bargeld, ihren Sold, zur Verfügung und konnten
60 sich damit auch teure Waren aus anderen Ländern kaufen. In den Abfallhalden der Legionslager wurden z. B. Schalen von Austern, Scherben von Gefäßen aus Gallien und Amphoren mit Öl oder Wein aus
65 Spanien oder Griechenland gefunden.

M1 *Eine aus der Römerzeit erhaltene Straße nahe Rom. Sie besteht aus mehreren Schichten von gestampftem Lehm, Kieseln und Kopfsteinpflaster*

Eine Armee, die ein weites Land beherr-schen will, muss sich möglichst schnell bewegen können. Auch alle Versorgungs-güter müssen schnell und zuverlässig transportiert werden. Der wichtigste Transportweg im römischen Germanien waren der Rhein und die Donau mit ihren Nebenflüssen. Darüber hinaus überzogen die Römer ihr Reich mit einem dichten Straßennetz von ca. 80 000 km Länge. In regelmäßigen Abständen entstanden Rasthäuser und Pferdestationen, wo man die Zugtiere wechseln konnte. Bei den Rasthäusern befanden sich manchmal Polizeistationen, die für die Sicherheit auf den Straßen sorgten. Ein eindrucksvolles Zeugnis römischer Ingenieurskunst sind die Rheinbrücken. Von Grabungen ist die auf 19 steinernen Pfeilern ruhende Rhein-brücke bei Köln bekannt, deren Gesamt-länge über 400 m und deren Fahrbahn-breite etwa 10 m betrug.

M 2 *Befestigtes römisches Truppen-lager in Germanien (Rekonstruk-tionszeichnung)*

Wer ist hier Römer, wer Germane?

Was für Kontakte zwischen Römern und Germanen sind zu erkennen?

Wozu dienten die dargestellten Ge-bäude?

Welche Arbeiten und Beschäftigungen sind zu erkennen?

Aus welchen Ma-terialien wurden die verschiedenen Häuser gebaut?

M3 Die Varus-Schlacht in römischen Berichten

a) Velleius Paterculus, selbst Offizier der römischen Armee zur Zeit der Ereignisse, berichtete:

Quinctilius Varus war ein freundlicher Mann, ruhig, an bequemes Lagerleben gewöhnt. Als er Oberbefehlshaber in Germanien wurde, dachte er, durch das römi-
5 sche Recht – nicht durch das Schwert – könnten die Menschen dort lammfromm gemacht werden.
Die Germanen sind aber ein Volk von geborenen Lügnern. Sie schleppten einan-
10 der vor Gericht und bedankten sich dann dafür, dass das römische Recht ihren Streitigkeiten ein Ende gemacht hätte. Dadurch wiegten sie Varus in Sorglosigkeit. Arminius, ein junger, kluger Ger-
15 mane, der früher auf unserer Seite gekämpft hatte, machte sich die Arglosigkeit unseres Feldherrn* zunutze, und so wurde die tapferste Armee von allen vernichtet.

* Feldherr: Heerführer, Oberbefehlshaber im Krieg

* Statthalter: Beamte, die „an Kaisers statt" in den Provinzen regierten

b) Lucius Annaeus Florus, ein historischer Schriftsteller des 2. Jahrhunderts, schreibt dazu:

Hätte Augustus es doch nicht für so wichtig gehalten, auch Germanien zu besiegen! Denn es ist schwieriger, eine Provinz zu halten, als sie zu erobern. Die Germa-
5 nen waren nämlich zwar besiegt, aber nicht gebändigt. Sie verabscheuten die Gier und den Hochmut des Quintilius Varus. Unter der Führung des Arminius griffen sie zu den Waffen, als sie erkann-
10 ten, dass dessen Gerichtsentscheidungen noch grausamer als das römische Heer waren.
Sie überfielen den Ahnungslosen, als er wieder vor Gericht lud, und überwältigten
15 drei Legionen.

c) Von Cassius Dio, der als hoher römischer Beamter um 200 n.Chr. lebte, stammt die einzige erhaltene Schilderung der Schlacht. Über die Vorgeschichte berichtet er:

Nach der Eroberung Germaniens passten sich die Barbaren den neuen Sitten an. Doch hatten sie ihre alten Gewohnheiten und ihre einstige Macht nicht vergessen.
5 Als Varus Statthalter* der Provinz Germanien wurde, trieb er von ihnen Steuern ein. Eine derartige Behandlung wollten sich diese aber nicht gefallen lassen. Sie empörten sich nicht öffentlich, da sie sa-
10 hen, dass viele römische Truppen am Rhein standen. Stattdessen nahmen sie Varus bei sich auf, taten so, als wollten sie alle erteilten Befehle ausführen, und lockten ihn weit weg vom Rhein. Dann aber
15 griffen sie den Feldherrn und seine Truppen inmitten dichter Wälder an und richteten schreckliche Verheerungen an.

Alle zitiert nach: L. Walther (Hg.): Varus, Varus, 2008 S. 59 ff. (stark gekürzt)

***M4** Eine Gesichtsmaske aus Eisen, gefunden in Kalkriese*

M5 Die Varus-Schlacht – Erkenntnisse der Archäologen

Um 1990 gelang es Archäologen, den mutmaßlichen Ort der Varus-Schlacht zu ermitteln. Auch Hinweise, die in römischen Quellen enthalten sind, sprechen dafür, dass es sich um den richtigen Ort handelt.

Der Osnabrücker Forscher Wolfgang Schlüter hat bei Kalkriese ein 30 km² großes Gebiet untersucht, und ein Archäologen-Team beförderte ein ungeheures
5 Durcheinander von Pferde- und Menschenknochen sowie römische Werkzeuge, Schnallen von Schienenpanzern, Pfeilspitzen, ein chirurgisches Besteck, eine Gesichtsmaske und ein Maultierskelett
10 ans Tageslicht. Unter den Funden waren auch zahlreiche Münzen, von denen keine später als 9 n. Chr. geprägt wurde. „Die Größe des Fundplatzes in Verbindung mit der Funddichte lassen vermuten, dass
15 hier ein größeres Heer, das wesentlich mehr als 2000 bis 3000 Mann umfasste, vernichtend geschlagen wurde", erklärte Wolfgang Schlüter.

M. Weiner: Der Ort der Schlacht. In: P. M. History 5/1999, S. 44. (bearbeitet)

M7 Funde aus Kalkriese: römische Speerspitzen, ...

Schleuderbleie

1. Lest arbeitsteilig die drei Berichte (M3) und stellt die Gründe zusammen, weshalb die Germanen unter Arminius die Legionen des Varus überfielen.
   Tipp: Seite 163

2. Vergleiche in einer Tabelle, wie in M3 die Römer und die Germanen charakterisiert werden.

+ Informiere dich im Internet über das Museum in Kalkriese und schreibe für die Schülerzeitung einen Artikel, der Lust auf einen Besuch der Ausstellung machen soll.

... und eine Fibel (Mantelverschluss)

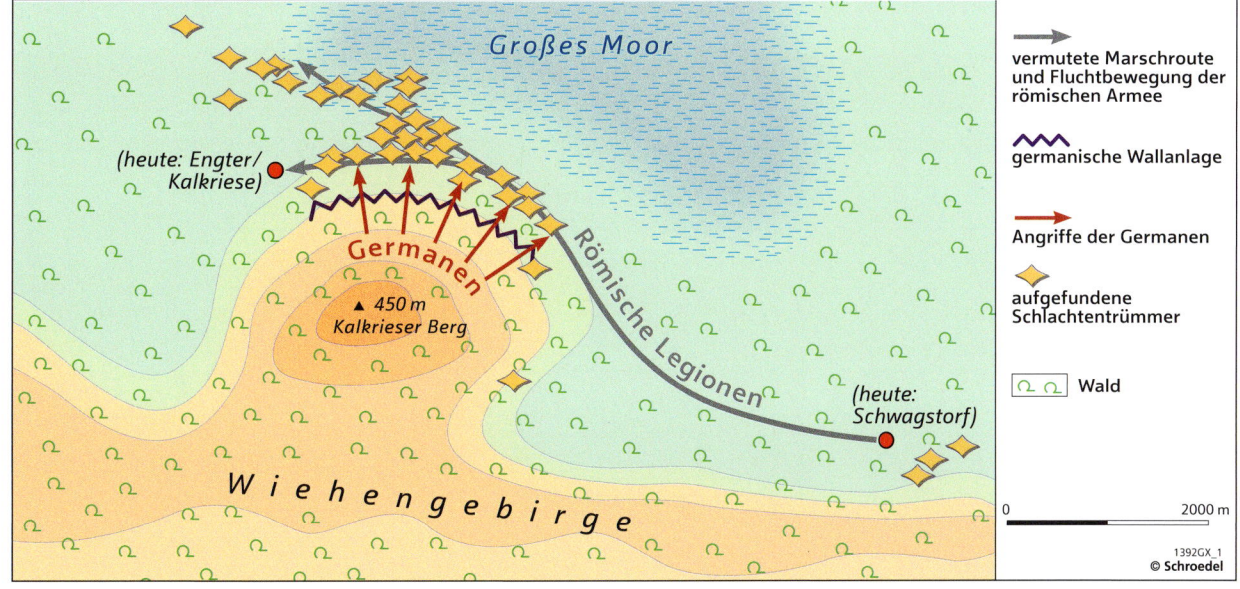

M6 Wahrscheinlicher Ort der Varus-Schlacht

Der Limes – eine Grenzanlage

Der Limes, die Grenze zwischen dem Römischen Reich und dem Gebiet der Germanen, zog sich quer durch Süddeutschland. Noch heute kann man an vielen Stellen Reste der Grenzbefestigung erkennen. An einigen Orten sind Wachtürme und Teile des Limes rekonstruiert worden, sodass die Besucher dieser Anlagen sich das Leben zur Zeit der Römer vorstellen können.

Allerdings: Wer sich ausmalt, wie großgewachsene Germanen mit Kriegsgeheul gegen die Grenzmauer anstürmten, der liegt falsch. Der Limes war kein Verteidigungswall, der das Land umgeben hätte wie die Befestigungsmauer eine mittelalterliche Burg. Er markierte die Grenze und diente vor allem der Kontrolle der Menschen, die sie überqueren wollten. Wenn wirklich einmal Germanen angriffen, dann bot ihnen der Limes wenig Widerstand und konnte sie bestenfalls für kurze Zeit aufhalten.

Beobachter auf den Limestürmen – davon gab es etwa 900 – standen mithilfe von Signalen in ständigem Kontakt zu befestigten Militärlagern im Hinterland, den Kastellen wie z. B. in Welzheim (M 2). Mehr als hundert Kastelle befanden sich in regelmäßigen Abständen in Sichtweite hinter dem Limes.

M 1 Limes-Modell, gebaut für das Limesmuseum in Aalen (Baden-Württemberg)

M2 Rekonstruierte Tortürme des römischen Kastells im heutigen Welzheim (in Baden-Württemberg)

30 Wenn ein Angriff gemeldet wurde, schickten Kommandeure berittene Einheiten und Fußtruppen zu der gefährdeten Stelle, um die eingedrungenen Feinde hinter den Grenzwall zurückzudrängen.

35 An den Limesdurchgängen und um die Kastelle herum entwickelte sich ein lebhafter Handel zwischen den römischen Soldaten und den Germanen von jenseits der Grenze (M2/Seite 141). Diese waren be-
40 sonders an römischem Schmuck, Tonwaren, Öl und Wein interessiert, die Römer an Fellen, Honig, Bernstein und langem Haar für Perücken.

1. Erläutere die Aufgaben des Limes für die Römer.

2. Arbeite mithilfe der Karte M3 heraus,
   • wie lang der Limes war,
   • welche deutschen Städte auf dem früher römischen Gebiet liegen. Ziehe zur Bearbeitung eine Deutschlandkarte hinzu.
   Tipp: Seite 163

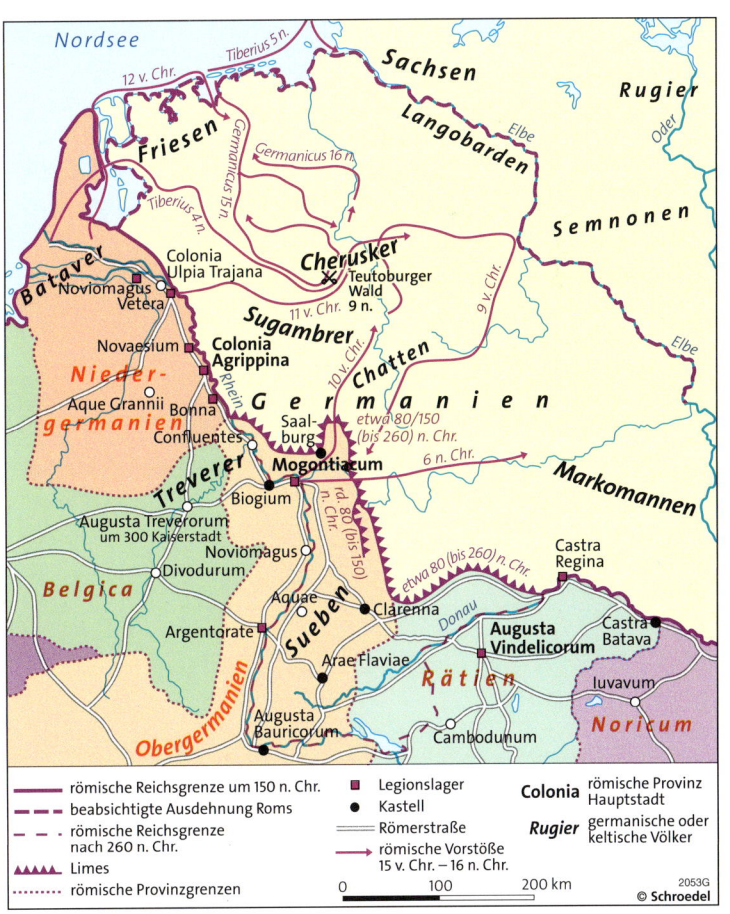

M3 Das römische Germanien

Das Leben in den Provinzen verändert sich

M 1 Rekonstruktions-zeichnung der Stadt Colonia Claudia Ara Agrippinensium (kurz CCAA). Übersetzt bedeutet das etwa: Kolonie und Opferstätte der Agrippinensier, gegründet am Ort des Altars für Kaiser Claudius. Aus ihr ging die heutige Stadt Köln hervor.

* unzivilisiert: rückständig – Gegenteil von zivilisiert: hoch entwickelt

* Lehnwörter (Seite 147, von lehnen: leihen): Wörter, die aus einer fremden Sprache übernommen wurden. Z.B. lateinisch: „ager", deutsch: „Acker".

* Veteranen: erfahrene Soldaten, die aus dem Militärdienst entlassen wurden

Bei ihren Eroberungszügen drangen die Römer weit in fremde Gebiete vor – und oft erschienen die unterworfenen Einheimischen den römischen Soldaten völlig unzivilisiert*. Das trifft auch auf die Germanen zu, die von Viehzucht und wenig ertragreichem Getreideanbau lebten. „Vereinzelt und ungeordnet bauen die Germanen ihre Wohnsitze, dort, wo eine Quelle, ein Feld, ein Gehölz ihnen gefällt", wunderte sich der römische Geschichtsschreiber Tacitus. Auf die einfache Lebensweise der Germanen blickten die Römer einerseits herab, andererseits sahen sie darin den Grund für deren kriegerische Stärke.

Erste Städte in den Provinzen

Um die oft nur dünn besiedelten Gebiete als römische ▸ Provinzen beherrschbar zu machen, stationierten die Römer dort Legionäre in Militärlagern und Kastellen. Manche lagen günstig an Flüssen und Römerstraßen und wurden im Lauf der Zeit von den Legionären zu Städten

ausgebaut, auch in Germanien. Den Einwohnern – vor allem Soldaten und ihren Familien – boten diese neuen Städte recht komfortable Lebensbedingungen, denn sie waren nach römischem Vorbild angelegt: mit Marktplatz, Wasserversorgung, Thermen und Theater. Nach und nach ließen sich auch viele Handwerker und Händler in ihnen und um sie herum nieder, denn Tausende Stadtbewohner mussten versorgt werden.

Veränderungen auf dem Land

Wenn römische Soldaten aus dem Militärdienst entlassen wurden, erhielten sie als Veteranen* ein Stück Land zur Bewirtschaftung. Das diente der Herrschaftssicherung, denn wenn ein ehemaliger Soldat in der Provinz blieb, konnte er im Notfall wieder einberufen werden und zur Sicherung der römischen Grenzen beitragen.

Die meisten Veteranen verfügten über besondere handwerkliche Fertigkeiten, die

sie sich in ihrer Heimat und als Legionäre
45 angeeignet hatten – z. B. beim Straßenbau,
in Handwerksbetrieben wie Ziegeleien und
in der Landwirtschaft – und die ihnen nun
nützlich waren. Um ihr Land zu bewirtschaften, verwendeten sie häufig Getreide-,
50 Gemüse- und Obstsorten, die sie aus ihrer
Heimat am Mittelmeer kannten. In Germanien z. B. legten römische Veteranen an son-
nigen Hängen die ersten Weinberge an und
führten kräftige Viehsorten aus dem Süden
55 ein. Sogar die Hauskatze brachten sie mit
in die nördlichen Provinzen! Die Einheimischen übernahmen nach und nach die von
den Römern eingeführten Neuerungen, sodass der römische Lebensstil bald auch die
60 Provinzbevölkerung prägte.

Das Leben wird römisch

Wie stark das Leben der Germanen von
den herrschenden Römern beeinflusst war,
lässt sich besonders gut an dem Einfluss
der lateinischen Sprache erkennen. Die
65 Soldaten und die ➤ Beamten, die die Provinzen verwalteten, sprachen nur Latein.
Wer etwas von ihnen wollte, musste ihre
Sprache sprechen. Für viele Dinge, z. B.
Früchte oder im Handelswesen, gab es nur
70 lateinische Bezeichnungen, die es noch
heute als deutsche Lehnwörter* gibt.

Für die germanische Oberschicht, wurde es
selbstverständlich, Latein zu beherrschen.
Viele Germanen hatten – wie Arminius – im
75 römischen Heer gedient. Sie kleideten und
ernährten sich wie Römer und suchten wie
diese Entspannung in Thermen und Theatern. Viele erlangten das römische Bürgerrecht und wurden damit „Cives Romani".
80 Eine solche Entwicklung, bei der eroberte
Provinzen in Sprache, Wirtschaftsweise und
Lebensform von den römischen Eroberern
geprägt und nach deren Vorbild zivilisiert*
wurden, nennt man ➤ Romanisierung.

M(arcus) VAL(erius)
CELERINVS

PAPIRIA ASTIGI
(natu)

CIVES AGRIPPINE
(nsis)

VETER(anus) LEG
(ionis) X G(eminae)
P(iae) F(idelis)

VIVOS FECIT SIBI

ET MARCIAE PRO

CVLAE VXORI

M2 *Grabstein des Marcus Valerius Celerinus*
aus dem Römisch-Germanischen Museum, Köln

ZEITREISE Zu Besuch im Römischen Reich

Ein kühler Herbsttag im Jahr 220 n. Chr.: Dietmar und Gerhild, zwei junge Germanen, sind mit frisch gesammelten Pilzen unterwegs, um sie jenseits der Grenze zu verkaufen. Da sie das schon oft getan haben, kennen sie sich in der Sprache der Römer so weit aus, dass sie die vielen fremden Dinge dort richtig bezeichnen können.

Am Limes angekommen, müssen sie erst einmal tolonium bezahlen. Wer keine monetae hat, darf die Grenze, die aus einem palum neben dem anderen und
5 einem mächtigen vallum aus gestampftem Lehm besteht, nicht passieren. Über die via strata mit ihrem plastrum haben sie trotz des Regens von letzter Nacht die milia bis zur Stadt schnell zurückgelegt.

M3 Handel und römische Lebensart

10 Schon sind sie am Haus des Kaufmanns angelangt. Nebenan wird gerade ein neues Gebäude errichtet. Das cellarium ist bereits fertig, der murus wird noch hochgezogen. Vor der Baustelle lagern die tegu-
15 lae, mit denen später das Dach gedeckt werden soll.

Durch die porta betreten die beiden endlich das Haus des Kaufmanns. Hier lagert ein saccus neben dem anderen, gefüllt
20 mit getrockneten fructi und Gewürzen. Hm, wie das riecht!

Ein Knecht fährt mit einem carrus weitere cistae und corbes herein. Während der caupo ihnen die monetae für ihre
25 Ware gibt, ist seine Frau nebenan in der coquina gerade mit dem coquere fertig. Sie lädt die beiden Besucher ein, mit ihnen zu essen. Auf der hölzernen tabula stehen schon einige pannae mit Speisen. Lecker!

Relief aus Ostia, um 200 n. Chr.

Römische Wandmalerei, 1. Jahrhundert n. Chr.

Funde aus römischen Städten in Süddeutschland

M 4 Ein germanisches Bauernhaus, rekonstruiert für ein Freilichtmuseum

M 5 Blick in das rekonstruierte Speisezimmer eines Hauses der Stadt
Augusta Rauricorum (heute Augst, bei Basel in der Schweiz)

 **Ein Römer über
die Germanen**

*Der römische Geschichtsschreiber Tacitus be-
schreibt um 100 n. Chr. die Lebensweise der
Germanen:*

Bei den Germanen gedeiht Getreide; Obst
hingegen nicht. Vieh gibt es reichlich,
doch zumeist ist es recht klein.
In den Grenzgebieten kennen sie unser
5 Geld und nehmen es gerne; doch im Inneren des Landes herrscht noch einfacher
Tauschhandel.
Die Germanen tragen einen Umhang,
den eine Spange zusammenhält. Nur die
10 Reichsten haben noch Untergewänder.
Man trägt auch Tierfelle.
Zum Hausbau verwenden sie nicht Bruch-
steine oder Ziegel, sondern unbehauenes
Holz, ohne auf ein gefälliges oder freundli-
15 ches Aussehen zu achten.
In jedem Haus wachsen die Kinder nackt
und schmutzig zu dieser von uns bestaun-
ten Größe heran.
Als Getränk dient den Germanen ein Saft
20 aus Gerste oder Weizen, der durch Gä-
rung eine gewisse Ähnlichkeit mit Wein

erhält. Die Kost ist einfach; wildes Obst,
frisches Wildbret oder geronnene Milch.
Ohne feine Zubereitung, ohne Gewürze
25 vertreiben sie den Hunger.
Tacitus: Germania, 5, 16–17, 23 (bearbeitet)

1. Finde die passenden deutschen Wörter für die in der „Zeitreise" verwendeten lateinischen Begriffe.

2. Gerhild und Dietmar schildern ihren Gastgebern das Leben
in Germanien. Was könnten sie erzählen? Lies dazu M 6
sowie den Textanfang auf Seite 146 und betrachte M 4.

3. Der Lebenslauf des Celerinus, den die Grabinschrift M 2
(Seite 147) wiedergibt, enthält wichtige Weichenstellungen
für sein Leben. Benenne sie.

4. Stell dir vor, du bist ein aus der römischen Armee verab-
schiedeter Germane. Entscheide, ob du dich in der römischen
Provinz niederlassen oder in dein germanisches Heimatdorf
zurückkehren möchtest. Begründe deine Entscheidung.
Tipp: Seite 163

5. Erkläre mithilfe der Informationen in den Texten sowie der
Abbildungen auf den Seiten 146–149, was Romanisierung
bedeutet. Gehe dabei auf verschiedene Lebensbereiche ein.

Das Römische Reich wird christlich

Welche Götter sie verehrten und wie sie dies taten, war den Menschen im Römischen Reich freigestellt. Alle Römer gleichermaßen hatten aber die Pflicht, dem
5 ➤ Kaiser zu opfern, um ihm ihre Treue zu beweisen. Im 1. Jahrhundert n. Chr. bildete sich eine neue Glaubensgemeinschaft heraus: das **Christentum**. Seine Anhänger weigerten sich, das Opfer für den Kaiser zu
10 bringen, weil sie glaubten, dass es nur einen allmächtigen Gott gab und ein Kaiser nicht anbetungswürdig sei. Die Kaiser betrachteten die Christen daher als Gegner und verboten die neue Religion bald.

15 Mit seiner Lehre von der Nächstenliebe und der Hoffnung auf Erlösung nach dem Tod sprach das Christentum aber viele Menschen an. ➤ Historiker schätzen, dass um 300 n. Chr. etwa zehn Prozent der Bewoh-
20 ner des Römischen Reiches Christen waren – in den Provinzen des Ostens sogar mehr als die Hälfte. Nach und nach erkannten die Herrscher, dass die Unterdrückung des Christentums große Spannungen in der
25 Gesellschaft verursachte. Sie begannen, die Gottesdienste der Christen zu dulden.

Die Wende unter Kaiser Konstantin

Kaiser Konstantin ging noch weiter: Ein Rivale im Streit um die Alleinherrschaft stellte sich ihm 312 n. Chr. in der Nähe von Rom
30 zur Entscheidungsschlacht. Überliefert ist, dass ihm Christus in der Nacht vor dem Kampf im Traum erschienen sei. Daraufhin habe Konstantin seinem Feldzeichen das Christusmonogramm hinzugefügt – und
35 gesiegt. Wenn dies auch eine später erfundene Legende sein mag, ist jedoch erwiesen, dass Konstantin das Christentum als gleichberechtigte Religion zuließ. Diese Veränderung wird auch als „Konstantini-
40 sche Wende" bezeichnet.

Konstantin hielt es für wichtig, die Einheit der Christen zu fördern, und sah sich als deren Schutzherr. Er glaubte, dass die Christen die Einheit des Römischen Reiches
45 und die Macht des Kaisers stützen würden. Deshalb griff er sogar persönlich ein, wenn Streit die neue Religionsgemeinschaft zu spalten drohte. Darüber hinaus sorgte er auch dafür, dass die höchsten Vertreter der
50 Christen, die Bischöfe, mit der kaiserlichen ➤ Verwaltung eng zusammenarbeiteten. Die Bischöfe berieten Konstantin und betätigten sich auch als Richter.

Das Christentum wird Staatsreligion

Der Anteil der Christen in der Reichsbevöl-
55 kerung wuchs ständig, andere Kulte wurden verdrängt. Im Jahr 391 n. Chr. erklärte Kaiser Theodosius das Christentum zur Staatsreligion und verbot bald darauf alle heidnischen Kulte, sogar die Olympischen
60 Spiele (Seiten 74–77). Überall entstanden nun große, prachtvolle Kirchen, die den Kaiserpalästen nachempfunden waren. Denn die Kirche wurde reich, weil Wohlhabende sie unterstützten.

M1 Den frühen Christen diente der Fisch als geheimes Erkennungszeichen. „Fisch" heißt auf Griechisch „Ichtys".

Die Christen zeigten damit, woran sie glaubten: an einen einzigen Gott, der Jesus, seinen Sohn, zu den Menschen gesandt hatte, um sie zum richtigen Glauben zu führen.

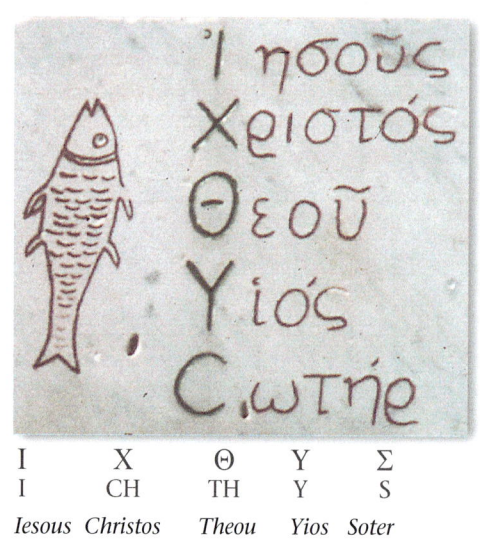

I	X	Θ	Y	Σ
I	CH	TH	Y	S
Iesous	*Christos*	*Theou*	*Yios*	*Soter*
Jesus	*Christus*	*Gottes*	*Sohn*	*Erlöser*

M2 Die Christen und der Staat

Kaiser Galerius erließ 311 n. Chr. diese Verordnung, die auch sein Mitkaiser Konstantin unterzeichnete:

Wir wollten alles nach den alten Gesetzen der Römer regeln und dafür sorgen, dass auch die Christen zur Vernunft zurückkehren. Denn die Christen befolgten aus
5 lauter Sturheit und Dummheit nicht mehr die Bräuche der Vorfahren. Vielmehr gaben sie sich ihre eigenen Gesetze und bildeten aus Angehörigen verschiedener Völker eine eigene Gemeinschaft.
10 Als wir ihnen erfolglos befohlen hatten, zu den Gebräuchen der Vorfahren zurückzukehren, wurden viele vor Gericht gestellt, viele auch vertrieben. Trotzdem blieben die meisten hartnäckig und ver-
15 ehrten nicht die Götter in der angemessenen Weise. Daraufhin haben wir beschlossen, unsere Großzügigkeit auch den Christen gegenüber zu zeigen, sodass sie wieder Christen sein und ihre Versamm-
20 lungsstätten aufbauen dürfen. Sie dürfen aber keinesfalls gegen die öffentliche Ordnung verstoßen.

Als Gegenleistung für unsere Großzügigkeit haben sie die Pflicht, zu ihrem Gott
25 zu beten – sowohl für unser Wohl und das des Staates als auch für ihr eigenes Wohl, damit der Staat in jeder Hinsicht vor Schaden bewahrt wird und sie sicher in ihren Häusern leben können.

Lactanz: De mortibus persecutorum, 34, www.the-latinlibrary.com/lactantius (bearbeitet)

1. Finde heraus, wie das Geheimzeichen M1 zu verstehen ist und welchen Nutzen Christen davon hatten, es zu gebrauchen.

2. Erkläre, warum die Olympischen Spiele verboten wurden.

3. Liste die Gründe auf, die Kaiser Galerius veranlassten, die Christenverfolgung zu beenden. (M2)
Tipp: Seite 163

4. a) Zeige an M3 wie sich die Maßnahmen Kaiser Konstantins auswirkten.
b) Erkläre dabei: Welche Rolle spielte es, dass die meisten Orte, an denen sich früh christliche Gemeinden bildeten, am Mittelmeer lagen?

M3 *Die Ausbreitung des Christentums vom 3. bis zum 5. Jahrhundert n.Chr.*

Das Reich zerfällt

 ZEITREISE Fliehen oder bleiben?

* Colonia Agrippina:
Köln

* Mogontiacum:
Mainz

* Divitia: Deutz

* Augusta Treve-
rorum: Trier

Es ist das Jahr 455. Aemilius aus Colonia Agrippina* blickt nachdenklich über den Rhein. Von dort, aus dem Osten, werden sie kommen, die Germanen, und diesmal gibt es wahrscheinlich keine Rettung mehr für die Stadt. Soeben hat er die Nachricht erhalten, dass der Heerführer Aetius in einer Schlacht umgekommen ist. Aetius hatte lange dafür gesorgt, dass Köln von den germanischen Heeren nicht eingenommen wurde. Ja, unter Aetius hatten vier Jahre zuvor sogar die gefürchteten Hunnen die wohl entscheidende Niederlage erlitten. Ohne ihn ist die Stadt verloren! Aemilius überlegt, ob er mit seinen sechzig Jahren zusammen mit seiner Frau seine Heimat verlassen sollte.

Schon seit Jahren war die reiche und strategisch günstig gelegene Stadt am Rhein Ziel germanischer Eroberer. Aemilius denkt daran, dass es trotz aller Gegenmaßnahmen immer wieder zu Angriffen und Verwüstungen durch Germanen gekommen ist. Dabei hat er diese Geschehnisse im Sinn:

Um das Jahr 400 war Colonia Agrippina ein von Franken eingeschlossener Vorposten des Römischen Reiches. 435 und 446 gelang es dem Heermeister Aetius noch einmal, diese Germanen hinter den Rhein zurückzudrängen.

Nach erfolgreichem Abwehrkampf gegen die Germanen machten die am Rhein stationierten Legionen ihren Heerführer Postumus 259 n. Chr. zum Kaiser. Von Colonia Agrippina aus regierte er fast zehn Jahre lang einen Teil des Reiches und organisierte dort die Abwehr der Germanen. Auch in anderen römischen Provinzen gab es zu der Zeit viele solcher „Soldatenkaiser".

M 1 Rekonstruktionszeichnung des Kastells Divitia

Als es unter den Römern am Rhein zu Auseinandersetzungen kam, nutzten verschiedene germanische Stämme, die zusammen Franken genannt wurden, die Gunst der Stunde und eroberten 355 die Stadt – trotz Verteidigungsanlagen. Zum Glück konnten römische Legionäre Colonia Agrippina schon ein Jahr später zurückerobern.

Um die Goten zu bekämpfen, die im Nordosten das Römische Reich bedrohten, waren im Jahr 402 Truppen aus Colonia Aggrippina und von der Rheingrenze abgezogen worden. In der Neujahrsnacht 407 griffen germanische Krieger an: Colonia blieb zwar verschont, aber große römische Städte wie z. B. Mogontiacum* wurden völlig zerstört.

Im Jahr 310 ließ Kaiser Konstantin auf der anderen Rheinseite das mächtige Kastell Divitia* errichten, um Colonia Agrippina besser zu schützen. Eine lange Brücke über den Rhein verbindet das Kastell mit der Stadt, sodass die Bewohner dort Schutz suchen können.

An Aetius denkt Aemulius und daran, wie es wohl ohne diesen starken Heerführer in Colonia Agrippina weitergehen wird. Sechzig Jahre sind ein hohes Alter! Soll er
30 wirklich seine Heimatstadt verlassen oder wäre es besser, auf sein Glück zu hoffen, zu bleiben und vielleicht den Sturm der Franken lebend zu überstehen?

Um die Grenzen sicherer zu machen, teilte Kaiser Diokletian 293 das Reich in vier Teile und verlagerte die Hauptstädte in die Grenzprovinzen. Eine davon war Augusta Treverorum*, nicht weit von Colonia Agrippina.

Am Ende entschied Aemilius sich zur Flucht.
35 *Viele seiner Besitztümer ließ er zurück. Als er fünf Jahre später zurückkam, fand er alles verändert: Colonia Agrippina zerstört und entvölkert, die umliegenden Güter und Siedlungen der Römer von Franken in Besitz ge-*
40 *nommen.*

• • • • • • • • • • • • •

• • • • • • • • • • • • • •

1. Wie hättest du an der Stelle von Aemilius entschieden? Begründe.

2. a) Erstelle einen Zeitstrahl mit den Daten, die im Text genannt werden. **Tipp:** Seite 163

b) Markiere in dem Zeitstrahl mit unterschiedlichen Farben die Bedrohungen der Germanen/Franken und die Gegenmaßnahmen der Römer.

Bei Ausgrabungen in Köln wurden viele aufwendig gefertigte Gläser aus römischer Zeit gefunden, die von den damaligen Bewohnern zurückgelassen worden waren.

KAISER VALERIAN VON DEN PERSERN GEFANGEN!
(260 n. Chr.)

**VANDALEN PLÜNDERN ROM!
WIE KONNTE ES DAZU KOMMEN?**
(455 n. Chr.)

**VERNICHTENDE NIEDERLAGE GEGEN DIE GOTEN!
DER KAISER IST GEFALLEN!** (378 n. Chr.)

FRANKEN ÜBERWINDEN DEN LIMES! KÖLN IN GEFAHR!
(um 250 n. Chr.)

Reichsgrenzen in Gefahr

Seit dem 3. Jahrhundert n. Chr. wurden die Bewohner des Römischen Reiches immer wieder von Katastrophenmeldungen aufgeschreckt: Nicht nur germanische Völ-
5 ker wie Franken und Sueben drängten vermehrt über die Grenzen. Im Osten versuchten Perser, das fruchtbare Mesopotamien zu erobern. Ganze Stämme* verließen ihr Land, weil sie durch Missernten in Not ge-
10 raten waren oder von Nachbarvölkern vertrieben wurden. Wegen seines Reichtums wurde das Römische Reich zuerst das Ziel von Raubzügen, später ließen sich Auswanderer dort auch nieder. Die Hunnen, ein asiatisches Reitervolk, beschleunigten
15 diese Entwicklung: Sie vertrieben die Goten über die nordöstliche Grenze in das Römische Reich.

Abwehrmaßnahmen

Die römischen ➤ Kaiser versuchten mit unterschiedlichen Mitteln, das Eindringen
20 fremder Völker zu verhindern:
- Sie verdoppelten die Zahl der Legionäre und bauten Befestigungsanlagen aus.
- Sie verlegten die Legionen immer dorthin, wo die größte Gefahr drohte.

Stamm (Volksstamm): eine größere Gruppe von Menschen, die eine gemeinsame Abstammung haben

Konstantinopel: ursprünglich die Stadt Byzanz, heute Istanbul

25 - Manche Stämme, z. B. die Westgoten, wurden an den Grenzen gezielt angesiedelt und sollten als bezahlte Verbündete nachrückende Stämme abwehren.
- Um schneller eingreifen zu können, teil-
30 te Kaiser Diokletian die Verantwortung um 290 n. Chr. mit drei Mitkaisern, die in grenznahen Hauptstädten regierten.
- Das Christentum wurde seit 391 verpflichtende Religion für alle. Das sollte
35 der Geschlossenheit des Reiches dienen.

Das „Neue Rom"

Diese Anstrengungen waren nur im Osten des Römischen Reiches wirksam. Seit Beginn des 4. Jahrhunderts n. Chr. wurde der östliche Teil nicht mehr von Rom,
40 sondern von Konstantinopel* aus regiert. Kaiser Konstantin hatte die Stadt Byzanz zu einem „Neuen Rom" ausgebaut und nach sich selbst benannt. Doch schon seit 395 gehörten das ganze westliche
45 Mittelmeergebiet und Teile Italiens nicht mehr zum Herrschaftsgebiet der Kaiser in Konstantinopel. Sie sahen sich aber weiter als rechtmäßige römische Herrscher an und nannten sich
50 daher „Kaiser der Römer". Über tausend Jahre lang hatte das Oströmische
55 Reich (auch: Byzantinisches Reich) noch Bestand!

Vier Kaiser (einer ist Diokletian), die sich die Regierung des Reiches teilten. Figurengruppe aus Venedig

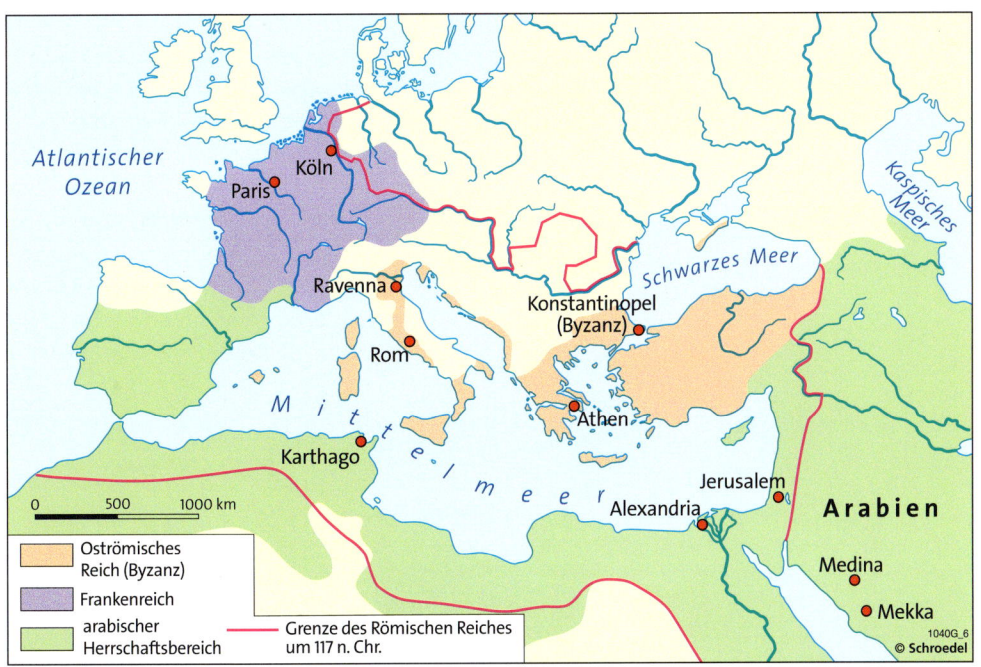

M 1 Herrschafts-
bereiche auf dem
Boden des ehema-
ligen Römischen
Reiches im 8. Jahr-
hundert

Neue Reiche entstehen

Im Westen hatten germanische Stämme
60 wie Goten, Vandalen und Sueben eigene
Reiche gegründet. Manche von ihnen blieben lange bestehen. Am erfolgreichsten
waren die Franken. Nachdem sie 455 Köln
erobert hatten, nahmen sie schließlich
65 Gallien ein. Der fränkische König Chlod-
wig vereinte um 500 alle fränkischen Teil-
gebiete. Zur Stärkung des Frankenreichs
trug bei, dass der fränkische ➤Adel den
christlichen Glauben von den in den er-
70 oberten Gebieten lebenden Römern übernahm und viele fränkisch-römische Ehen
geschlossen wurden.

Dass die Franken nicht auch noch nach
Spanien vordrangen, lag an der allmäh-
75 lichen Ausdehnung des arabischen Herr-
schaftsraumes im 7. und 8. Jahrhundert.
Arabische Truppen eroberten nach und
nach Nordafrika und Spanien. Auf dem
Gebiet des ehemaligen Römischen Rei-
80 ches waren nun drei Reiche entstanden:
das Oströmische Reich sowie ein arabi-
sches und ein fränkisches Reich.

3. Wähle je eine Krisenmaßnahme der
römischen Kaiser aus, die du für besonders wirksam oder für eher unwirk-
sam hältst. Begründe deine Entscheidung.

4. Benenne die Probleme, die jahrzehn-
telange Wanderungen für die Stämme und auch für die Einwohner der
Gebiete, die sie durchquerten, mit sich
brachten.

5. Der Aufbruch ganzer Stämme zu
neuen Siedlungsgebieten wird in
Deutschland als „Völkerwanderung",
in Frankreich als „Invasion der Barbaren" bezeichnet. Notiere, was du bei
diesen Begriffen empfindest. Suche
eine Erklärung, warum so unterschiedliche Bezeichnungen geprägt wurden.
Tipp: Seite 163

Wenn du die vorangegangenen Seiten bearbeitet hast, solltest du folgende Aufgaben lösen bzw. Fragen beantworten können. Schreibe die Lösungen in dein Heft. Ob du richtigliegst, erfährst du auf Seite 167.

M1 *Das Römische Reich zu Beginn des 2. Jahrhunderts n.Chr. (mit lateinischen Ortsbezeichnungen)*

1. Finde die passenden Begriffe für folgende Umschreibungen:
a) Beamter, der den römischen Staat in Friedens- und Kriegszeiten anführte
b) Rat der Alten, dessen Beschlüsse die Römer in der Regel befolgten,
c) Vater der römischen Familia
d) von den Römern neu eroberte und verwaltete Gebiete
e) Ausspruch, mit dem ein römischer Beamter ein Gesetz verhindern konnte

2. Erkläre, wofür folgende Männer bekannt sind: Konstantin – Tiberius Gracchus – Augustus – Hannibal

3. Wähle, in welchem Zeitabschnitt des Römischen Reiches du als Mitglied einer adligen römischen Familie am liebsten gelebt hättest. Begründe deine Entscheidung.

4. a) Suche auf der Karte M1 folgende Länder, Städte und Flüsse: Gallien, Spanien, London, Byzanz, Köln, Donau, Nil.
b) Erläutere mithilfe der Karte die Bezeichnung „mare internum" (inneres Meer).
c) Beschreibe den Verlauf des Limes in Deutschland.
d) Nenne Gründe, warum es dort eine Grenzbefestigung gab, an anderen Grenzen des Römischen Reiches aber nicht.
e) Vergleiche das auf der Karte eingezeichnete römische Gebiet mit dem von M1, Seite 155. Stelle fest, welche Gebiete das Römischen Reich zur Zeit der Völkerwanderung verloren hat.

Das Römische Reich

Im 9. Jahrhundert v. Chr. entstanden am Fluss Tiber Siedlungen, aus denen die Stadt Rom hervorging. Bald herrschten dort etruskische Könige. Um 500 v. Chr. endete ihre Herrschaft; die Römer gründeten eine von ➤ Patriziern regierte ➤ **Republik**. Später erreichte das
5 Volk, die ➤ Plebejer, das Recht, den Staat mitzugestalten.

Die Römer eroberten in vielen Kriegen ein großes ➤ **Imperium**. Durch die Kriegszüge verarmten aber die Kleinbauern, die als Soldaten dienen mussten. Die erfolgreichen Heerführer dagegen erwarben immer größeren Einfluss auf den Staat. Es kam zu **Bür-**
10 **gerkriegen**. Zunächst setzte sich der Feldherr Caesar durch. Nach seiner Ermordung (44 v. Chr.) erkämpfte Augustus die Macht. In seiner Regierungszeit wurde aus der Republik ein **Kaiserreich**.

Im 1. Jahrhundert n. Chr. begannen römische Heerführer mit Eroberungen im Gebiet des heutigen Südwestdeutschland. In den
15 neuen ➤ **Provinzen** errichteten sie Straßen, Feldlager, Städte und Bauernhöfe. Viele Menschen nahmen die römische Lebensweise an. Sie wurden ➤ **romanisiert**.

Seit der Mitte des ersten Jahrhunderts n. Chr. verbreitete sich das **Christentum** im Römischen Reich. Zunächst wurden jedoch die
20 Christen als gottlos und staatsfeindlich verfolgt. Kaiser Konstantin gewährte ihnen 313 n. Chr. das Recht, ihre Religion frei auszuüben.

Seit dem 3. Jahrhundert drängten immer wieder fremde Volksstämme über die römischen Grenzen. Der Zug der Hunnen nach Mitteleuropa löste die ➤ **Völkerwanderung** aus. In ihrer Folge zerfiel das Römische Reich in ein **Weströmisches** und ein **Oströmisches Reich**. Nach und nach siedelten sich germanische Stämme im westlichen Teil des Römerreichs an und gründeten eigene Reiche. Seit dem 7. Jahrhundert dehnte sich zudem der arabische Herrschaftsraum nach Norden aus.

„Vorsicht! Bissiger Hund!"
Fußbodenmosaik aus
Pompeji

- **9. Jahrhundert v. Chr.** Am Tiber werden Siedlungen errichtet, aus denen die Stadt Rom entsteht.

- **um 500 v. Chr.** Die römische Republik entsteht.

- **201 v. Chr.** Nach dem Ersten und dem Zweiten Punischen Krieg herrschen die Römer über den gesamten westlichen Mittelmeerraum und errichten Provinzen.

- **2. Jahrhundert v. Chr.** Viele römische Bauern verarmen. Zugleich gewinnen die erfolgreichen Heerführer immer mehr Einfluss auf den römischen Staat.

- **45 v. Chr.** Der Feldherr Caesar wird Diktator auf Lebenszeit.

- **31 v. Chr.** Mit Octavian, seit 27 v. Chr. Augustus genannt, beginnt die Kaiserzeit.

- **117 n. Chr.** Das Römische Reich erreicht seine größte Ausdehnung.

- **313 n. Chr.** Kaiser Konstantin gewährt Religionsfreiheit; das Christentum breitet sich aus.

- **4. Jahrhundert n. Chr.** Die Völkerwanderung beginnt. Das Römische Reich wird geteilt.

- **5. Jahrhundert n. Chr.** Germanische Stämme errichten Reiche auf weströmischem Boden.

- **7. Jahrhundert n. Chr.** Der arabische Herrschaftsbereich dehnt sich nach Norden aus, vor allem im Bereich des Oströmischen Reiches.

Ein Schriftzeichen der Maya

Die Maya in Mittelamerika

1839 stieß eine Forschungs-Expedition in Honduras auf Reste einer untergegangenen Stadt. Der Regenwald hatte sie völlig überwuchert. Es handelte sich um die
5 Maya-Stadt Copan. Bis heute folgten viele Expeditionen, und nach und nach wurden viele Maya-Städte entdeckt und freigelegt.

Funde und Deutungen

Offensichtlich waren hier riesige Pyramiden, Paläste, fest angelegte Plätze und Straßen
10 gebaut worden. ➤ Archäologen fanden heraus, dass die Pyramiden mehrfach vollständig überbaut wurden. Die Maya errichteten neue Anlagen um die alten herum, sodass nun mehrere Bauwerke ineinanderliegen –
15 wie bei einer Zwiebel die Häute. Für die Forscher war das eine Fundgrube, weil sie sich mit Stollen in die Geschichte der Anlagen gewissermaßen „hineinfressen" und Entwicklungen erkennen konnten.

20 Vor großen Gebäuden fand man Stelen, Säulen in Form von „Hinkelsteinen". Sie waren mit Bildern versehen und – so glaubten die Forscher – mit vielen Verzierungen. Es war ein Meilenstein in der
25 Erforschung der Maya-Kultur, als sich herausstellte, dass diese „Verzierungen" eine Schrift aus ➤ Hieroglyphen waren. Allmählich wurde sie entschlüsselt und es zeigte sich, dass die Maya hier ihre Mythen*

30 aufgeschrieben hatten, aber auch wichtige Ereignisse, die mit einem genauen Datum verbunden waren. Weil der ➤ Kalender der Maya schon bekannt war, konnte man z. B. daraus entnehmen, ab welchem Tag unse-
35 rer Zeitrechnung in Copan ein bestimmter Herrscher regierte und wann es Kriege gegeben hatte.

Wissen über die Maya

Heute wissen wir, dass die Maya nicht in einem großen Staat zusammenlebten,
40 sondern eher wie die Griechen in vielen Stadtstaaten. Ihre Lebensräume waren unterschiedlich – von trockener Savanne im Tiefland bis zum bergigen Regenwald. Dennoch hatten die Maya eine gemeinsame Re-
45 ligion und Schrift sowie ähnliche Sprachen – etwa so, wie das Deutsche und das Niederländische einander ähnlich sind. Auch vergleichbare Bauten errichteten sie. Die verschiedenen Stadtstaaten entwickelten
50 also eine gemeinsame ➤ Kultur. Ihre Blüte hatte sie etwa zwischen 250 und 900 n. Chr.

Regiert wurden die Maya von Königen, manchmal auch Königinnen, die zugleich
55 weltliche Herrscher und höchste Priester waren. Man glaubte, dass sie die Verbindung zur übersinnlichen Welt der Geister, Dämonen und Götter herstellten, auch indem sie eigenes Blut opferten.

* *Mythen (Einzahl: Mythos): Überlieferungen oder Sagen, die sich vor allem mit der Frühzeit eines Volkes beschäftigen*

60 Um die Maya-Kultur zu verstehen, mussten sich Europäer und Nordamerikaner mit völlig anderen Denkweisen vertraut machen, als sie ihnen aus ihrer Geschichte bekannt waren. Es entstand allmählich das Bild einer faszinierenden ➤ **Hochkultur**, die lan-
65 ge wohl die bedeutendste in Amerika war. Heute arbeiten Nachfahren der Maya selbst daran mit, ihre Geschichte aufzudecken.

Zum Nachdenken

- Vergleiche die Stadt Rom (M1, Seite 128) mit der Stadt Copan. Beachte vor allem, worauf bei den Bauwerken besonderer Wert gelegt wurde.

- Wenn du mehr Eindrücke von der Maya-Kultur gewinnen willst, gib in eine Suchmaschine im Internet „Maya-Stadt" und „Video" ein.

Während die einfache Bevölkerung in Einraumhütten aus Holz oder Palmwedeln lebte, wohnten Könige oder Adlige in Palästen aus Stein. Allerdings hatten die Gebäude offenbar keine prunkvollen Innenräume.

Wichtiger als ihre Räume waren den Königen die großen Plätze und Pyramiden. Auf den Gipfeln der Stufenpyramiden befanden sich Tempelanlagen.

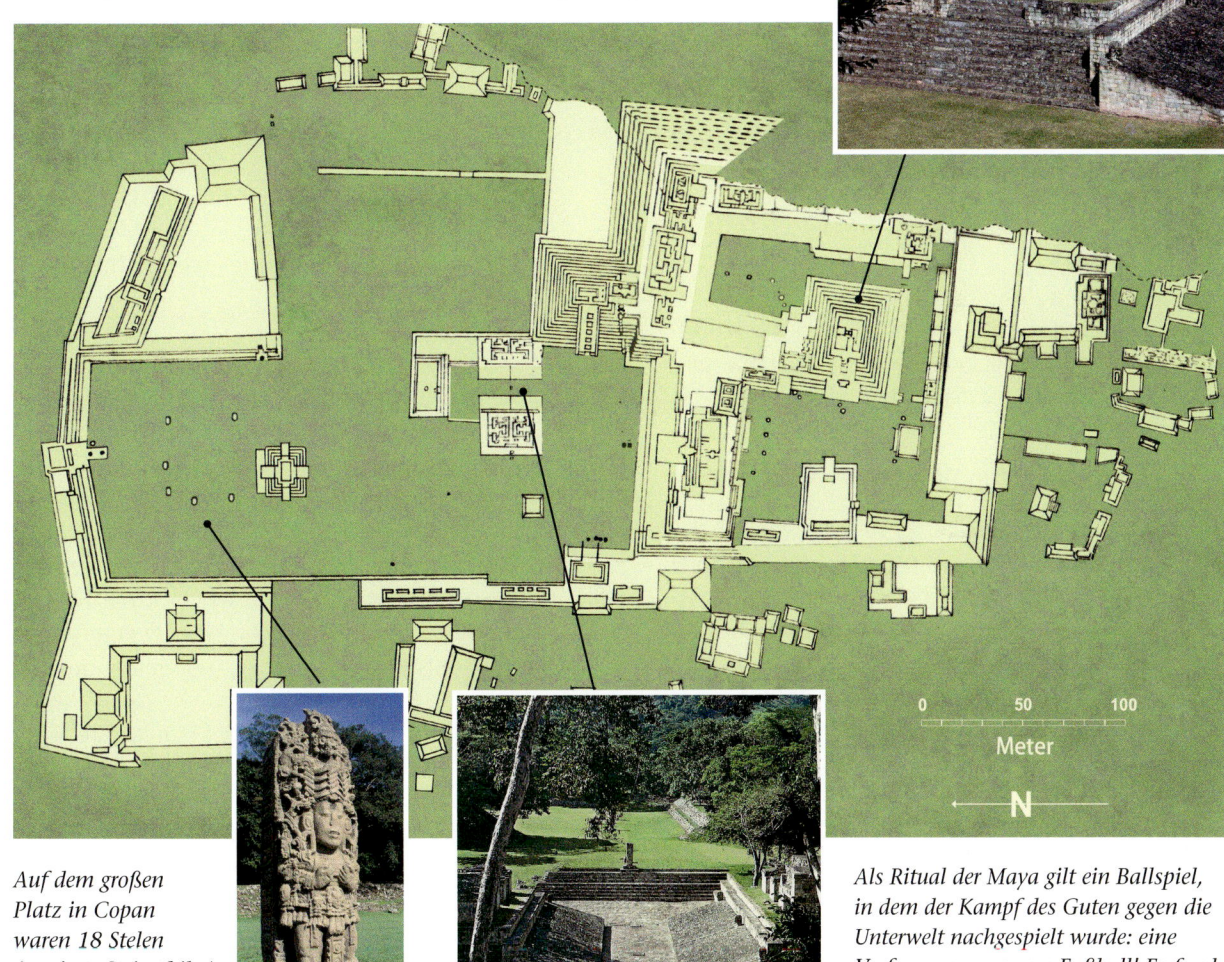

Auf dem großen Platz in Copan waren 18 Stelen (verzierte Steinpfeiler) aufgestellt – zu Ehren der Herrscher.

Als Ritual der Maya gilt ein Ballspiel, in dem der Kampf des Guten gegen die Unterwelt nachgespielt wurde: eine Vorform von unserem Fußball! Es fand auf einem der großen Plätze statt, der als Ballspielplatz gedeutet wird.

Tippkarten

Alles hat Geschichte

Auftaktseite, Aufgabe 3
Ein Beispiel für eine Überlegung ist:
Geschichte zeigt, dass Menschen sich im Lauf der Zeit ähnlich verhalten, aber dieses Verhalten immer etwas anders ist.

Seite 15, Aufgabe 2. b)
Bedenke z. B. wie man den Gegenstand verwendete. Welche Energie war nötig, um ihn zu benutzen (elektrische Energie, menschliche Kraft, tierische Kraft)? Welche Bedeutung könnten Größe und Gewicht haben?

Menschen in der Vorgeschichte

Seite 23, Aufgabe 3
Erinnere dich an den Umgang mit Sachquellen (Seite 15). Lies zudem den Textabschnitt „Woher weiß ein Historiker denn, ob ein Fundstück etwas Besonderes ist?" (Seite 22).

Seite 29, Aufgabe 3
Ihr könntet die Lichtverhältnisse bedenken, aber auch die Tatsache, dass in vielen Tausend Jahren immer wieder Bilder auf derselben Fläche gemalt wurden.

Seite 31, Aufgabe 2
Auch der Kaufladen auf Seite 15 oder eine Spielzeugeisenbahn ist ein Modell. Überlege: Worin bestehen Übereinstimmungen und worin Abweichungen von der Vorlage in der Realität (z. B. dem echten Kaufladen oder der echten Eisenbahn)? Übertrage diese Überlegungen jetzt auf die „Kleinenkneter Steine".

Seite 33, Aufgabe 5
Wenn wir heute Vorräte anlegen, können wir das z.B. mit dem Kühlschrank, mit der Gefriertruhe oder mit Konserven schaffen. In der Jungsteinzeit fehlten diese Möglichkeiten. Die Vorräte lagerten in einem Raum, in dem Menschen und oft Tiere lebten und in dem es meistens Ungeziefer gab.

Seite 35, Aufgabe 7
Der eine übernimmt die Rolle des Menschen aus der Altsteinzeit, der andere die Rolle des Jungsteinzeitmenschen. Schreibt zuerst auf, worin ihr die Vorteile eurer jeweiligen Lebensweise seht. Stellt euch die Stichpunkte vor und überlegt, wie sie sich direkt aufeinander beziehen lassen. Entwickelt dann eine Reihenfolge für euer Rollenspiel.

Seite 35, Aufgabe 9
Bedenke: Eine Revolution in Frankreich vor mehr als 200 Jahren, die etwa zehn Jahre lang dauerte, beendete eine Entwicklung von etwa 1000 Jahren. Die Neolithische Revolution dauerte etwa 2000 Jahre. Sie beendete eine Entwicklung, die etwa 400 000 Jahre dauerte.

Die ägyptische Hochkultur

Seite 43, Aufgabe 4
Fertige Themenkarten an, z. B.:
1. Wie entsteht Ackerfläche in der Wüste?
2. Wie bewässerten die Menschen ihre Felder?
3. Wovon ernährten sich die Menschen?
Notiere dann auf jeder Karte Stichpunkte, mit deren Hilfe du das Thema erklärst, z. B.
1. Überflutung: Flutzeit; Nilschlamm: Pflanzzeit; Erntezeit
2. Dämme und Kanäle; Felder, Schaduf
3. Brot und Bier; Fleisch und Gemüse; Speisen für Reiche und Arme

Seite 45, Aufgabe 3
Ihr solltet Zeilen anlegen, mit denen Lebensbereiche erfasst werden können: Wer bestimmt? Wie wird das gemeinsame Leben und Arbeiten organisiert? Wie erklären sich die Menschen, dass der Nil ihnen Wohlstand bringt? Findet Oberbegriffe für diese Lebensbereiche.

Seite 46, Aufgabe 1. b)
Beachte, dass das Holzmodell eine Grabbeigabe war. Um seiner Bedeutung auf die Spur zu kommen, kannst du den Einführungstext zu „Ein ägyptisches Bild untersuchen", Seite 43, lesen.

Seite 46, Aufgabe 2. b)
Denke darüber nach, welche Entwicklungen für die gesamte Gesellschaft durch die Arbeitsteilung möglich wurden.

Seite 57, Aufgabe 3
Organisiere deine Informationen in Form einer dreispaltigen Tabelle wie im Beispiel rechts. Formuliere danach deine Antwort, indem du die Ergebnisse der dritten Spalte zusammenfasst.

Seite 60, Aufgabe 2. b)
Dazu findet ihr Hinweise im Text auf Seite 59. Vergleicht auch das Leben der Pyramidenarbeiter mit dem einfacher Bauern und Handwerker wie im Text auf Seite 46 beschrieben.

Seite 61, Aufgabe 1. b)
Verdeutliche dir den Inhalt von M1, indem du die Quelle wie eine Handlungsanweisung an den verstorbenen Pharao umformulierst, z. B.:
1. Steh auf.
2. Sammle deine Knochen zusammen.
3. Schüttle die Erde ab, in der du gelegen hast.

Seite 61, Aufgabe 1. c)
Die Ägypter hielten die Auferstehung im Totenreich für möglich, glaubten aber, dass ein unversehrter Körper dafür nötig war. Die Unversehrtheit des toten Körpers ist Thema beider Texte. Finde die Textstellen.

Seite 63, Aufgabe 2
Die Ägypter selbst haben sich solche Antworten überlegt und in sogenannte Totenbücher geschrieben, die sie mit in den Sarkophag legten. Sie sollten den Verstorbenen helfen, beim Totengericht die richtigen Antworten zu geben. Beispiele:
„Ich habe Menschen kein Unrecht getan."
„Ich habe nicht gestohlen." …

Gott	zuständig für	Verbindung zum Alltagsleben
Anubis	Bewachen der Grabstätten	Totenruhe schützen, das Andenken Verstorbener bewahren

Die Welt der Griechen

Seite 71, Aufgabe 3
Beachte, welche Gegner es in diesem Konflikt gab und wer mit dem hölzernen Pferd etwas erreichen wollte.

Seite 73, Aufgabe 1. a)
Nur einige der im Text genannten Gottheiten sind abgebildet. Und nicht immer sind sie mit allen ihren Kennzeichen dargestellt.

Seite 75, Aufgabe 2. a)
Suche im Internet Informationen über die neuzeitlichen Spiele: Wie lange dauern sie? Was findet zu Beginn und am Ende statt?

Seite 76, Aufgabe 3. a)
Lies nach in M 2, Seite 75. Einige der dort genannten Sportarten findest du in M 5 wieder.

Seite 79, Aufgabe 3. b)
Lies den Text und mach dir Notizen zu den Aussagen über See- und Landwege. Bedenke auch, wie die Siedlungsgebiete beschaffen waren. Stelle dir nun die Folgen vor.

Seite 85, Aufgabe 3
Bedenkt, wozu die Gegenstände gebraucht wurden und wer sie nutzte. Vergleicht mit der Nutzung von Gebrauchsgegenständen heute.

Seite 87, Aufgabe 2
Prüft Text und Abbildungen nach Hinweisen auf Arbeiten, die von Sklaven übernommen wurden.

Seite 89, Aufgabe 2
Bedenkt, dass die Ämter beim Losen auf Menschen mit sehr verschiedenen Fähigkeiten verteilt werden.

Seite 97, Aufgabe 3
Suche im Internet (z. B. unter www.kinderzeitmaschine.de) nach dem Beinamen „der Große". Versuche herauszufinden, warum Personen, die diesen Beinamen trugen, so genannt wurden. Versuche, eine Übereinstimmung zu finden.

Das Römische Reich

Seite 107, Aufgabe 1
Bedenke, dass Faustulus selbst beteiligt war, dass das Ereignis lange zurückliegt und dass er seinen Hörern die Bedeutung des Ereignisses für sein Leben verdeutlichen will. Die Enkel wollen sicher auch eine spannende Geschichte hören.

Seite 109, Aufgabe 2
Lies noch einmal genau im zweiten und dritten Absatz des Textes nach (Zeilen 19–42), welche Maßnahmen und Leistungen der Etrusker bekannt sind.

Seite 111, Aufgabe 3
Versuche zu unterscheiden, was ein Kind in der römischen Zeit bewegt haben mag und wie du als gegenwärtiges Kind die Situation erlebt hättest. Notiere Gedanken zu beiden Situationen.

Seite 117, Aufgabe 2
Die römische Kriegsführung gegen die Karthager wird auch als „Landkrieg auf dem Wasser" bezeichnet.

Seite 119, Aufgabe 3. b)
Untersuche die Karte daraufhin, welche Staaten an der Küste des Mittelmeeres liegen. Beziehe weiterhin ein, wie ihr Verhältnis zu Rom war. Der Text gibt dir dazu einige Hinweise.

Seite 127, Aufgabe 2
Schau dir noch einmal das Kapitel „Caesar setzt sich durch" (Seite 124/125) an. Überlege dann, welche „Fehler" Augustus vermieden hat.

Seite 129, Aufgabe 3
Bedenke Aspekte wie Verschönerung der Stadt, Gewinn an Ansehen, Schaffen von Arbeitsplätzen, Verdeutlichen von Macht, Verbessern der Lebensqualität. Bringe die Aspekte in eine Reihenfolge, an der deutlich wird, was du für einen wichtigen Grund hältst und was du für weniger wichtig hältst. Mache diese Gewichtung in der Diskussion deutlich.

Seite 137, Aufgabe 2
Merula muss über außergewöhnliche Fähigkeiten verfügt haben. Welche könnten das gewesen sein? Er muss zudem einen Herrn gehabt haben, der sich nicht wie die meisten Herren verhielt. Worin könnte der Unterschied zu anderen bestanden haben?

Seite 143, Aufgabe 1
Arbeitet zu dritt. Jeder liest eine der Quellen und schreibt die wichtigsten Informationen auf ein Kärtchen. Besprecht auf dieser Grundlage, wie die Aufgabe zu lösen ist, und notiert das Ergebnis auf einem Blatt oder einer Folie.

Seite 145, Aufgabe 2
Die Länge kannst du leichter bestimmen, wenn du einen Faden nimmst und ihn entlang der Grenze legst. Anschließend misst du ihn aus und ermittelst mithilfe des Kartenmaßstabs die Gesamtlänge der Grenze.

Seite 149, Aufgabe 4
Zeichne dazu ein Kreuz und trage in die oberen Felder ein, was für das Leben in der römischen Provinz spricht und was für eine Rückkehr ins heimische Dorf spricht. In die untere Hälfte trage die Gründe ein, die dagegen sprechen.

Seite 151, Aufgabe 3
Beziehe vor allem den Textabschnitt der Quelle ab Zeile 10 in deine Überlegungen ein.

Seite 153, Aufgabe 2. a)
Dein Zeitstrahl muss etwa den Zeitraum von 250 bis 410 n. Chr. abbilden. Das sind 160 Jahre. Ein Maßstab von einem Zentimeter für 10 Jahre müsste in dein Heft passen.

Seite 155, Aufgabe 5
Bedenke dabei, welche Grenzen das Römische Reich hatte. Schau dir dazu auch die Karte M1 auf Seite 156 an.

Arbeitsweisen für den Unterricht

Ein Cluster erstellen

Das Wort Cluster (englisch, sprich: „Klaster") bedeutet Anhäufung oder Bündel. Ein Cluster ist geeignet, um eine Begriffssammlung zu erstellen, und kann helfen, Ordnung in Gedanken zu bringen. Um ein Cluster anzulegen, gehst du folgendermaßen vor:

- Du nimmst ein leeres Blatt, am besten im Querformat, und schreibst einen Begriff oder einen Satz in die Mitte des Blattes. Dann ziehst du einen Kreis um den Begriff oder den Satz.
- Du schreibst weitere Begriffe, die zu dem Begriff oder Satz passen, drumherum. Auch ihnen kannst du nun weiter passende Begriffe zuordnen.

Wenn du zusätzlich Verbindungslinien zwischen Begriffen ziehst, die sich aufeinander beziehen, erhältst du eine sogenannte Mindmap (englisch, sprich: „Meindmäp"). Die Abbildung unten zeigt Begriffssammlungen als Cluster (links) und als Minmap (rechts).

Ein Lernplakat gestalten

Lernplakate sind eine Möglichkeit, Gruppenarbeitsergebnisse in übersichtlicher Weise vorzustellen. Dafür benötigt ihr einen Bogen stärkeres Papier im Format A2, Filzstifte, Schere und Klebstoff. Überlegt zunächst, was die wichtigsten Ergebnisse eurer Arbeit sind. Erstellt dann einen Entwurf für das Plakat auf einem DIN-A4-Blatt.

Beachtet bei der Plakatgestaltung folgende Regeln:
- Beschränkt euch auf wichtige Informationen.
- Arbeitet mit Schlüsselbegriffen, Stichworten oder kurzen Sätzen.
- Die Schriftgröße sollte ca. 3 cm betragen.
- Benutzt zeichnerische Elemente, um z. B. Bezüge zu veranschaulichen (Pfeile, Blitz für Konflikt, Krone für Herrschaft o. Ä.). Zusätzlich könnt ihr Bilder oder Zeichnungen verwenden.
- Gestaltet das Plakat sauber und fehlerfrei.
- Setzt am Schluss eure Namen darunter.

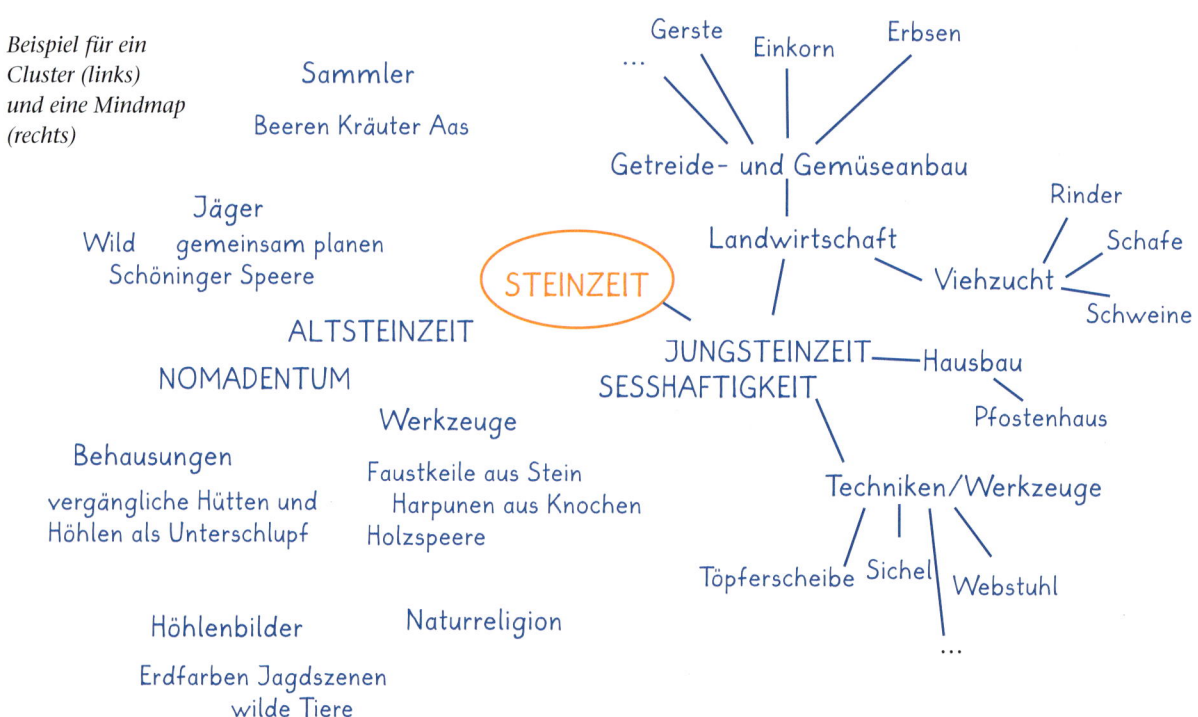

Beispiel für ein Cluster (links) und eine Mindmap (rechts)

Einen Galeriegang machen

Bei einem Galeriegang werden Gruppenarbeitsergebnisse, z. B. Plakate, gemeinsam betrachtet. Die fertigen Plakate werden im Klassenzimmer gut verteilt an der Wand angebracht oder auf Tischen ausgelegt (Tischgalerie).

Nun beginnt der Galeriegang: Mit jeweils einer Person aus jeder Gruppe werden dafür zuerst neue Gruppen gebildet, die dann von Plakat zu Plakat gehen. In jeder Gruppe gibt es daher für jedes Plakat einen Experten, der an der Erstellung beteiligt war und das Plakat erklären kann. So könnt ihr wie bei einer Museumsführung alle Plakate und damit alle Themen kennenlernen und anschließend in der Klasse darüber sprechen.

Arbeitsergebnisse präsentieren

Um Arbeitsergebnisse zu präsentieren, ist etwas Vorbereitung nötig. Mach dir zunächst Stichworte zu den wesentlichen Informationen, die du vortragen willst. Beim Sprechen vor Zuhörenden beachte:
- Nenne zuerst dein Thema.
- Sprich frei und deutlich. Lerne keine vorformulierten Sätze auswendig. Übe, mit einem Stichwortzettel frei zu sprechen.
- Schau deine Zuhörer an.
- Stehe mit beiden Füßen fest auf dem Boden. Wenn du zappelst, sind deine Zuhörer abgelenkt.

Rückmeldungen geben

Mit deiner Rückmeldung (auch: Feedback) teilst du anderen mit, wie gut du ihre Präsentation fandest. Damit die Präsentierenden die Rückmeldung als Hilfe verstehen können, muss sie freundlich formuliert werden. Außerdem muss klar sein, was bewertet wird. Legt daher vorher gemeinsam fest, was wichtig für eine Präsentation ist:

- Zum Inhalt: Ist das Thema klar benannt? Sind die Informationen richtig und ausreichend? Werden

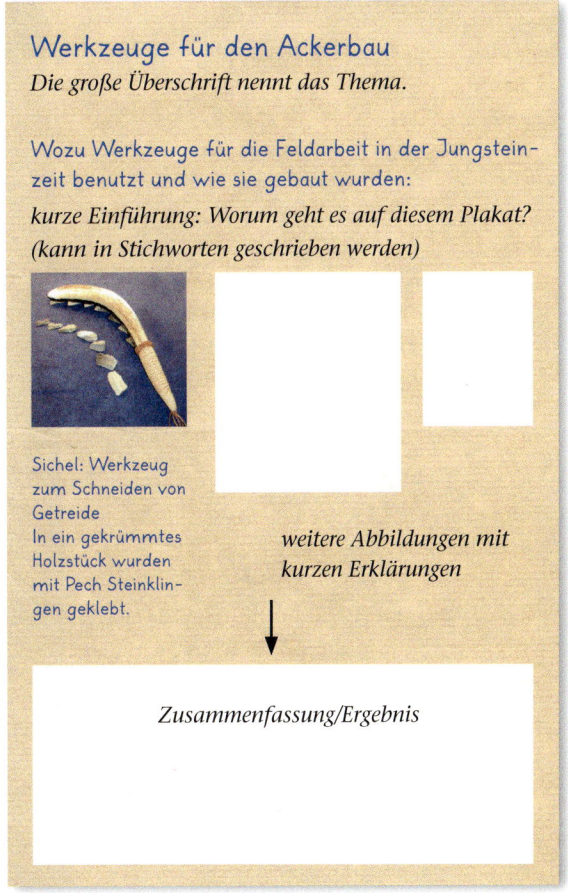

Beispiel für eine Plakatgestaltung

Fotos oder Schaubilder in sinnvoller Weise einbezogen und erklärt?
- Zu den Präsentierenden: Sind sie gut vorbereitet? Sprechen sie frei und klar verständlich? Drücken sie sich angemessen aus? Haben sie Blickkontakt zum Publikum?

Mache dir gegebenenfalls schon während der Präsentation oder direkt im Anschluss Notizen auf einem vorbereiteten Rückmeldungsbogen. Beginne dann mit einer positiven Rückmeldung: „Besonders gelungen ist dir …", „Ich fand gut, dass …". Formuliere Kritik vorsichtig, z. B.: „Ich habe nicht verstanden, warum du (dieses Bild) gewählt hast", oder als konkrete Verbesserungsvorschläge, wie: „Vielleicht könntest du beim nächsten Mal …"

Mögliche Lösungen der Selbstüberprüfungen

Menschen in der Vorgeschichte (Seite 36)

1. Geräte, die schon in der Altsteinzeit eingesetzt wurden, sind: Faustkeil, Steinbeil, Hammer, Bohrer. (Seiten 19 und 25)

2. Nomaden sind Menschen, die ohne festen Wohnsitz herumziehen, auf der Suche nach Nahrung für sich (und ihre Tiere). Jäger und Sammler nennt man sie, weil sie jagten und essbare Pflanzen sammelten, um sich zu ernähren. Es war die Lebensform vor der Sesshaftigkeit in der Jungsteinzeit. (Seite 26)

3. Das Bild stammt aus der Höhle von Lascaux in Frankreich. Es zeigt Hirsche, Rinder, Pferde und andere wild lebende Tiere der Altsteinzeit. Es entstand vor etwa 20000 bis 18000 Jahren über viele Hundert Jahre hinweg. Das könnte auch der Grund dafür sein, dass viele Tiere übereinander dargestellt wurden. (Seite 28)

4. Die Jungsteinzeit dauerte etwa von 9000 bis 3000 v. Chr. (Seiten 34 und 37)

5. Altsteinzeit: Feuerbeherrschung, Höhlenmalerei. (Seiten 25 und 28)
Jungsteinzeit: Töpferscheibe, Getreideanbau, Tierhaltung, Hausbau. (Seiten 32 und 34)

Die ägyptische Hochkultur (Seite 64)

1. Der Nil bot den Ägyptern die Grundlage für ihre Ernährung (Landwirtschaft, Jagdtiere). Auch war der Fluss eine wichtige Verkehrsader für den Handel. Allerdings konnte eine Überschwemmung die Ernte zerstören. (Seiten 40–45)

2. a) Die Szene aus einer Grabmalerei von 1390 v.Chr. zeigt drei Männer: Einer sitzt auf einem hohen Getreideberg, die beiden anderen knien hinter ihm auf dem Boden.

b) Die Knienden halten Schreibmaterial; sie notieren etwas. Es sind Schreiber. Der Mann auf dem Getreideberg hat die rechte Hand ausgestreckt. Er scheint etwas zu zählen. Er ist ein Beamter, der die Ernte erfasst. (Seiten 46, 48, 50)
c) Die Beamten und ihre Schreiber erfassten die Ernteerträge und zogen die Steuern ein. So stellten sie den Reichtum des Pharaos und seines Staates sicher. Die Beamten setzten überall die Gesetze des Pharaos durch. (Seiten 44, 46–49)
d) Das Bild ist Teil einer Malerei aus einem Grab eines hohen Beamten des Pharaos. Die Ägypter glaubten daran, dass die Darstellungen auf Grabmalerien im Jenseits Gestalt annehmen können. So sollte der hohe Beamte auch im Totenreich über seine Hilfsbeamten verfügen können. (Seite 43)

3. Ägypten gilt als frühe Hochkultur, weil es den Menschen gelungen war, die Nilschwemme durch das Anlegen eines Systems von Bewässerungskanälen für eine reichhaltige Landwirtschaft zu nutzen. So entwickelten sie einen Staat, der mithilfe seiner Beamten die Ernte des gesamten Landes verwaltete und Steuern für den Herrscher, den Pharao, einzog. Von diesen Steuern wurden z. B. der Bau von Tempeln und Pyramiden bezahlt. Grundlage der Verwaltung war eine Schrift. (Seiten 44–45)

4. Bei den Ägyptern spielte der **Totenkult** eine große Rolle. Sie glaubten an ein **Leben im Jenseits**. Das ging auf den Mythos von **Isis und Osiris** zurück, demzufolge Osiris durch die Hilfe seiner Frau Isis im Totenreich wiederauferstehen konnte. Deshalb ließen sich alle, die es sich leisten konnten, riesige Gräber bauen – darunter auch die **Pyramiden** von Gizeh, in denen manche der **Pharaonen** bestattet wurden. In den Grabanlagen warteten ihre als **Mumien** einbalsamierten Körper auf die Wiederauferstehung. Dazu mussten sie zuerst die Gewissensprüfung beim **Totengericht** bestehen. (Seiten 58–63)

Die Welt der Griechen (Seite 100)

1. Zusammengehörigkeitsgefühl entstand durch die gemeinsame Sprache und Schrift, den Glauben an dieselben Götter und die Olympischen Spiele. (Seiten 72/73, 74/75, 79)

2. M1: Das linke Bild zeigt **Zeus**, den Göttervater. Er ist der Herrscher über das Wetter und die Natur. Man erkennt ihn an dem Blitzbündel. Das rechte Bild zeigt **Poseidon**. Er ist der Gott der Meere und trägt einen Dreizack. Damit bewegt er das Meer und löst Stürme aus. (Seiten 72/73)

3. Die Olympischen Spiele waren ein religiöses Fest zu Ehren des Zeus. Nur männliche freie Griechen durften daran teilnehmen. Heute handelt es sich um einen internationalen Sportwettkampf mit viel mehr Disziplinen als in der Antike. Auch Frauen nehmen daran teil. (Seiten 74–77)

4. Jede griechische Polis war eigenständig, es gab keine Hauptstadt. Oft haben sogar Poleis gegeneinander Krieg geführt. (Seiten 78–79)

5. a) Thukydides schreibt im 5. Jahrhundert über die politische Mitbestimmung der Bürger. Er gibt die Meinung eines Politikers wieder.
   b) Der Politiker meint, dass in der Polis, in der er lebt, jeder Bürger, ob arm oder reich, ein Amt ausüben kann. Alle Bürger akzeptieren die Ordnung der Polis. Nur wer sich nicht an ihr beteiligt, wird schlecht angesehen.
   c) Es wird eine politische Ordnung beschrieben, an der alle Bürger teilnehmen können. Das trifft auf die athenische Demokratie zu (Seiten 88/89). Alle männlichen freien Athener hatten das Recht, an der Volksversammlung teilzunehmen und Strategen zu wählen. Sie selbst konnten in den Rat der 500 gelost werden. Die Bürger entschieden, wer regieren und welche Gesetze gelten sollen.
   (*Thukydides gibt eine Rede von Perikles wieder.*).

Das Römische Reich (Seite 156)

1. Konsul – Senat – Pater familias/Patron – Provinzen – Veto (Seiten 110/111, 114/115, 116)

2. **Konstantin:** Kaiser, der Maßnahmen ergriff, um die Einheit des Römischen Reiches wieder herzustellen. Er förderte das Christentum und gründete Konstantinopel (Byzanz) als „Neues Rom". (Seiten 150/151, 154)
   Tiberius Gracchus: Volkstribun, der im 2. Jahrhundert v. Chr. die Krise in Landwirtschaft und Militärwesen durch Reformen zu beenden versuchte (Seite 122)
   Augustus: beendete den Bürgerkrieg und begründete das römische Kaisertum (Seiten 126/127)
   Hannibal: Heerführer Karthagos im Zweiten Punischen Krieg, der nach langem Kampf mit dem Sieg der Römer endete (Seite 118)

3. Für die Zeit der Republik spräche: mehr Freiheit und Einfluss, größere Anerkennung, alte Werte gelten noch.
   Für die Zeit des Kaiserreichs spräche: größerer Wohlstand und mehr Luxus, weniger Verantwortung für den Staat, größere Sicherheit.

4. b) Alle Länder, die an das Mittelmeer grenzen, gehörten zum Römischen Reich; das Mittelmeer lag daher im „Inneren" des Reiches.
   c) Auf dem Gebiet des heutigen Deutschlands verlief der Limes vom Rhein bei Mainz bis zur Donau bei Regensburg.
   d) Der Limes in Germanien war dort befestigt, wo es keine natürlichen Hindernisse wie Flüsse, Gebirgszüge oder Wüsten gab. Er sollte kriegerische Nachbarn abwehren.
   e) Nicht mehr zum Römischen Reich gehörten: Britannia (England); Teil Südwestdeutschlands; Dacia (Rumänien); Thracia (Bulgarien); Cappadocia (Nordosten der Türkei); Arabia (Arabien, Jordanien); Mauretania (Küste Nordwestafrikas/Marokko, Algerien)

Lexikon

Adel, Adlige: vornehme Familien, die besondere Rechte in einer Gesellschaft hatten. Viele Adlige waren reich und besaßen große Ländereien. Manche hatten ihre führende Stellung aufgrund besonderer Leistungen im Krieg erhalten.

Altsteinzeit: Name des längsten Zeitabschnitts der Menschheitsgeschichte (ca. 2,3 Millionen Jahre). Stein war in dieser Zeit das wichtigste und dauerhafteste Material für die Herstellung von Werkzeugen. Die Phase der Altsteinzeit, in der die Menschen Kleingeräte und Figuren aus Stein fertigten und mit Pfeil und Bogen sowie mit Speeren jagen konnten, wird als jüngere Altsteinzeit bezeichnet.

Antike: Bezeichnung für den Zeitabschnitt der griechischen und römischen Geschichte zwischen etwa 1200 v. Chr. bis zum Ende des Weströmischen Reiches um 500 n. Chr.

Arbeitsteilung: die Aufgliederung der unterschiedlichen Arbeiten in einer Gesellschaft in verschiedene Berufe, z. B. in Händler, Handwerker und Bauern. Arbeitsteilung ermöglicht Spezialisierungen, sodass sich Berufe für verschiedene Techniken und Aufgaben entwickeln konnten, z. B. Hufschmied oder Messerschmied. Dadurch wurden immer bessere Ergebnisse in Technik, Kunst und Wissenschaft möglich.

Archäologe: Wissenschaftler, der Überreste vergangener menschlicher Kulturen seit der Altsteinzeit erforscht. Archäologen führen Grabungen durch und werten – oft zusammen mit Naturwissenschaftlern – ihre Funde aus, um herauszufinden, wie Menschen früher wohl gelebt haben.

Aristokratie (von griechisch „aristoi": die Besten und „kratein": herrschen): Herrschaft des ➤ Adels, d. h., wenige vornehme Familien mit großem Grundbesitz regieren. Als Staatsform bestand die Aristokratie in den griechischen Poleis des 8. bis 6. Jahrhunderts v. Chr. Auch in der römischen Republik hatten wenige Adelsfamilien den größten Einfluss.

Beamte: Sie übernehmen Aufgaben für den Staat, indem sie z. B. Steuern einziehen. Im alten Ägypten waren die Beamten gut ausgebildete, reiche und mächtige Leute.

Bronzezeit: die Zeit seit etwa 2500 v. Chr., in der die Menschen begannen, Werkzeuge und Waffen aus Bronze herzustellen. Viele Arbeiten wurden dadurch einfacher. Zugleich wurden die Waffen haltbarer und gefährlicher.
Bronze ist ein besonders hartes Material, das aus den Metallen Kupfer und Zinn hergestellt wird.

Bürger: In der ➤ Antike galt als Bürger nur derjenige, der das Bürgerrecht einer ➤ Polis oder eines Staates besaß. In der athenischen ➤ Demokratie durften nur Bürger Mitglieder der Volksversammlung sein und über die Gesetze der Polis Athen mitbestimmen.

Demokratie (von griechisch „demos": Volk und „kratein": herrschen): Gesellschaftsform, in der die Bürger darüber entscheiden, wer regieren soll und welche Gesetze gelten.
Die bekannteste Demokratie der Antike ist die der ➤ Polis Athen. Dort besaß allerdings nur eine Minderheit der Bevölkerung das Bürgerrecht und konnte mitbestimmen. In heutigen Demokratien ist die tatsächliche Mehrheit der Bevölkerung beteiligt, indem sie Volksvertreter wählt.

Diktator, Diktatur (von lateinisch „dictare": diktieren): In Zeiten großer Bedrohung gaben die Römer alle Regierungsgewalt einem einzigen Diktator, dessen Amtszeit spätestens nach sechs Monaten wieder endete. Caesar bekam als Erster diese Position auf Lebenszeit. Seitdem ist Diktatur gleichbedeutend mit willkürlicher Alleinherrschaft – bis heute.

Familia: römische (Groß-)Familie. In ihr hatte der Vater (Pater familias) die führende Rolle. Alle wichtigen Entscheidungen (z. B. über Eigentumsfragen oder Heirat der Kinder) wurden von ihm getroffen. Zur Familia gehörten alle Personen, die in der Hausgemeinschaft lebten, und die Sklaven. Auch wirtschaftlich vom Vater abhängige Bauern (➤ Klienten) galten als Mitglieder der Familia.

Hellenismus (von griechisch „hellas": Griechenland): Bezeichnung für die griechische Kultur im Mittelmeerraum in der Zeit von 325–150 v. Chr. Die griechische Sprache wurde zur „Weltsprache" und verbreitete die Erkenntnisse der Griechen in den Wissenschaften. Kulturelles Zentrum der hellenistischen Welt war Alexandria in Ägypten.

Hieroglyphen (von griechisch: „hieros": heilig, „glyphein": einzeichnen, also: „heilige Zeichen"): Das sind die ägyptischen Schriftzeichen. Sie waren zuerst eine Bilderschrift, die festgelegte Zeichen für leicht darstellbare Gegenstände verwendete. Die Hieroglyphen waren die Voraussetzung für das Entstehen einer zentralen ➤ Verwaltung und Herrschaftsausübung.

Historiker (von lateinisch „historia": Geschichte): Wissenschaftler, die sich mit der Geschichte der Menschen von der Urzeit bis in die Gegenwart beschäftigen. Historiker untersuchen Überreste aus der Vergangenheit. Auf der Grundlage dieser ➤ Quellen stellen sie zurückliegende Ereignisse und Entwicklungen dar.

Hochkultur: Gesellschaften mit folgenden Merkmalen werden als Hochkulturen bezeichnet:
• ein Staat mit einer zentralen ➤ Verwaltung, Regierung und Religion,
• die Nutzung einer Schrift,
• Arbeitsteilung,
• Kunst und Architektur.
Erste Hochkulturen entstanden um 3000 v. Chr. an großen Flüssen in Ägypten und Mesopotamien.

Imperium (von lateinisch „imperare": befehlen): Bei den Römern bezeichnete dieser Begriff ursprünglich die unbeschränkte Befehlsgewalt eines Feldherrn (Imperator) über das Heer. Weiterhin wurde der Begriff auch für das Gebiet verwendet, über das die Römer herrschten.

Zur Kaiserzeit bedeutete „Imperium Romanum" daher „Römisches Reich"; „Imperator" bedeutete „Kaiser" (vgl. englisch: emperor).

Jäger (und Sammler): In der ➤ Altsteinzeit ernährten sich die Menschen, indem sie ihre Nahrung sammelten (z. B. Früchte, Beeren, aber auch verendete Tiere) und Wild jagten. Zur Jagd hatten sie sich nach den Jahreszeiten und dem Verhalten des Wildes zu richten: Sie mussten sich dorthin begeben, wo die Natur ihren Beutetieren Nahrung bot. Um Großwild zu jagen, war eine geplante Zusammenarbeit notwendig.

Jungsteinzeit: Name des letzten Abschnitts der Steinzeit, in dem die Menschen sesshaft lebten, als Ackerbauern und Viehzüchter. Die Schrift kannten die Menschen in der Jungsteinzeit aber noch nicht, sodass es keine schriftlichen ➤ Quellen über diese Zeit gibt.
Die Jungsteinzeit begann im Nahen Osten vor etwa 10 000 Jahren und breitete sich langsam aus. Im heutigen Niedersachsen setzte die Entwicklung zur ➤ Sesshaftigkeit etwa vor 7000 Jahren ein. Aus dieser Zeit stammen die Großsteingräber, von denen wir noch Überreste vorfinden.

Kaiser (von lateinisch „caesar", gesprochen: Kaisar): Der Name Gaius Julius Caesars wurde in der römischen Kaiserzeit zum Herrschertitel, den alle römischen „Kaiser" trugen. Auch die Herrscher im Mittelalter nahmen den Titel an.

Kalender: die Festlegung von Zeitabschnitten in Jahre, Monate, Wochen, Tage. Ursprünglich orientierte man sich bei der Zeiteinteilung an den Jahreszeiten sowie an Sonnen- oder Mondphasen, um z. B. die günstigsten Zeitpunkte für die Aussaat zu bestimmen. Es entwickelten sich unterschiedliche Arten von Kalendern, die in verschiedenen Kulturen bis heute nebeneinander Gültigkeit haben.

Klienten (von lateinisch „cliens": abhängig): Kleinbauern, Pächter und ehemalige ➤Sklaven im Römischen Reich, die von einem reichen Herrn, ihrem Patron, abhängig waren. In Notfällen wurden sie von ihm unterstützt. Klienten ehrten ihren Patron und gaben ihm bei Wahlen ihre Stimme.

Kolonie, Kolonisation (von lateinisch „colere": Land bebauen): Mit „Kolonisation" meint man das Ansiedeln von Auswanderern in fremden Ländern. Griechische Auswanderer gründeten ab dem 8. Jahrhundert v. Chr. an fremden Küsten des Mittelmeeres Städte und betrieben dort Landwirtschaft. Mit ihren „Mutterstädten" hielten die neu gegründeten „Tochterstädte", die Kolonien, eine enge Verbindung: Sie behielten z. B. heimatliche Dialekte, Sitten und die Staatsform bei. Außerdem betrieben sie regen Handel mit ihrer Mutterstadt. Bei den Römern wurden Soldaten- oder Veteranenansiedlungen Kolonien genannt. Sie sollten die Herrschaft Roms in den eroberten Gebieten sichern.

Konsul (von lateinisch „consulere": beraten, für etwas sorgen): Bezeichnung für die beiden höchsten Beamten in Rom. Sie wurden jeweils für ein Jahr gewählt. Im Frieden sorgten sie für die Durchsetzung aller Beschlüsse, im Krieg waren sie Befehlshaber von Truppen.

Kultur: Wenn die Bevölkerung einer Gegend eine besondere Lebensform entwickelt, spricht man von ihrer Kultur. Erkennbar ist eine Kultur daran, was die Menschen schaffen (z. B. an Geräten, Waffen, Kleidung, Kunstwerken, Bauten) und an den Formen ihres Zusammenlebens. Dazu gehört auch ihre Religion.

Monarchie (von griechisch „monos": allein und „archein": herrschen): Alleinherrschaft, die von einem König oder einer Königin ausgeübt wird. Die meisten Monarchen erbten die Königsmacht von ihrem Vater. Ihre besondere Stellung in der Gesellschaft führten sie auf göttlichen Willen zurück. Ein Monarch hatte auch besondere Aufgaben bei religiösen Zeremonien.
Die Monarchie war bis ins 20. Jahrhundert die häufigste Staatsform.

Nomaden, Nomadentum: Als Hirten- oder Wandervölker lebende Menschen, wie die ➤Jäger und Sammler der ➤Altsteinzeit. Sie mussten dem Wild nachziehen und Gegenden aufsuchen, in denen es ausreichend Nahrung gab. Deshalb hatten sie keine festen Wohnsitze, sondern waren Nomaden.

Patriarchat (von lateinisch „pater": Vater und griechisch „archein": regieren, herrschen): eine Gesellschaftsordnung, in der die Männer und Väter innerhalb von Gemeinschaften wie Familien die Entscheidungen treffen

Patrizier (von lateinisch „pater": Vater): die Angehörigen des römischen ➤Adels, die bis ins 3. Jahrhundert v. Chr. alle politischen Ämter besetzten. In Rom konnten nur Patrizier in den ➤Senat gewählt werden.

Plebejer (von lateinisch „plebs": das einfache Volk): So hießen alle römischen ➤Bürger, die nicht zur ➤Aristokratie gehörten. Sie erhielten erst im 3. Jahrhundert v. Chr. das Recht, Ämter zu übernehmen und in den ➤Senat aufzusteigen. Bei Wahlen und in der Volksversammlung bestimmten die Plebejer die römische Politik mit.

Polis (Mehrzahl: Poleis): griechische Stadt, die wie unsere heutigen Staaten ihre Angelegenheiten (ihre „Politik") selbstständig regeln konnte. In Griechenland und in den von Griechen besiedelten Gebieten gab es mehrere Hundert Poleis von ganz unterschiedlicher Größe. Athen war die größte und bedeutendste. Aber auch Sparta, Theben oder Korinth waren mächtig.
Zu einer Polis gehörte nicht nur der Kern der Stadt, sondern immer auch das Umland. In den Städten gab es in der Regel eine befestigte Burg (Akropolis) als Zufluchtsort und einen Marktplatz (Agora) als politisches Zentrum.

Prinzipat (von lateinisch „princeps": der erste oder führende Mann): Als Augustus im Jahr 31 v. Chr. den Bürgerkrieg in Rom beendet hatte, stellte er alle Einrichtungen der römischen ➤Republik wieder her, behielt aber als „erster Mann" die Macht in seinen Händen: Er blieb oberster Feldherr, war oft ➤Konsul, verfügte über die wichtigsten ➤Provinzen und hatte die Rechte eines Volkstribuns (Vertreter der ➤Plebejer, Seite 115). Trotzdem wollte er nur als „Erster (princeps) unter Gleichen" angesehen werden, weshalb seine Regierungsform Prinzipat genannt wurde. Als er seine Stellung seinem Adoptivsohn Tiberius vererben konnte, wurde aus dem Prinzipat eine Form der ➤Monarchie, die römische Kaiserherrschaft.

Proletarier (von lateinisch „proles": Kinder, Nachkommen): die unterste soziale Schicht der römischen ➤Bürger, die keine feste Arbeit hatte und nichts anderes besaß als ihre Kinder. Die Proletarier wurden vom römischen Staat mit Getreide versorgt.

Provinz (lateinisch: provincia): ursprünglich die Bezeichnung für den Aufgabenbereich eines römischen ➤Beamten. Als die Römer neue Gebiete eroberten, wurden diese von römischen Statthaltern verwaltet. Das waren Beamte, die „an Kaisers statt" vor Ort regierten. Die Römer bezeichneten nun diese Gebiete als Provinzen. Bis heute wird der Begriff für Verwaltungsbezirke eines Staates verwendet.

Quellen: Alle Überlieferungen aus der Vergangenheit bezeichnen wir als Quellen. Dabei werden zunächst schriftliche von nichtschriftlichen Quellen unterschieden (Seite 14). Zu den nichtschriftlichen Quellen zählen vor allem Sachquellen und Bildquellen. Hinzu kommen mündliche Überlieferungen von Zeitzeugen (z. B. Großeltern berichten über frühere gesellschaftliche Verhältnisse). Quellen dienen ➤Historikern dazu, Erkenntnisse über Ereignisse und Entwicklungen in vergangenen Zeiten zu gewinnen. Um aus ihnen Informationen zu gewinnen, müssen bei ihrer Auswertung die Zusammenhänge, aus denen sie ursprünglich stammen, mitberücksichtigt werden (Quellenkritik).

Republik (von lateinisch „res publica": öffentliche Angelegenheit): So nannten die Römer ihren Staat nach dem Ende der etruskischen Königsherrschaft. Als Republiken gelten heute alle Staaten, die keinen König an ihrer Spitze haben.

Romanisierung: der Vorgang, durch den sich allmählich römische Sitten, Gesetze und Technik, aber auch die Sprache in den eroberten ➤Provinzen durchsetzten. Dabei passten sich die unterworfenen Völker mehr oder weniger freiwillig an die Römer an. So entstanden auch die romanischen Sprachen (z. B. Italienisch, Französisch, Spanisch).

Senat (von lateinisch „senex": der alte Mann): der „Rat der Alten" in Rom. Mitglieder des Senats waren die ehemaligen ➤Beamten (z. B. ➤Konsuln). Senatsbeschlüsse wurden meist befolgt, weil sie von den angesehensten Männern Roms getroffen wurden.

sesshaft, Sesshaftigkeit: dauerhaftes Leben an einem Ort. Es ist das grundlegende Merkmal der ➤Jungsteinzeit: Die Menschen begannen, Häuser zu bauen und in kleinen festen Siedlungen zu leben, wo sie Ackerbau und Viehzucht betrieben. Das ➤Nomadentum gaben sie auf.

Sklaven: Im Altertum gab es die Auffassung, dass Kriegsgefangene, auch Frauen und Kinder, Eigentum der Sieger wurden und als Sklaven verkauft werden konnten. Auch deren Kinder waren Sklaven. Von ihren Besitzern konnten sie freigelassen werden und – in der römischen Kaiserzeit – die gleichen Rechte wie andere ➤Bürger erlangen.

Verwaltung: Das ist die Organisation des Zusammenlebens vieler Menschen. Sie wird ausgeführt von ➤Beamten. Diese erheben Steuergelder, mit denen dann Gebäude (z. B. Tempel, Häfen und Straßen), Veranstaltungen (große Feste an Feiertagen) und Unterstützungen für die Allgemeinheit (z. B. für Arme und Kranke) bezahlt werden.

Völkerwanderung: Wanderungsbewegung, bei der ganze Stämme oder Völker wegen Landnot, Missernten, Eroberungslust oder Vertreibung ihre Siedlungsgebiete verlassen und sich in anderen Ländern niederlassen. Dies geschah verstärkt im 4./5. Jahrhundert n. Chr., der „Zeit der Völkerwanderung".

Register

Das Register hilft dir, Begriffe und Themen im Buch zu finden. Hinter manchen Seitenangaben steht die Abkürzung „f.". Sie bedeutet „folgende Seite". Damit ist gemeint, dass das Stichwort oder Thema nicht nur auf der angegebenen, sondern auch auf der folgenden Seite vorkommt.

Quellenverzeichnisse

Bildquellen

action press – die bildstelle, Hamburg: FERRARI PRESS AGENCY 8

Ägyptisches Museum, Kairo: Joseph J. Scherschel 44

akg-images GmbH, Berlin: 5, 9, 9, 33, 36, 38, 42, 62, 77, 89, 95, 96, 97, 114, 121, 124, 125; Archives CDA / St-Genès 73; Bible Land Pictures 150; Connolly, Peter 117; De Agostini Picture Library 148; De Agostini Picture Library/A. Dagli Orti 136; E. Lessing 64, 93, 139; Electa 106, 114; Erich Lessing 86, 139; François Guénet 43, 44; J.-L. Nou 66; Lessing, Erich 48, 49, 49, 54, 77; Makonos Museum 69; Museum Kalkriese 143, 143; Nimatallah 73, 113; Peter Connolly 115, 117; Rabatti–Domingie 57, 73; Tristan Lafranchis 123; WARNER BROS./Album 70

alamy images, Abingdon/Oxfordshire: Granger Historical Picture Archive 92; JTB Media Creation Inc. 159; Mike Goldwalter 67; Norman Barrett 133; Petr Svarc 138; The Art Archive 116

American School of Classical Studies at Athens: agora Excavation, Athen: American School of Classical Studies, Athen (Foto: Marie und Craig Mauzy) 89

Ansichtskartenverlag GesmbH. & Co KG, Villach: 105

Askani, Bernhard Dr., Schwetzingen: 99

ASTERIX®-OBELIX®-IDEFIX®/LES EDITIONS ALBERT RENE/GOSCINNY – UDERZO, Vanves Cedex: 124

Astrofoto, Sörth: 66, 102, 158

Augusta Raurica, Augst: Susanne Schenker 105; Ursi Schild 149

Bachem Verlag, Köln: Archiv 152

Baumgärtner, Ulrich Dr., Puchheim: 88

Bibliothèque nationale de France – Département de la reproduction, Paris Cedex 13: 102

bpk-Bildagentur, Berlin: 14, 65, 72, 83, 98, 122; British Library Board 52; Félicien Faillet 153; Herbert Kraft 139; R. Ottria 138; RMN-Grand Palais/Lewandowsk, Hervé 105; RMN/F. Raux 39; RMN/Schormans, Jean 33; Scala 140; Scala/mit freundl. Genehmigung des Ministero Beni e Att. Culturali 157; SMB/Ägyptisches Museum und Papyrussammlung/M. Büsing 57; SMB/Antikensammlung/I. Geske 77; SMB/Antikensammlung/J. Laurentius 9, 69, 71, 81; SMB/Antikensammlung/J. Liepe 69, 75, 77; The Metropolitan Museum of Art 85; The Trustees of the British Museum 39

Bridgeman Images, Berlin: 132; Ashmolean Museum, University of Oxford 50, 62; De Agostini Picture Library/G. Dagli Orti Titel; Fitzwilliam Museum, University of Cambridge 46; Giraudon/Deir-el-Medina, Thebes 56; Louvre, Paris 113; National Archaeological Museum, Athens, Greece/De Agostini Picture Library/G. Dagli Orti 4

British Museum Images, London: 55, 57, 60, 63, 66

Deutsches Architekturmuseum, Frankfurt/Main: 26

Die Illustratoren, Hamburg: Tom Ungemach 24

dreamstime.com, Brentwood: Tansy 57

Druwe & Polastri, Cremlingen/Weddel: 19

Eckhardt, Hans-Wilhelm, Hameln: 30, 31, 144

Feist, Joachim, Pliezhausen: 27

Fietz, Mario H., Wallenhorst: 30

Fotex Medien Agentur GmbH, Hamburg: Robert Knoell 145

fotolia.com, New York: Liddy Hansdottir 13; M. Langer 9; Panos 92; stevanzz 104

Gemeinnützige Stiftung Leonard von Matt, Buochs: 118

Getty Images, München: AStock 103

Glow Images GmbH c/o Regus, München: imageBroker/ Bahnmüller 10

Hamburger Museum für Archäologie, Hamburg: 19

Haschner-Bitterer.de: 70

Heyden, Antonius Alphonsus Maria van der, Naarden: 40

Institut für Ur- und Frühgeschichte und Archäologie des Mittelalters – Universität Tübingen: Jensen, Hilde 3, 27

Karto-Grafik Heidolph, Dachau: 45

KHM-Museumsverband, Wien: 72

Lehnhof, Ingo, Braunschweig: 23, 32, 100

Lookphotos, München: Terra-Vista 149

Lotos Film, Kaufbeuren: 3, 50, 85, 107, 111, 120

Mammutmuseum, Niederwenigen: Foto Kantonsarchäologie Zürich 18

Martin-von-Wagner-Museum der Universität Würzburg: 73

mauritius images GmbH, Mittenwald: Alamy 158, 159; imagebroker.net 8; imageBROKER/K.F. Schöfmann 11

Meyer, Kerstin, Braunschweig: 13, 52, 154

Mizzi, Angelo, Buxtehude: 33

Müller, Bodo, Bartensleben: 74

Musée royal de Mariemont, Morlanwelz: 137

NASA, Washington: 41

Neuhaus, Friedemann, Osnabrück: 17 (3), 53

Niedersächsisches Landesamt für Denkmalpflege, Hannover: 21, 22; P. Pfarr 20, 22; Prof. Dr. D. Mania 20

Patschan, Philip, Hamburg: 159

Pfannenschmidt, Dirk, Hannover: 24, 25, 42 (2) 50, 59, 60, 61, 75, 90, 91, 101, 102 (2), 108, 110, 141, 154

Picture-Alliance GmbH, Frankfurt/M.: akg-images/Museum Kalkriese 142; dpa/Caroline Seidel 11; dpa/H. Ossinger 8; dpa/HOP 78; dpa/J. Stratenschulte 20; dpa/Scholz 39; Mary Evans Picture Library/Ferrero-Labat 28

Rheinisches Landesmuseum, Trier: Nickenich 136

Rizzoli, Mailand: 122

Römisch-Germanisches Zentralmuseum, Mainz: 122

Römisches Freilichtmuseum Hechingen-Stein: 148

Rosgartenmuseum Konstanz: 25 (2)

Scala Archives, Bagno a Ripoli/Firenze: 109, 127, 128, 134; mit freundl. Genehmigung Ministero Beni e Att. Culturali 5, 77, 106, 135, 148

Schmudlach, Dieter, Kasendorf: 165

Schwarz, Dr. Andreas, Essen: 29

Schweizerisches Landesmuseum, Zürich: 33

Spangenberg, Frithjof, Konstanz: 31

Spielmuseum Soltau: 15

Staatliche Antikensammlungen und Glyptothek, München: 87

Staatliche Münzsammlung, München: 118

Steffens Photographie, Budenheim: 82; Dietmar Riemann 87; Ladislav Janicek 68

Studio Schmidt-Lohmann, Gießen: 16

Tegen, Hans, Hambühren: 3, 25

Thüringisches Landesamt für Denkmalpflege und Archäologie, Weimar: 26

TV-yesterday, München: W. M. Weber 53

Varusschlacht im Osnabrücker Land gGmbH, Bramsche-Kalkriese: 143

wikimedia.commons: 56; AxelHH 10; Hannibal21 147; HJPD 159; O. Falkner 11; Olaf Tausch 58; Ricardo Liberato 58; Stadtmuseum Wels/Oberösterreich/Wolfgang Sauber 35

Willi, P., Paris: 72

Wissenschaftliche Buchgesellschaft, Darmstadt: 123

Zaddach, Bernd Dr., Lehre: 12 (3), 13.

Textquellen

S. 48/M 4: Wolfgang Helck: Die Lehre des Dw-Htjj (Dua-Cheti). Klassische Ägyptische Texte. Wiesbaden: Harrassowitz 1970

S. 49/M 5: Wolfgang Lautemann u. Manfred Schlenke (Hg.): Geschichte in Quellen, Bd. 1: Altertum, bearbeitet v. Walter Arend. München: Bayerischer Schulbuchverlag 1965 [in der Folge zitiert als GiQ 1], S. 34–36

S. 55/M 3: Manfred Clauss: Der Pharao. Stuttgart: Kohlhammer 2012, S. 152

S. 61/M 1: Wolfgang Kosack: Die altägyptischen Pyramidentexte in neuer deutscher Übersetzung. Berlin: Brunner 2012 (Sprüche 373 §645–657, 421 §751, 422 §752–764)

S. 62/M 3: Herodot: Historien, Buch 2, 85. Hg.: Josef Felix. Berlin : Akademie Verlag 2011, 7. Auflage

S. 70/Einstieg: Günter Sachse: Die schönsten Sagen der Griechen. München: Omnibus 1999

S. 76/M 3: Isokrates: Panegyrikos 43–44, S. 80. Übersetzung: Schroedel

S. 77/M 4: Pausanias, Reisen in Griechenland. Gesamtausgabe in drei Bänden aufgrund der kommentierten Übersetzung von Ernst Meyer. Hg.: Felix Eckstein. Bd. II: Olympia. München und Zürich: Artemis Verlag 1987 (3. Aufl.), S. 18–19

S. 81/M 2: Herodot: Historien, Buch 4, 147–159. Hg.: Josef Felix. Berlin : Akademie Verlag 2011, 7. Auflage

S. 85/M 2: Hermann Bengtson: Griechische Geschichte von den Anfängen bis in die Römische Kaiserzeit, München: Beck 1950, S. 190 f.

S. 87/M 1: Aristoteles: Politik 1253 b ff. Übersetzung: Schroedel

S. 91/M 2: Plautus: Bacchides 3, 405–415. Übersetzung: Schroedel; M 3: Xenophon: Die sokratischen Schriften, Hg.: Ernst Bux. Stuttgart: Reclam Verlag 1956, S. 63 f.

S. 93/M 2: Curriculum Geschichte I. Altertum. Schülermaterial 1. Hg.: Gustav Adolf Süß u. a. Frankfurt am Main: Diesterweg 1975, S. 75

S. 97/M 3 a) Diodor: Historische Bibliothek 17, 1. Zit. nach: Julius Friedrich Wurm (Hg.): Diodor's von Sicilien historische Bibliothek 17. Stuttgart: Metzler 1840; **M 3/b):** Plutarch: Moralia 329 B. Übersetzung: Marion Giebel. Stuttgart: Reclam Verlag 1987; **M 3 c):** Seneca: Briefe 94, 62 f. Zit. nach: Otto Thaler (Hg.): Epistulae morales ad Lucilium. L. Annaeus Seneca, Bamberg: Bayerische Verlagsanstalt 1953

S. 99/M 3: Max Pohlenz: Die Stoa. Geschichte einer geistigen Bewegung, 1948. Zit. nach. GiQ 1, S. 377

S. 100/M 2: Thukydides: Peloponnesischer Krieg 37. Übersetzung: Schroedel

S. 112/M 3: Plutarch: Cato der Ältere 2. Zit. nach: GiQ 1, S. 407. Übersetzung: Konrat Ziegler

S. 113/M 5: Plutarch: Cato 20. Übersetzung: Schroedel

S. 120/M 2: Plutarch, Tiberius 9, GiQ 1, S. 472. Übersetzung: Konrat Ziegler

S. 125/M 3: Plutarch, Pompeius 51. Zit. nach: Plutarch. Römische Heldenleben. Übertragen und hrsg. von Wilhelm Ax. Stuttgart: Kröner, 5., durchges. u. verm. Aufl. 1953; **M 4:** Sueton: Caesar, 76–79. Übersetzung: Schroedel

S. 127/M 1: Augustus' Tatenbericht 1–3; 5; 20; 34. Übersetzung: Schroedel

S. 131/M 2: Seneca: Epistulae morales ad Lucilium ep. 56, 1–2, S. 20–23. Übersetzung: Schroedel

S. 132/M 2: Plinius der Jüngere: Briefe IX, 6. Übersetzung: Schroedel

S. 133/M 1: Ovid: Ars amatoria, Vers 185 ff. Übersetzung: Schroedel

S. 134/M 2: Martial: Epigramme XII, 57. Übersetzung: Schroedel

S. 135/M 2: Plinius: Epistulae II, 6. Übersetzung: Schroedel

S. 137/M 3: Papyrus Oxy. 1647. Übersetzung: Schroedel; **M 4:** K.–W. Weber, Alltag im Alten Rom, 1995, S. 160; **M 5:** Tacitus: Annalen 13, 27, Übersetzung: Schroedel

S. 139/M 3: Holger Sonnabend, in: damals 11/2004 S. 23 ff.; **M 4:** Hieronymus Geist/Werner Krenkel: Pompeianische Wandinschriften. München: Heimeran 1960

S. 142/M 5: Lutz Walther (Hg.): Varus, Varus, 2008, S. 59 ff.

S. 143/M 5: Monika Weiner: Der Ort der Schlacht. In: P. M. History 5/1999, S. 44

S. 149/M 6: Tacitus: Germania, 5, 16–17, 2. Übersetzung: Schroedel

S. 151/M 2: Lactanz: De mortibus persecutorum, 34. www.thelatinlibrary.com/lactantius. Übersetzung: Schroedel

Hinweise zu den Aufgabenstellungen

Viele Aufgaben in diesem Buch beginnen mit einem Operator. Das ist ein Verb, das ausdrückt, was zu tun ist. Hier erfährst du, was wichtige Operatoren bedeuten. Weitere lernst du in den folgenden Bänden von ZEIT FÜR GESCHICHTE kennen.

„Beschreibe …"

Was ist dargestellt?
Um welchen Inhalt geht es?
Formuliere in eigenen Worten, was du auf einem Bild wahrnimmst oder was du aus einem Text erfährst. Versuche, geordnet vorzugehen, sodass jemand, der das zu Beschreibende nicht sieht oder kennt, eine Vorstellung davon bekommt. Nenne aber nicht jedes Detail, sondern versuche, dich auf das Wichtigste zu beschränken.

„Fasse zusammen …"

Was ist das Wesentliche?
Benenne kurz die wichtigsten Inhalte eines Textes oder eines Sachverhalts. Achte darauf, treffende Begriffe und eigene Worte zu benutzen.

„Ordne zu …"

Wie lassen sich herausgearbeitete Informationen sortieren?
Nachdem du Informationen aus Materialien (z. B. Textquellen) herausgearbeitet hast, stellst du sie nun in Zusammenhänge. So bringst du beispielsweise ähnliche Aussagen miteinander in Verbindung, indem du auf Übereinstimmungen achtest. Dabei kann es hilfreich sein, Oberbegriffe zu suchen. Zuordnen kann auch bedeuten, dass du neue Informationen zu bereits Bekanntem in Beziehung setzt.
Dabei kann es auch hilfreich sein, mit einer Tabelle zu arbeiten.

„Erkläre …" / „Erläutere …"

Welches sind Gründe oder Bedingungen, unter denen es zu einem Sachverhalt kam, z. B. zu bestimmten Lebensformen, zu einem Ereignis oder einem Verhalten?
Beim Erklären ordnest du mithilfe deines Vorwissens den Sachverhalt in größere Zusammenhänge ein. Du stellst z. B. dar, was eine bestimmte Lebensform kennzeichnet, und nennst Ursachen für ihr Entstehen. Besonders anschaulich wird eine Erklärung, wenn ein Sachverhalt an Beispielen verdeutlicht wird. Dies nennt man Erläutern.

„Beurteile …"

Welchen Stellenwert hat eine Handlung oder ein Ereignis im historischen Zusammenhang?
Prüfe mithilfe deines Wissens, ob eine Handlung angemessen war, eine Behauptung zutreffend ist oder wie ein Ereignis sich auswirkte. Beziehe dich dabei auf die historischen Umstände und das, was die handelnden Personen denken und wissen konnten. Das unterscheidet sich von dem, was du denkst und weißt.

„Nimm Stellung …"

Wie bewerte ich ein Ereignis / eine Handlungsweise / eine Aussage?
Hier ist deine Meinung gefragt: Mit einer Stellungnahme bewertest du z. B. das Verhalten oder Handeln von Personen in der Vergangenheit von deinem eigenen Standpunkt aus. Wichtig ist, dass du deine Ansicht begründest.

Hinweise zu den Aufgabenstellungen

Viele Aufgaben in diesem Buch beginnen mit einem Operator. Das ist ein Verb, das ausdrückt, was zu tun ist. Hier erfährst du, was wichtige Operatoren bedeuten. Weitere lernst du in den folgenden Bänden von ZEIT FÜR GESCHICHTE kennen.

„Beschreibe ..."

Was ist dargestellt?
Um welchen Inhalt geht es?
Formuliere in eigenen Worten, was du auf einem Bild wahrnimmst oder was du aus einem Text erfährst. Versuche, geordnet vorzugehen, sodass jemand, der das zu Beschreibende nicht sieht oder kennt, eine Vorstellung davon bekommt. Nenne aber nicht jedes Detail, sondern versuche, dich auf das Wichtigste zu beschränken.

„Fasse zusammen ..."

Was ist das Wesentliche?
Benenne kurz die wichtigsten Inhalte eines Textes oder eines Sachverhalts. Achte darauf, treffende Begriffe und eigene Worte zu benutzen.

„Ordne zu ..."

Wie lassen sich herausgearbeitete Informationen sortieren?
Nachdem du Informationen aus Materialien (z. B. Textquellen) herausgearbeitet hast, stellst du sie nun in Zusammenhänge. So bringst du beispielsweise ähnliche Aussagen miteinander in Verbindung, indem du auf Übereinstimmungen achtest. Dabei kann es hilfreich sein, Oberbegriffe zu suchen. Zuordnen kann auch bedeuten, dass du neue Informationen zu bereits Bekanntem in Beziehung setzt.
Dabei kann es auch hilfreich sein, mit einer Tabelle zu arbeiten.

„Erkläre ..." / „Erläutere ..."

Welches sind Gründe oder Bedingungen, unter denen es zu einem Sachverhalt kam, z. B. zu bestimmten Lebensformen, zu einem Ereignis oder einem Verhalten?
Beim Erklären ordnest du mithilfe deines Vorwissens den Sachverhalt in größere Zusammenhänge ein. Du stellst z. B. dar, was eine bestimmte Lebensform kennzeichnet, und nennst Ursachen für ihr Entstehen. Besonders anschaulich wird eine Erklärung, wenn ein Sachverhalt an Beispielen verdeutlicht wird. Dies nennt man Erläutern.

„Beurteile ..."

Welchen Stellenwert hat eine Handlung oder ein Ereignis im historischen Zusammenhang?
Prüfe mithilfe deines Wissens, ob eine Handlung angemessen war, eine Behauptung zutreffend ist oder wie ein Ereignis sich auswirkte. Beziehe dich dabei auf die historischen Umstände und das, was die handelnden Personen denken und wissen konnten. Das unterscheidet sich von dem, was du denkst und weißt.

„Nimm Stellung ..."

Wie bewerte ich ein Ereignis / eine Handlungsweise / eine Aussage?
Hier ist deine Meinung gefragt: Mit einer Stellungnahme bewertest du z. B. das Verhalten oder Handeln von Personen in der Vergangenheit von deinem eigenen Standpunkt aus. Wichtig ist, dass du deine Ansicht begründest.